市场营销理论与实训

——高职高专"十二五"市场营销专业系列规划教材

Marketing Theory and Practice

主编 李富荣

副主编 贾长安 黄 超 单敏飞

西安交通大学出版社
XI'AN JIAOTONG UNIVERSITY PRESS

内容提要

市场营销学是一门建立在经济科学、行为科学和现代管理理论基础之上的关于如何满足顾客需要、引导消费和繁荣市场的应用科学。

本书旨在提供一本以成熟的市场营销理论为基础,以"理论够用,突出实践"为原则,结合高职高专市场营销教学的实际,反映一般高职高专市场营销教学的内容与范围,突出实践性的营销课程方向、强化案例教学、注重营销岗位能力培养的特点,力争在理论教学和实践教学方面有一定创新的市场营销教科书。

本书共十二章内容,涉及了市场营销学的一般理论及研究范围,包括市场与市场营销,市场营销环境,市场营销调研与预测,消费者行为分析,市场竞争分析,目标市场营销策略,产品策略,价格策略,分销渠道策略,促销策略,服务营销策略,市场营销计划、组织与控制。

本书使用范围较为宽泛,主要适用于高职高专市场营销专业学生的学习和使用,也可适用于大学本科非市场营销专业学生的学习和使用。对于企业营销管理人员,本书也可作为培训教材来使用。

图书在版编目(CIP)数据

市场营销理论与实训/李富荣主编. —西安:
西安交通大学出版社,2010.12(2020.9重印)
ISBN 978 - 7 - 5605 - 3800 - 6

Ⅰ.①市… Ⅱ.①李… Ⅲ.①市场营销学-高
等学校:技术学校-教材 Ⅳ.①F713.50

中国版本图书馆 CIP 数据核字(2010)第 248126 号

书 名	市场营销理论与实训
主 编	李富荣
责任编辑	史菲菲

出版发行	西安交通大学出版社
	(西安市兴庆南路 1 号 邮政编码 710048)
网 址	http://www.xjtupress.com
电 话	(029)82668357 82667874(发行中心)
	(029)82668315(总编办)
传 真	(029)82668280
印 刷	西安日报社印务中心

开 本	787mm×1092mm 1/16 印张 17.75 字数 428 千字
版次印次	2011 年 1 月第 1 版 2020 年 9 月第 5 次印刷
书 号	ISBN 978 - 7 - 5605 - 3800 - 6
定 价	39.80 元

读者购书、书店添货,如发现印装质量问题,请与本社发行中心联系、调换。
订购热线:(029)82665248 (029)82665249
投稿热线:(029)82668133
读者信箱:xj_rwjg@126.com

前 言
Foreword

　　市场营销是一个十分宽泛的概念,它不仅在范畴上包括了以消费需求为中心的所有企业活动,而且在层次上也涵盖了管理、技术、业务等各种类型的市场营销行为。

　　彼得·德鲁克曾经说过:企业管理主要有两项职能,一是营销,二是创新。对企业来说,面对激烈的市场竞争,企业要想更好地生存与发展,必须立足市场,不断满足市场的需求,因此,良好的营销越来越成为企业成功的核心因素。企业要取得成功,关键是要有高素质的人才,特别是要有既懂营销理论,又具备较强实践能力的创新型营销人才,这是企业取得成功的基础。努力将营销和创新结合在一起,这是企业开展市场营销活动以及高职院校培养营销人才的方向和趋势。

　　市场营销是当前高校中设置最为广泛的应用性专业之一,但由于培养方案、教学内容、教学方法、教学手段等方面对社会需求的适应性不够,导致营销专业人才培养出现很多问题。其中,最主要的问题是在教学过程中重理论、轻实践,主要表现为"学"味太浓,培养学生实际工作能力的实践环节受到轻视和排挤,实践课程缺乏高职特色。其结果是,学生的实际工作能力和适应社会的能力越来越差,使学校培养的学生与社会需求脱离。

　　本教材正是在这种背景下顺应学科发展和营销创新的需要编写的。其主要特点是:

　　(1)坚持理论够用,突出实践性的课程方向。市场营销学的理论知识是必不可少的,它是实践教学的基础。在借鉴成熟市场营销理论的基础上,本教材力求在理论上简明扼要,条理上清晰明确,逻辑上连贯一致,突出教材的实践性。每章后有"复习与思考"、"网站资料访问",特别是"营销模版",给学生提供了一个迅速适应营销活动、提升工作能力的捷径。

　　(2)强化案例教学。案例教学的显著特点是启发思维、增进知识、锻炼能力。通过案例教学,培养学生的分析能力、判断能力和决策能力。每章开始都有"引导案例",教材中有"营销案例",每章后有"案例分析",案例以新为主,强化学生的综合分析能力。

　　(3)注重营销岗位能力的培养。高职教育是直接面向职业和岗位的教育,具有鲜明的职业性和技能性特征,能力培养是高职教育的特色与关键。每章后有"营销实训项目"、"营销实践练习",使教学内容与岗位需求相一致。

　　(4)体例新颖,形式多样。本教材在借鉴国内外优秀营销教材编写方式的基础上,结合高职高专营销教学实际,力求使整个教材内容丰富、形式多样。一方面有利于开展教学,另一方面有利于激发学生学习的积极性。

章前包括"学习要点"、"引导案例";

章中包括"营销思考"、"营销资料"、"营销案例";

章后包括"本章小结"、"关键术语与概念"、"复习与思考"、"案例分析"、"营销实训项目"、"营销实践练习"、"营销模版"、"网站资料访问"。

本教材包括十二章内容,涉及了市场营销学的一般理论及研究范围。它们是:

第一章　市场与市场营销

第二章　市场营销环境

第三章　市场营销调研与预测

第四章　消费者行为分析

第五章　市场竞争分析

第六章　目标市场营销策略

第七章　产品策略

第八章　价格策略

第九章　分销渠道策略

第十章　促销策略

第十一章　服务营销策略

第十二章　市场营销计划、组织与控制

本书由渭南师范学院李富荣副教授担任主编,由商洛学院贾长安副教授、四川水利职业技术学院黄超老师、河北工程技术高等专科学校单敏飞老师担任副主编。具体编写分工为:第一、十二章,李富荣;第二、三章,贾长安;第四、五章,黄超;第六章,单敏飞;第七章,西安欧亚学院焦绒辉;第八章,渭南师范学院张赵晋;第九章,河北工程技术高等专科学校王杰;第十章,安康学院乔永信;第十一章,河南职业技术学院张毅飞。全书结构及大纲由李富荣策划,并对全书稿进行了编纂与统稿。

在本书编写的过程中,我们参阅了国内外大量的专著、教材和文献资料,还从许多期刊、报纸、网站上获得了大量的文章和资料,这对教材的编写起到了积极的推动作用,一方面丰富了教材的理论内容,另一方面得以接触到许多鲜活的营销实践案例。在此,谨向有关著作者和传播机构表示衷心的感谢!

本书在编写和出版的过程中,得到了西安交通大学出版社的全力支持,在此表示深深的谢意!最后,还要感谢渭南师范学院高敏芳教授、曹书生书记、王双喜博士、魏建中博士、白赵峰教授、赵江永副教授、郑秀玲主任、张萍副教授、王大江副教授、姚明亮硕士对本教材的支持与帮助。

李富荣

2010 年 12 月

目 录
Contents

第三章　市场营销调研与预测

第四章　消费者行为分析

第五章　市场竞争分析

第六章　目标市场营销策略

第七章 产品策略

第八章 价格策略

第九章　分销渠道策略

第十章　促销策略

第十一章　服务营销策略

第十二章　市场营销计划、组织与控制

第一章
市场与市场营销

学习要点

1.准确理解市场和市场营销的概念

2.了解市场营销的相关概念及历史发展

3.掌握五种市场观念的内涵及存在背景,比较五种观念的区别

4.树立以顾客为中心的市场营销观念

5.理解顾客满意、顾客忠诚的概念,掌握顾客让渡价值、关系营销的含义,认识保持顾客的重要性

引导案例

营销是什么——百事联合 PPLive 网络直播

2009 年 3 月 31 日"百事群音"百事乐队大赛正式启动以来,即在中华大地迅速掀起了一股前所未有、声势浩大、充满激情的"盖世"乐队选秀狂潮!随后,各地初选、地区决选直至全国四大区总决选,每一场比拼、每一幕演出都带来无数的惊叹与无穷的感动,草根的力量腾空爆发,势不可挡。而乐队音乐本身,更以其充满励志激情的感召力将所有身临其境的观众归拢麾下,将"百事我创"的精神演化成为一场足可载入中国音乐发展史册的民间潮流运动!截止到 6 月底,代表中国新时代乐团最高实力的 10 支乐队华丽诞生之时,也即宣告了"百事群音"明日巅峰赛事的火热引爆。

百事作为快消品牌的翘楚,从辐射全球的"中国蓝"强大光环中投射出的是新一代年轻人追求自我、独特、创新、积极的品牌个性。而 PPLive 网络电视,从 2005 年风靡国内各大专院校开始,依靠强大的 P2P 视频流媒体技术后盾和平台上丰富多彩的主流影视内容,缔造了无数个行业直播事件的奇迹,如今已被广大活跃的网民所熟悉。

在这个不同寻常的夏天,原本毫无联系的二者,因为热辣的"百事群音"大型乐队音乐主题节目而紧紧地联系在一起,这样的聚合形式,不仅成就了传统品牌与网络电视新媒体的完美联姻,更重要的是:它已成为一个划时代的娱乐直播事件,谱写出品牌广告主在结合网络电视新媒体与传统电视媒体时所衍生出的新型数字营销之路!

问题:

1.百事可乐如何占领年轻人的市场?

2.百事可乐与 PPLive 合作的基础是什么?

资料来源:PPLive.百事联合 PPLive 网络直播:划时代的网络直播营销事件[J/OL].21 世纪广告,2010 (3).2010 - 04 - 08. http://www.marketingcn.net/html/marketing/yingxiaoguancha/2010/0408/438.html.

市场营销学是一门以经济学、管理学和现代管理学理论为基础,研究以满足消费者需求为

中心的企业市场营销活动及其规律性的综合性应用科学。本章主要从市场营销的基本概念、市场观念及其演进和顾客满意与关系营销三个方面进行分析，以更好地理解市场营销的现实意义。

第一节　市场营销的基本概念

一、市场的概念

（一）市场的产生和发展

市场的产生和发展与商品经济的发展、社会生产力的进步密不可分。

在原始社会，由于社会生产力水平低下，很少有剩余产品，没有交换的基本条件，也就不存在市场。原始社会的第一次大分工即游牧业与农业的分离，使社会生产力水平得以提高，有了一定的剩余产品可以用来进行交换，这就出现了原始的市场。第二次社会分工导致了手工业的出现，产生了以交换为目的的商品生产。第三次社会大分工，出现了专门从事商品流通而不从事生产的商人。商人的出现，促进了商品交换的发展，商品生产者可以专门为市场而生产。随着市场上商品交易的品种和数量的扩大，出现了专门从事商品流通的行业，它发展了现代市场的各种机能。由此看出，市场是在社会分工和商品生产的基础上产生的。由于社会分工，商品生产者必须通过与其他商品生产者进行交换，才能得到所需之物。

最初的交换是零星的和小规模的，发展到一定水平之后，即形成了定时定点的集中交易市场。集中市场具有减少交易次数，节省交易成本，丰富交易物品的种类等显著的好处。

社会分工的精细化进一步促进了市场的发展，人们对市场的依赖程度也日益加深。除了有形市场以外，现今许多市场是无形市场或虚拟市场，不存在特定的交易场所。供应商与客户之间的交易，许多是利用电话、传真、电子邮件或在网上进行的。如金融市场、全球的外汇市场，其范围可遍及全球，现代的市场已经完全不同于传统的市场了。

（二）市场的基本概念

从不同的角度可以对市场进行不同的界定，如图1-1所示。

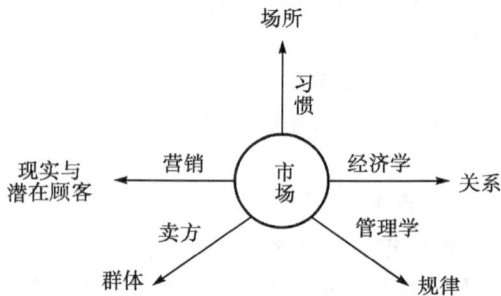

图1-1　不同角度的市场含义

在日常生活习惯上，人们将市场看做是商品买卖的场所，如集市、商场、批发市场等。这是一个在时空上考虑的市场概念，是对在一定时间和地点进行商品交易的市场的描述。其实质研究的是地点。

经济学所说的市场是指一切交换关系的总和，其实质是交换背后所反映的人与人之间的关系，包括卖主和买主，也包括供求关系。其认为市场是社会分工的产物，是商品生产的产物，强调的是商品的内在矛盾，揭示的是经济实质。所以，经济学上的市场概念非常抽象，其实质是研究人与人的关系。

管理学则侧重从具体的交换活动及其运行规律去认识市场，认为市场是供需双方在共同认可的一定条件下所进行的商品或劳务的交换活动。其实质是研究交换规律。

站在卖方的角度，企业认为市场是其所面对的所有顾客，而企业的同行是企业的竞争对手。或者说，买方构成市场，卖方构成产业。其实质是研究客户及其相关群体。

市场营销学认为，实现企业的利润必须以顾客需要和欲望为导向，必须以满足顾客需要和欲望为前提。因此，从营销的角度看，市场是指一切具有特定欲望和需求并且愿意和可能从事交换来使欲望和需求得到满足的潜在顾客所组成的消费者总体，其实质是研究人的需要问题。市场营销学家认为卖主可以构成行业，只有买主才能构成市场。所以，衡量一个市场的规模大小，主要有三个要素：人口、购买欲望、购买力。其关系是：

$$市场＝人口＋购买欲望＋购买力$$

以上三个要素相互制约，不可缺少，它们的有机统一构成了市场。现实市场存在的基本条件包括：存在买方和卖方，并且具有各自的需求和欲望；要有促成交换双方达成交易的各种条件。

营销案例 1-1

失去中国市场或是悍马死因之一

不久前，悍马的东家美国通用汽车宣布，8月底完全关闭悍马品牌，由于悍马军车的威猛形象，"悍马"一词几乎家喻户晓，这个令无数车迷疯狂的车型，在"18岁"这个本该风华正茂的年龄，却走向"死亡"。

油老虎是悍马在大家心目中的另一个代名词，在油价日益上涨的今天，在节能减排呼声高涨的今天，在大家崇尚小排量车型的今天，悍马的"死亡"，确实也在情理之中。

随着大家对出行的需求不断增加，时下，高视野、强通过性的SUV的销量仍然节节攀升，大排量、高油耗显然不是其"死亡"的真正原因。

悍马之"死"到底是为什么呢？

其实，对悍马的拯救从来就没有放松过，2008年年底，还未进入破产保护程序的通用汽车清晰地向世界各大相关企业传递了出售悍马的意向。2009年10月中旬，通用与腾中在底特律签署收购悍马最终协议。

但至2010年2月底，由于该笔交易无法通过中国政府部门审批，双方不得不在一再延迟日期之后，最终宣布该项交易失败。此后，来自印度、俄罗斯及阿拉伯国家的投资人均表示出对悍马的收购意愿，但六个月后，通用依然决定自行关闭悍马品牌。

我国地域广阔，高原、丘陵本来是悍马发挥其价值最大的地方。但通用汽车却并没有在中国市场通过正规的渠道引进销售悍马，目前国内的悍马，都是由各地经销商自己从美国方面进口的。通用中国方面透露,由于外形太过张扬及油耗较高,悍马在中国的销售网点并不多,每年销量也不大。

由于没有全国性的统一代理商,其售后服务缺乏来自汽车厂家的监督,完全靠经销商自觉,服务质量肯定很难得到保障。不得不说,悍马没有在中国打开市场或是它走向"死亡"的原因之一。

资料来源:潘斌.失去中国市场或是悍马死因之一[N].广州日报,2010-08-27.

二、市场营销的含义及相关概念

(一)市场营销的含义

著名营销学家菲利普·科特勒教授对"市场营销"的定义是:市场营销是个人和群体通过创造并同他人交换产品和价值以满足需求和欲望的一种社会过程和管理过程。据此,可以将市场营销概念具体归纳为下列要点:

(1)市场营销的最终目标是"满足需求和欲望"。

(2)"交换"是市场营销的核心,交换过程是一个主动、积极寻找机会、满足双方需求和欲望的社会过程和管理过程。

(3)交换过程能否顺利进行,取决于营销者创造的产品和价值满足顾客需求的程度和交换过程管理的水平。

营销资料 1-1

营销的对象

营销的对象有十大项:有形的商品(goods)、无形的服务(service)、事件(events)、体验(experiences)、人物(persons)、地点(places)、财产权(properties)、组织(organizations)、信息(information)和理念(ideas)。

资料来源:菲利普·科特勒,凯文·莱恩·凯勒.营销管理[M].卢泰宏,等,译.13版.北京:中国人民大学出版社,2009.

(二)市场营销的相关概念

要正确理解市场营销的内涵,并能在实际的市场营销活动中灵活应用它,就必须了解与市场营销相关的概念。市场营销的主要概念及其关系如图1-2所示。

需要欲望需求 → 产品 → 价值成本满足 → 交换 → 营销者

图1-2　市场营销的主要概念

1.需要、欲望、需求

需要(needs)是市场营销中最基本的概念。人们的需要是指人们的某些基本满足被剥夺的一种状态。人们在饥饿时需要食物,在基本的衣、食、住、行得到满足后会产生其他的需要。

因此,人们的需要受到许多复杂因素的影响,并且随着人们所处的环境的变化而变化。按照马斯洛的需要层次论,只有低层次的需要被满足以后,才会追求更高一层次的需要。对于人们的需要,并不是企业的营销者可以创造的,企业的营销者在其营销活动中,只能根据人们需要的层次,寻找企业能够满足人们需要的目标,并采取适当的市场营销策略满足它。

营销资料 1-2

马斯洛的需要层次论

美国心理学家马斯洛于 1943 年提出需要层次理论,其主要内容包括:人的需要是有层次的,由低到高呈现为金字塔型,依次为生理需要、安全需要、社会需要、尊重需要和自我实现需要;需要的实现和满足具有顺序性,即由低到高逐级实现;人的激励状态取决于其主导需要是否满足;不同的人,各层次需要的强烈程度不一样。

简评:马斯洛的需要层次论第一次揭示了人类行为动机的实质;需要是人类行为的导源;需要是人类内在的、天生的、下意识存在的;满足了的需要不再是激励因素。

资料来源:芮明杰.管理学[M].2 版.北京:高等教育出版社,2006.

欲望(wants)是指对具体的需要满足的愿望。人们的需要按高低不同可以划分为上述五个层次,在上述五个层次的每一层次的需要中,人们满足它的欲望会有很多形式。企业营销人员的重要任务之一就是根据人们的需要,激发人们的欲望,并以适当的产品或服务来满足人们的欲望。

需求(demands)是指由购买力支持的对某些具体产品的购买欲望。人们对某些产品具有购买欲望,但如果没有购买能力,这种购买欲望不可能转化为需求。因此,在研究某种产品的市场需求时,必须既看人们对其是否有购买欲望,又看人们是否有足够的支付能力。

需要、欲望、需求作为研究市场需求的不同层次的概念,对企业制定市场营销策略具有重要的意义。人们的需要是企业市场营销活动的基础,只有当人们具有某种需要时,根据不同人的特点激发人们的欲望才有意义,企业制定满足人们某种欲望的市场营销策略才能获利。因此,企业在研究以什么产品满足市场需求时,应按需要—欲望—需求这一顺序,使企业满足需求的方式逐步具体化。

营销思考 1-1

欲望和需求是一样的吗? 将两者混淆会产生什么后果?

2.产品

产品是用来满足人们的需要或欲望的手段。产品概念的范围很大,既包括实体产品,也包括服务等其他非实体产品,甚至一个想法、一项活动都可称之为产品。某一对象只要具有能够满足人们的某种欲望,并且可以用于交换的条件,在市场营销中都可以被列入产品的范畴。

企业产品开发与制造的目的是满足人们的某种需求,脱离人的需求的任何产品都不可能为企业带来利益。因此,企业在开发产品前,研究清楚人们的需求是非常重要的。

3.价值、成本、满足

价值是指顾客对产品或服务满足其某种需要的能力的评价。成本是指顾客为获得某种产品而支付的代价。在市场营销中,经常用到的是顾客价值与顾客成本的概念。

顾客价值是指顾客对某种产品总价值的评价。顾客价值一般包括产品价值、服务价值、人员价值和形象价值四个方面。产品价值是产品本身为顾客所提供的效用的价值;服务价值是企业为产品实体所提供的附加服务的价值;人员价值是企业员工在营销过程中所表现的责任心及相关的能为顾客提供有保证的服务的价值;形象价值是企业或产品的良好声誉为顾客提供的一种心理价值。

顾客成本是指顾客在购买某种产品的过程中所付出的总的代价。顾客成本不仅包括顾客所支出的货币成本,还包括顾客在购买产品中所支付的时间成本、心理成本和体力成本。

顾客价值与顾客成本共同决定了交换能否进行。当顾客价值大于顾客成本时,顾客才愿意进行交换;否则,交换不可能进行。

满足是指顾客对产品的实际感知效果与对产品的期望效果的比较,所感受到的满意或不满意的状态。如果顾客对产品的实际感知效果大于对产品的期望效果,则顾客会感到满足;否则,顾客感到不满足。

研究顾客价值、顾客成本、满足对企业的市场营销具有深远的影响。为保证交换过程有效进行,企业必须提高顾客价值,降低顾客成本,使顾客在交换过程中能真正感受到买本企业的产品是值得的。满足往往是顾客购买了产品以后得到的某种体验。这种体验对顾客的再次购买和企业产品的市场信誉有直接的影响。因此,企业应通过对产品质量的控制和提高服务水平,使顾客对本企业产品的实际感知效果提高,同时在营销过程中,也不应过分夸大产品的功能,以使顾客对产品的期望效果保持在实际效果所能达到的水平上,使顾客在实际使用中感到满足。

4.交换

交换是指通过提供某些东西作为回报而从他人那里获得所希望的产品的活动。交换是市场营销中最核心的概念,市场营销研究的就是怎样才能促进交换最有效实施这一问题。要进行交换,必须具备以下五个条件:

(1)至少要有两方;

(2)每一方都要有对方认为有价值的东西;

(3)每一方都有信息沟通与交换的能力;

(4)每一方都能自由决定是否交换;

(5)每一方都认为与对方进行交换是值得的。

5.营销者

营销者是指寻找可以与之从事有价值交换的顾客的人。从营销者的定义看,营销者可以是卖方,也可以是买方,但在一次交换中,如果一方比另一方更积极、更主动地寻求交换,则这一方即为营销者。在买方市场条件下,往往是卖方在交换过程中表现得更积极、更主动,所以,一般情况下卖方为营销者。

三、市场营销的研究内容

(一)市场结构与行为研究

市场结构与行为涉及的研究内容主要包括市场与市场营销、市场营销环境分析、市场营销调研和消费者行为分析等四个方面的内容。

(二)市场策略研究

市场策略研究主要包括市场竞争策略和目标市场营销策略两个方面。为了了解竞争对手,企业必须制定市场竞争策略,为了有效开拓市场,企业要重视目标市场营销策略,包括市场细分、目标市场选择和产品定性,这三个方面三位一体,是企业开拓市场的利器。

(三)市场营销组合研究

市场营销组合研究的重点是产品、价格、营销渠道、促销四大因素及其组合以及通过什么组织方式能够有效保证企业市场营销策略的实施,即 4P 组合。同时,随着服务产业的迅速发展,服务营销地位日益上升。

营销资料 1-3

营销组合概念的由来及趋势

1953 年,美国哈佛大学尼尔·恩·鲍顿教授首先开始使用"市场营销组合"这一概念,并确定了营销组合的 12 个要素,即"产品计划、定价、品牌、供销路线、人员销售、广告、促销、包装、陈列、扶持、实体分配和市场调研"。其含义是,市场需求在某种程度上要受到"营销变量/要素"的影响。为寻求一定的市场反应,营销者要对这些要素进行有效的组合,以满足市场需求,获取最大利润。后来,理查德·克莱维特把这些要素进一步归纳为四类,即产品、价格、促销和渠道。1960 年麦卡锡(Jerome McCarthy)又在文字上将它们表述为 product(产品)、price(价格)、place(渠道)、promotion(促销),并简化为易记的"4P"或"4Ps"。

自 4P 由麦卡锡提出以来,对市场营销理论和实践产生了深刻的影响,被营销经理们奉为营销理论中的经典。而且,如何在 4P 理论指导下实现营销组合,实际上也是公司市场营销的基本运营方法。即使在今天,几乎每份营销计划书都是以 4P 的理论框架为基础拟订的,几乎每本营销教科书和每个营销课程都把 4P 作为教学的基本内容,而且几乎每位营销经理在策划营销活动时,都自觉、不自觉地从 4P 理论出发考虑问题。

随着市场竞争日趋激烈,媒介传播速度越来越快,以 4P 理论来指导企业营销实践已经"过时",4P 理论越来越受到挑战。到 20 世纪 80 年代,美国学者罗伯特·劳特朋(Robert Lauterborn)针对 4P 存在的问题提出了 4C 营销理论:一是瞄准消费者需求(customer)。首先要了解、研究、分析消费者的需要与欲求,而不是先考虑企业能生产什么产品。二是消费者所愿意支付的成本(cost)。首先了解消费者满足需要与欲求愿意付出多少钱(成本),而不是先给产品定价,即向消费者要多少钱。三是消费者的便利性(convenience)。首先考虑顾客购物等交易过程如何给顾客方便,而不是先考虑销售渠道的选择和策略。四是与消费者沟通(communication)。以消费者为中心实施营销沟通是十分重要的,通过互动、沟通等方式,将企业内外营销不断进行整合,把顾客和企业双方的利益无形地整合在一起。

近来,美国学者唐·舒尔茨(Don E. Schultz)提出了 4R(关联、反应、关系、回报)营销新理论,阐述了一个全新的营销四要素:一是与顾客建立关联。通过某些有效的方式在业务、需求等方面与顾客建立关联,形成一种互助、互求、互需的关系,减少顾客流失的可能性。二是提高市场反应速度。站在顾客的角度及时地倾听顾客的希望、渴望和需求,并及时答复和迅速作出反应,满足顾客的需求。三是关系营销越来越重要。抢占市场的关键已转变为与顾客建立长期而稳固的关系,从交易变成责任。四是回报是营销的源泉。营销目标必须注重产出,注重企业在营销活动中的回报,一切营销活动都必须以为顾客及股东创造价值为目的。

4P、4C、4R 三者的关系不是取代关系而是完善、发展的关系。由于企业层次不同,情况千差万别,市场、企业营销还处于发展之中,所以至少在一个时期内,4P 还是营销的一个基础框架,4C 也是很有价值的理论和思路。因而,两种理论仍具有适用性和可借鉴性。4R 不是取代4P、4C,而是在 4P、4C 基础上的创新与发展,所以不可把三者割裂开来甚至对立起来。在了解体现了新世纪市场营销的新发展 4R 理论的同时,根据企业的实际,把三者结合起来指导营销实践,可能会取得更好的效果。

资料来源:郭国庆.市场营销学通论[M].北京:中国人民大学出版社,2006.

(四)企业营销控制研究

该部分研究涉及企业市场营销策略的实施,包括市场营销计划、组织设计和营销控制。

四、市场营销学的历史发展

人类的市场经营活动古已有之,随着市场的出现就已开始了。但直到 20 世纪之前,一直没有形成一门独立的学科,只是在经济学中涉及相关的一些内容。从 20 世纪初开始,市场营销学逐渐形成了一门独立的学科。

美国是现代市场营销学的发源地。1900—1930 年为市场营销学的萌芽时期。一些学者开始论述产品推销、广告、定价等问题,在一些大学设立了市场营销学课程,研究内容上仅局限于流通领域。1929—1933 年的经济危机震撼了西方国家,生产严重过剩,产品销售困难,直接威胁着企业的生存。在买方市场条件下,企业面临的首要问题不再是扩大生产和降低成本,而是如何把产品销售出去。此阶段营销理论和企业实践开始相结合。

随着二战后西方国家市场彻底转变为供过于求的买方市场,企业销售问题也更为突出。市场营销学者提出了一系列新的观点,其中之一就是将"潜在需求"纳入市场的概念,把"市场是卖方与买方之间产品或劳务的交换"的旧观念,发展成为"市场是卖方促使买方实现其现实的和潜在的需求的任何活动"。这不仅拓展了市场营销学的研究范围,而且还把传统经营观念从"生产—市场"的关系颠倒过来,变为"市场—生产"。原来作为企业生产过程终点的市场,现在成为生产过程的起点,企业必须根据市场需求来组织生产,确立以市场为中心而非以厂商为中心的营销哲学。此阶段形成了比较完备的市场营销学的体系。

20 世纪 90 年代以来,西方现代营销理论和实践提出了许多新思想和观点,经过深化和系统化,就成为我们所看到的关系营销、整合营销、绿色营销、战略联合、直复营销、网络营销、服务营销和营销伦理等,它们构成了当今时代营销的新特征。

第二节 市场观念及其演进

任何企业的营销活动,必然在一定的观念指导下进行。市场观念,又称为经营观、营销哲学,是一种在一定时期内占统治地位的组织营销活动的指导思想,其核心是企业以什么为中心来指导营销活动,市场观念的实质是如何处理企业、顾客和社会三者之间的利益关系。不同时期,企业市场观念的重心是不同的。二战前,企业营销活动主要关注的是企业自身利益;二战至20世纪70年代,企业营销活动更多地体现的是以顾客为中心的市场营销观念;20世纪70年代以来,企业营销活动则更加关注社会的整体利益。企业市场观念关注重心的转变如图1-3所示。

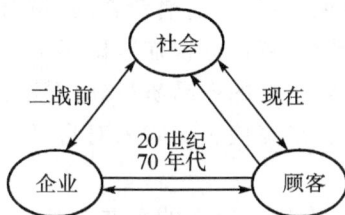

图1-3 企业市场观念关注重心的转变

市场观念有五种典型形式:生产观念、产品观念、推销观念、市场营销观念和社会营销观念。在市场观念的引导下,企业制订营销计划、目标以及为达到这些目标所要采用的策略和手段,同时,企业还要进行营销管理、营销控制,检查营销计划的实施。

一、生产观念

生产观念,即以生产为中心的企业经营指导思想,重点考虑"能生产什么",把生产作为企业经营活动的中心,核心思想是"企业生产什么,就销售什么"。此观念产生于19世纪末到20世纪初。其产生的主要原因,一是由于生产相对落后,市场上商品不丰富,许多商品供不应求,企业只要提高产量,就可获得巨额利润。二是一些产品的成本很高,企业必须通过提高劳动生产率、降低成本来扩大市场。因此,在生产观念的指导下,企业普遍认为,只要能向顾客提供买得起、买得到的产品,就会自动实现销售。生产的关键就在于降低成本,扩大产量,提供价廉的产品。因此,企业只注重生产,无需关心市场。

以生产观念为导向的营销活动的特点:①生产活动是企业经营活动的中心和基本出发点。②降低成本、扩大产量是企业成功的关键。③坚持"我生产什么、商家就卖什么、消费者就买什么"的经营思想。

生产观念的局限性:①重视生产,忽视市场和消费需求的存在。②营销手段单一,不适合市场经济发展的需要,无法满足现代消费需求的多样化。③这种观念片面追求短期的销售额,忽视企业的长期利益。如果现代企业仍然持有这种指导思想,那它迟早会被市场淘汰。

适用范围:适应于消费者购买力低、需求缺口大、生产力水平低的供不应求的卖方市场。

二、产品观念

产品观念产生于19世纪末到20世纪初,它在生产观念基础上稍有进展。它认为,消费者总是欢迎那些质量好、多功能、有特色、价格合理的产品,因此,企业应致力于提高产品质量,只要物美价廉,顾客自然会找上门,无需大力推销。企业常常在生产高价值产品和耐用性上下工夫,不断改进现有产品,努力使产品日臻完美。其核心思想是产品的"物美价廉"。

以产品观念为导向的营销活动具有以下特点:①产品质量是企业经营活动的中心,强调"质量第一"而不是"顾客第一"。②忽视消费者的需求和推销活动。③追求的目标仍是短期利润。④坚持认为"拥有质量就拥有购买者"的经营思想。

总体上看,产品观念比生产观念前进了一步,但其仍然存在明显的缺陷,主要表现在:第一,这种营销理念所强调的"质量观"不是面向消费者的、符合市场消费者所要求的质量标准。第二,持此营销理念的企业容易导致"营销近视症",即不适当地把注意力放在产品上,而不是放在市场需求上,缺乏远见,只看到自己的产品质量好,看不到市场需求在变化,看不到竞争对手的进步,看不到技术的更新换代,最终使企业陷入对自己产品的深深迷恋而不能自拔,使经营陷入困境。

适用范围:适应于对产品质量有较高要求的卖方市场。

营销思考 1-2

一家文件柜生产企业经理认为他们制造了最好的文件柜,并宣传此柜"从四楼扔下完好无损";而销售经理却说:"确实如此,但我们的顾客并不打算把文件柜从楼上扔下去。"

你是如何理解这段话的?

三、推销观念

销售观念,又称推销观念,是以销售为中心的企业经营指导思想,重点考虑如何能卖出去,把销售作为企业经营活动的中心。其核心思想是"只要努力推销,顾客就一定会购买"。推销观念产生于 20 世纪 30—40 年代西方国家由"卖方市场"向"买方市场"转变的过程中。其主要原因是随着资本主义生产力的发展,劳动生产率提高,许多商品开始供过于求。企业之间的竞争激烈,使得企业以强化或高压推销的手段来销售那些积压和销售不畅的产品。特别是 1929 年爆发的空前严重的经济危机,许多企业认识到,即使有高质量的产品也未必能卖得出去,企业的中心工作必须由生产转移到促进销售上来,由此形成了以推销观念为核心的营销理念。

与过去相比,这一阶段的企业开始把注意力转向市场,但仅停留在产品生产出来以后如何尽力推销的阶段上。企业营销活动具有以下特点:①现有产品是企业经营活动的中心和出发点。②强力推销是企业成功的关键,坚持"企业卖什么,人们就买什么"的营销思想。③忽视消费者的需求,注重产后推销工作。④追求的目标还是短期利润。

推销观念尽管走出了只顾生产、眼光向内的狭隘与偏见,开始把眼光转向市场,但认识还是肤浅的,还存在严重的缺陷。第一,营销工具的滞后性。即不进行事前的市场调查与预测,只有产品卖不出去造成产品积压后才想方设法搞推销。第二,导致企业工作重心的错位和企业形象的损坏。企业的工作重心全部放在产品推销上面,影响企业其他经营活动的开展;另外,企业在想方设法推销产品的过程中,很容易产生硬性推销、强买强卖、滥用广告的现象,这样既损害了消费者的利益,又损害了企业自身的声誉,必然为企业埋下巨大的隐患。

适用范围:只适应于大量生产条件下的不成熟的"买方市场"。

营销思考 1 - 3

市场营销和推销是一回事吗？为什么？

四、市场营销观念

市场营销观念，是以消费者需求为中心的企业经营指导思想，重点考虑消费者需要什么，把发现和满足消费者需求作为企业经营活动的中心。其核心思想是"顾客需要什么产品，企业就生产和销售什么产品"。20世纪50年代至60年代，市场商品供过于求继续发展，市场竞争越来越激烈。与此同时，消费需求的变化也越来越快，人们有了更多的选择商品和服务的机会。对于企业来说，其面临的市场问题更为严峻，市场营销观念就是在这种买方市场形成的条件下产生的。在这种观念指导下，企业一切活动都以顾客的需求为中心，在满足消费者需求的基础上实现企业的利润。因此，人们把这一观念也称为"市场导向观念"。市场营销观念的产生是新旧市场观念的分水岭。它的出现，在市场学研究中被视为企业经营思想的大变革，被称作"营销革命"。

市场营销观念指导下的营销活动具有如下特征：①消费者需求是企业经营活动的出发点，企业的经营过程变成了"需求——生产——销售——消费"。②发现目标市场和消费者的潜在需求，并集中企业的一切资源占领目标市场是企业成功的关键。③营销活动贯穿于企业经营活动的全过程，发挥营销的整体效果。④追求长远利益和公司的长久发展。随着以顾客为中心的营销理念的确立，企业追求利润的目标尽管没有根本改变，但开始注重企业的长远利益。营销人员已经意识到，企业追求利润的手段应该建立在满足消费者需求的基础上。消费需求满足的程度越大，说明企业在消费者心目中的地位越高，企业赢利的可能性越大。因此，企业的营销过程中首先注重商品或服务对消费者需求的满足程度。

市场营销观念虽然抓住了"顾客"这个市场核心，是企业指导思想的根本变革，但仍存在不足之处：片面注重顾客的短期需求和眼前利益，忽视社会其他利益的存在，甚至造成了对其他利益的伤害。

适用范围：适应于买方市场条件下的同质产品销售。

营销思考 1 - 4

如何理解"顾客是上帝"、"消费者是企业的衣食父母"？

五、社会营销观念

社会营销观念是20世纪70年代出现的新观念，它的核心思想是企业向市场提供的商品和劳务不仅要满足消费者的个别的、眼前的需要，而且要符合消费者总体和整个社会的长远利益。即企业决策者在确定经营目标时，应当根据自己企业的优势，既要考虑市场需求，又要注意消费者的长远利益和社会利益，综合运用各种营销手段，引导消费者合理消费，实现企业利益和社会效益的统一。其产生的原因主要有：①消费者利益受损。20世纪70年代，由于相当一部分企业为了牟取最大量的利润，不惜以假充真、以次顶好，甚至用那些损害消费者健康和威胁消费者安全的商品欺骗消费者。②消费者权益运动的兴起。为了维护消费者的利益,许多国家成立了消费者保护协会。③对"市场营销观念"的质疑。学者们认为许多企业没有真正奉行"市场营销观念",另一些人认为市场营销观念存在着一些疑问,如把满足消费者表现出的需要作为唯一的企业营销标准有不妥之处,有时,消费者认为对自己有益的商品并不一定真正有益,如香烟对吸烟者就是如此。另外,还有许多商品能满足消费者的眼前利益,但损害了消费者及整个社会的长期利益。

从20世纪90年代中期以后,社会营销观念开始引起了企业的重视,并被一些企业应用。在最近几年中,对市场营销观念的研究也越来越多,同时提出了一些与社会营销观念相关的概念,如绿色营销、生态营销、环境营销等。企业从现在起必须开始密切关注对社会营销观念的发展和应用。

社会营销观念与市场营销观念没有本质的差别,社会营销观念强调的诸方面不过是对实施中的市场营销观念的补充和进一步的完善。

营销案例 *1-2*

汉堡包快餐行业受到的批评

汉堡包快餐行业提供了美味可口的食品,但却受到了批评。原因是其食品虽然可口却没有营养。汉堡包脂肪含量太高,餐馆出售的油煎食品和肉馅饼都含有过多的淀粉和脂肪。出售时采用方便包装,因而导致了过多的包装废弃物。在满足消费者需求的同时,这些餐馆可能损害了消费者的健康,同时污染了环境,忽略了消费者和社会的长远利益。

资料来源:汉堡包快餐行业受到的批评[EB/OL]. http://www.endq.com/view/12570200.

六、市场观念的比较

概括起来,以上的五种观念可以划分为传统观念和现代观念两大类,其中生产观念、产品观念和推销观念为传统观念,市场营销观念和社会营销观念是现代观念。两类不同的市场观念下的营销活动在营销出发点、中心点、营销策略、方法及市场态势方面有很大差别。

第一,企业营销活动的出发点不同。传统观念以企业既有的产品为出发点;现代观念则以顾客需求为出发点,同时强调符合长远的社会利益。

第二,企业营销活动的中心点不同。传统观念以企业自身为中心点;现代观念则以顾客为中心点。

第三,企业营销策略不同。传统观念指导下的营销活动是以"生产者为导向"的,针对性较差;现代观念指导下的营销活动是以"市场导向"为主的,具有极强的针对性。

第四,企业营销的方法不同。传统观念指导下的营销活动是被动的,营销手段单一;现代观念指导下的营销活动是积极主动的,强调整体营销。

第五,市场态势不同。传统观念主要适应于供不应求的卖方市场;现代观念适应于供过于求的买方市场。

五种市场的主要区别见表1-1。

表 1-1　五种市场观念的比较

市场观念 \ 区别	出发点	中心点	营销策略	方法	市场态势
生产观念	产品	企业	努力增加产品数量	坐等顾客上门	卖方市场
产品观念	产品	企业	提高质量、降低成本	坐等顾客上门	卖方市场
推销观念	产品	企业	以多种推销方式竞争	派员宣传和推销	由卖方市场向买方市场过渡
市场营销观念	顾客需求	顾客	发现和满足顾客需求	实施 4P 整体营销策略	买方市场
社会营销观念	顾客需求	顾客利益、企业利润、社会福利	获取消费者信任、兼顾社会利益	与顾客建立良好的关系,相互信任	买方市场

营销思考 1-5

索尼的成功是众所周知的。盛田昭夫在其所著的《索尼与我》一书中说:"我们的政策是以新产品去引导消费,而不是先调查消费者喜欢什么产品,然后再投其所好。"

谈一谈对这段话的理解。

第三节　顾客满意与关系营销

一、顾客让渡价值

(一)顾客让渡价值的概念

顾客让渡价值是菲利普·科特勒在 1994 年提出的。他认为顾客将从那些他们认为能够提供最高顾客让渡价值的公司购买商品或服务。顾客满意度是由其所获得的让渡价值大小决定的。顾客总价值是指顾客购买某一特定产品或服务所获得的全部利益,它包括产品价值、服务价值、人员价值和形象价值等。顾客总成本是指顾客为购买某一特定产品或服务所耗费的时间、精神、体力以及所支付的货币资金等,它包括货币成本、时间成本、精神成本和体力成本等。构成要素如图 1-4 所示。

(二)顾客让渡价值的决定因素分析

企业为了在竞争中战胜对手,吸引更多的潜在顾客,就必须向顾客提供比竞争对手具有更多"顾客让渡价值"的产品或服务,这样才能吸引顾客注意,促使顾客购买本企业的产品或服务。

1.顾客总价值分析

(1)产品价值。产品价值是由产品的功能、特性、品质、品种与式样等所产生的价值。它是

```
产品价值 ┐
服务价值 ├→ 顾客总价值 ┐
人员价值 │              │
形象价值 ┘              ├→ 顾客让渡价值
                        │
货币成本 ┐              │
时间成本 ├→ 顾客总成本 ┘
精神成本 │
体力成本 ┘
```

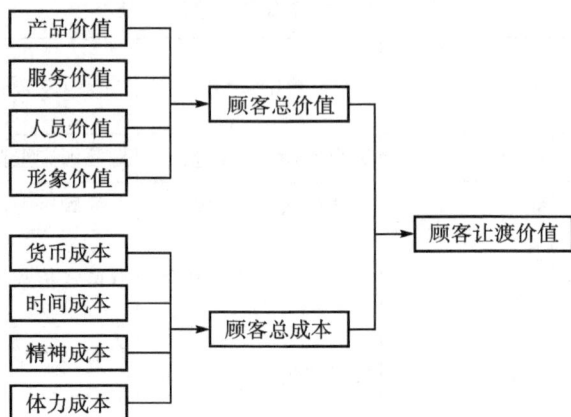

图 1-4　顾客让渡价值的构成要素

顾客需要的中心内容,也是顾客选购商品的首要因素,一般情况下,它是决定顾客购买总价值大小的关键的和主要的因素。产品价值是由顾客需要来决定的,在经济发展的不同阶段,顾客对产品的需要有不同的要求,构成产品价值的要素以及各种要素的相对重要程度也会有所不同。在经济发展的同一时期,不同类型的顾客对产品价值也会有不同的要求,在购买行为上显示出极强的个性特点和明显的需求差异性。

(2)服务价值。服务价值是指伴随产品实体的出售,企业向顾客提供的各种附加服务,包括产品介绍、送货、安装、调试、维修、技术培训、产品保证等所产生的价值。在现代的消费市场上,消费者在选购产品时,不仅注意产品本身价值的高低,而且更注意产品附加价值的大小。特别是在同类产品质量与性质大体相同或类似的情况下,企业向顾客提供的附加服务越完备,产品的附加价值越大,顾客从中获得的实际利益就越大,从而购买的总价值就越大;反之,则越小。因此,在提供优质产品的同时,向消费者提供完善的服务,已成为现代企业市场竞争的新焦点。

(3)人员价值。人员价值是指企业员工的经营思想、知识水平、业务能力、工作效益和质量、经营作风、应变能力所产生的价值。一个综合素质较高又具有顾客导向经营思想的工作人员,比知识水平低、业务能力差、经营思想不端正的工作人员为顾客创造更高的价值,从而创造更多的满意顾客,进而为企业创造更大的市场。人员价值对企业、对顾客的影响作用是巨大的,并且这种作用是潜移默化的。因此,高度重视对企业人员综合素质的提高和能力的培养,加强对员工日常工作的激励、监督和管理,使其始终保持较高的工作质量与工作水平就显得非常重要。

(4)形象价值。形象价值是指企业及其产品在社会公众中形成的总体形象所产生的价值。它包括:企业的产品、技术、包装、商标、工作场所等所构成的有形形象所产生的价值;公司及其员工的职业道德行为、经营行为、服务态度、作风等行为形象所产生的价值;企业的价值观念、管理哲学等理念形象所产生的价值等。形象价值与产品价值、服务价值、人员价值密切相关,在很大程度上是上述三个方面价值综合作用的反映和结果。形象对企业来说是宝贵的无形资产,良好的形象会对企业的产品产生巨大的支持作用,赋予产品较高的价值,使顾客的需要得到更高层次和更大限度的满足,从而增加顾客购买的总价值。因此,企业应高度重视自身形象的塑造,为顾客进而为企业带来更大的价值。

营销思考 1-6

从顾客角度出发,谈一谈对增加顾客总价值的认识?

2.顾客总成本分析

(1)货币成本。货币成本是指顾客购买和使用产品所付出的直接成本和间接成本。一般情况下,顾客购买产品时首先要考虑货币成本的大小,因此,货币成本是构成顾客总成本大小的主要和基本因素。企业要想赢得市场,必须严格控制成本,对本企业产品或服务的各个环节进行成本控制,设身处地以顾客的目光看待成本的高低和价格的可接受度。一是要降低生产成本。从产品设计、研制阶段就要开始进行成本控制,在实现必要功能的前提下,尽可能从选用材料、调整产品结构、简化加工工艺等方面降低成本;在保证质量的前提下最大限度地降低采购成本,取得效益;在生产阶段进行成本控制,要努力降低单位产品材料消耗量,降低人工成本,加强费用控制和降低废品率等。二是要降低流通成本。在加强物流的管理方面,企业可以通过经济订购批量、最优生产批量、ABC分类法等手段,保证适时适量的商品库存,并通过选取最佳运输方式,实现运输成本的最小化。

(2)时间成本。在顾客总价值与其他成本一定的情况下,时间成本越低,顾客购买的总成本就越小,从而顾客让渡价值越大。在服务质量相同的情况下,顾客等候的时间越长,所花费的成本就越高,购买的总成本就会越大。同时,等候时间过长,还会引起顾客对企业的不满,从而放弃消费的念头。因此,努力提高工作效率,在保证产品和服务质量的前提下,尽可能减少顾客的时间支出,降低顾客的购买成本,是为顾客创造更大的顾客让渡价值,增强企业产品市场竞争能力的重要途径。

(3)精力成本(精神与体力成本)。精力成本是指顾客购买产品时,在精神、体力方面的耗费与支出。消费者购买产品的过程是一个从产生需求、寻找信息、判断选择、决定购买到实施购买,以及购买后感受的全过程。在购买过程的各个阶段,均需付出一定的精力。在顾客总价值与其他成本一定的情况下,精神与体力成本越小,顾客为购买产品所支出的总成本就越低,从而顾客让渡价值越大。对于这类产品,如果企业能够通过多种渠道向潜在顾客提供全面详尽的信息,就可以减少顾客为获得产品信息而花费的精力,从而降低顾客购买的总成本。因此,企业采取有效措施,对增加顾客购买的实际利益,降低购买的总成本,获得更大的顾客让渡价值具有重要意义。

营销案例 1-3

更好的老鼠夹子

美国的易捕公司依据一项专利发明生产一种捕鼠器,试图替代传统的老鼠夹子。易捕捕鼠器是一个完全创新的产品,捕鼠器由一个6英寸长、1.5英寸宽的方形塑料管构成,跷起的一头呈30度角,诱饵就放在它的顶端。左端的一头有一个可合上的门,门的两边有两个支柱,把门撑起来。在使用时,老鼠会顺着诱饵的香味,从开门处进入通道去吃诱饵。当它爬到跷起的一端时,老鼠的自重会使这一端落下来,开门的一端就会跷起来,同时门会自动关上,老鼠就被捕获。易捕捕鼠器工作十分有效,万无一失。其特点是"清洁"和"安全";优点是使用者不必担心会夹住手,没有任何毒害或伤害的危险,看起来也不像老鼠夹子那样残忍和"不干净",还可以重复使用。

有这么多的优点,但其销售情况却很不理想。在作了一番调查之后,公司发现以前过多关注有利的一面,对不利的一面,尤其是对顾客来说,关注得实在是太少了。

首先,被困住的老鼠并不会立即致死,它奋力挣扎的声响实在是太大了,而且会持续1~2个小时,让人无法忍受。其次,怎么妥善处置被关住的老鼠。如果打开捕鼠器,老鼠很可能就逃掉了。调查表明,很多男人都感到于心不忍,何况家庭主妇呢?再来看是否洁净的问题。谁来洗和怎样洗这个用过的易捕器?另外的问题就是价格,在超市中其售价是1袋2个,定价为2.49美元。这是弹簧老鼠夹子价格的7~8倍。虽然以此价格公司可从每件产品中获得80美分约为30%的毛利,但对顾客来说,这个价格和用完就扔的老鼠夹子相比实在是太不划算了。如果我们从顾客让渡价值来分析,总价值并不高而总成本却不低的易捕捕鼠器,的确难以激发人们的购买欲望。

资料来源:吴涛.市场营销管理[M].修订版.北京:中国发展出版社,2006.

二、顾客满意与顾客忠诚

(一)顾客满意

顾客满意是指顾客通过对一个产品的可感知效果与他的期望值相比较后所形成的感觉状态。如果效果评价低于期望,顾客就会不满意。如果效果评价与期望值相匹配,就会满意。如果超过期望,顾客就会高度满意或欣喜。而产品和服务的质量、价格、消费者的情感因素、环境因素都会对满意水平产生影响。研究顾客满意的好处有:

(1)发现顾客的潜在要求。

(2)增强企业的赢利能力。

(3)制定和完善经营发展战略与目标。

(4)把握未来的商业机会。

(二)顾客忠诚

顾客忠诚通常被认为是重复购买同一品牌或产品的行为,因而忠诚顾客就是重复购买一种品牌,只考虑这种品牌并且不再进行相关品牌信息搜索的顾客。从某种程度上说,忠诚是非理性的。忠诚依其程度深浅,可以分为四个不同的层次,如图1-5所示。

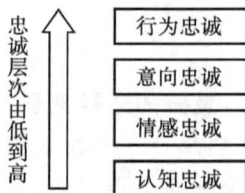

图1-5 顾客忠诚层次

(1)认知忠诚,指经由某种产品品质信息直接形成的,认为该产品优于其他产品而形成的忠诚,这是最浅层次的忠诚。

(2)情感忠诚,指在使用产品持续获得满意之后形成的对产品的偏爱。

(3)意向忠诚,指顾客十分向往再次购买产品,不时有重复购买的冲动,但是这种冲动还没有转化为行动。

(4)行为忠诚,此时,忠诚的意向转化为实际行动,顾客甚至愿意克服阻碍,实现购买。

从顾客忠诚各个层次的含义可以看出,基于对产品品质的评价才能打开通向忠诚的大门,因此,没有令人满意的产品表现,是无法形成情感和意向忠诚的。但前面三个层次的忠诚,易受环境因素的影响而产生变化,如当企业的竞争对手采用降低产品(或服务)的价格等促销手段,以吸引更多的顾客时,一部分顾客会转向购买竞争对手的产品(或服务)。如联通主要依靠较低的价格与移动展开竞争,吸引部分消费者。而行为忠诚则不易受这些环境因素的影响,是真正意义上的忠诚。因此,企业要培育的正是这一层次的顾客忠诚。

(三)顾客满意与顾客忠诚的关系

关系营销的目标是顾客忠诚,而顾客忠诚的前提条件是顾客满意。一些研究表明,顾客满意与顾客忠诚之间有着高度正相关关系,顾客非常满意时这种关系尤其显著,如图1-6所示。

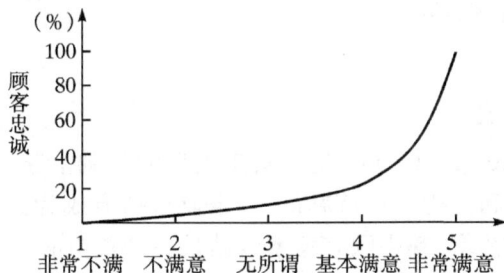

图1-6 顾客满意与顾客忠诚的关系

图1-6显示:当顾客的满意度处于基本满意状态以下时,顾客的忠诚度低于30%,在这种情况下,顾客一旦发现有更好的产品,便会毫不犹豫地更换供应商;当顾客的满意度处于基本满意和非常满意状态之间时,顾客的忠诚度直线上升。处于非常满意状态的顾客,其忠诚度非常高,一般不轻易更换供应商,除非态度傲慢的员工惹恼了顾客。反过来,高度满意和愉悦创造了一种对品牌的认同,而不仅仅是一种理性偏好,正是这种认同与共鸣创造了顾客的高度忠诚。

顾客满意、顾客忠诚和公司赢利之间的密切联系,使得许多公司认识到顾客忠诚的重要性。

营销资料 1-4

消费者对交车时间满意度下降

J. D. Power 亚太公司发布的 2010 年中国汽车销售满意度研究(SSI)显示:设立并贯彻执行以用户为中心的销售流程和交车过程,是提升销售满意度的关键。研究同时显示,由于强劲的 2009 年销售势头持续到了 2010 年的上半年,与去年相比,消费者对交车时间的满意度有所下降。

与往年相同,交车过程和交车时间分别是新车购买体验中总体满意度最重要的因素。而与 2009 年相比,交车时间是唯一出现满意度下降的。这可能是由于强劲的 2009 年销售势头持续到了 2010 年的上半年。消费者需求急速上升导致了更多的顾客在经销商处排队提车,而车辆供应不足造成了对于交车时间的不满。2010 年平均交车时间为 4.7 天,而 2009 年平均交车时间为 2.8 天。

令人欣喜的是,除了奥迪、斯柯达、宝马、一汽大众等合资品牌占据销售满意度前几名外,销售满意度前十位当中出现了三个中国本土品牌。其中,哈飞名列第五位,在交付时间方面表现尤其出色;荣威与一汽吉林分列第七位与第十位。

研究显示,销售满意度对经销商和制造商的其他收入来源具有重要影响。在那些高满意度汽车品牌的顾客中,将近 60% 表示他们将使用该授权经销商的售后服务;而低满意度汽车品牌的顾客中只有 50% 作此表示。此外,在高满意度汽车品牌的顾客中,16% 表示他们将再次购买同品牌产品;在低满意度品牌的顾客中,只有 10% 表示他们将再次购买同品牌产品。

资料来源:李东颖.消费者对交车时间满意度下降[N].北京青年报,2010-09-01.

三、树立关系营销的理念

(一)关系营销的含义

关系营销(relationship marketing)是在买卖关系的基础上建立非交易关系,以保证交易关系能够持续不断地确立和发生。科特勒认为,企业营销应成为买卖双方之间创造更亲密工作关系和相互依赖关系的艺术,其中顾客关系营销是关系营销的核心和归宿。

正确理解关系营销的含义,包括以下几个方面:①从顾客的含义上来说,它不单指消费者,也包括了经销商,他们是企业的外部顾客,企业的员工则是企业的内部顾客。②从地位上来说,要求把顾客从外部的层面转入到企业的内部管理系统中来,把企业顾客资源与财力资源和人力资源同等看待。③从内容上来说,要求从对消费者进行单纯的数据记录转到对顾客价值和顾客关系管理的双重范畴上来。④从方法上来说,从以往单纯依靠数据库转到不仅依靠数据库也依靠消费者的积极参与上来。⑤从方向上来说,从以往单纯由企业对顾客进行的单向被动管理转向企业和顾客的双向互动管理上来。⑥从关注点上来说,从以往的征服型营销转变为发展和维持与顾客长期稳定的关系,从注重售前生产转变为注重顾客的售后服务。

关系营销关注的是如何保持顾客,其核心在于发展和维持与顾客长期稳定的关系。它把每次交易都看做是在建立一种关系。如何维持这种关系的长期性,关键在于每次交易都要使顾客满意。传统的交易营销(transaction marketing)可以说是一种征服性营销。它往往着眼于如何吸引顾客,它强调创造交易,而不是保持现有顾客,发展长期稳定的关系。交易营销的活动重点放在了在售前活动,而不是售后活动。表 1-2 比较了关系营销与交易营销的区别。

表1-2 关系营销与交易营销的区别

关系营销	交易营销
所有顾客	外部顾客
关注保持顾客	关注成交一笔生意
高度重视顾客服务	较少强调顾客服务
高度的承诺	有限的承诺
高度的顾客联系	适度的顾客联系
强调售前、售中和售后服务	强调售前产品服务
长期维持关系	创造交易

营销思考 *1-7*

关系营销中的"关系"与日常生活中的"关系"一样吗？

(二)关系营销的特征

关系营销是一个大的概念,而交易营销可以看做是关系营销的一个组成部分。关系营销的本质特征包括:

1.双向沟通

关系营销的沟通应该是双向的而非单向的。只有广泛的信息交流和信息共享,才可能使公司赢得各利益相关者的支持与合作。

2.合作

关系的基本状态是对立与合作。只有通过合作才能实现协同,才能建立双赢的基础。

3.双赢

关系营销旨在通过合作增加关系各方的利益,而不是通过损害其中一方或多方的利益来增加其他方的利益。

4.亲密

关系能否得到稳定和发展,情感因素起着重要作用。因此,关系营销不只是要实现物质利益的互惠,还必须让参与各方能从关系中获得情感的满足。

5.控制

关系营销要求建立专门的部门,用以跟踪客户、分销商、供应商和其他参与者的态度,由此了解关系的动态变化,及时采取措施消除关系中的不稳定因素和不利于关系各方利益共同增长的因素。而且,通过有效的信息反馈,也有利于企业及时改进产品和服务,更好地满足市场的需求。

营销资料 *1-5*

关系营销的五个层次

基本营销:简单地销售产品。

反应营销:销售产品,并鼓励顾客提出问题、评价或建议。

责任营销:在销售产品后跟进,以了解产品是否如所预期的,并询问改进的建议以及是否有任何失望。

主动营销：定期与顾客联系，以帮助其了解改进的产品使用方法和新产品。

合作营销：一贯地与顾客共同努力，以找到更好的行动方式。

资料来源：菲利普·科特勒，凯文·莱恩·凯勒.营销管理［M］.卢泰宏，等，译.13版.北京：中国人民大学出版社，2009.

（三）顾客关系营销模式

1.数据库营销模式

数据库是指与顾客有关的各种数据资料。数据库营销是指建立、维持和使用顾客数据库以进行交流和交易的过程。建立顾客数据库，是实施顾客关系营销的基础。对顾客关系营销来说，收集、处理和传递信息的高效性尤为重要，信息技术和网络技术的发展为此提供了良好的技术支持。另外，数据库营销能经常保持与顾客的沟通和联系，强化顾客与企业密切的社会性关系。同时通过共享个性化顾客信息的数据库系统，能够预测顾客的需求并提供个性化的服务，而且信息能够及时更新。

数据库营销具有极强的针对性。数据库中的数据包括现实顾客和潜在顾客的一般信息，如姓名、地址、电话、传真、电子邮件、个性特点和一般行为方式；交易信息，如订单、退货、投诉、服务咨询等；促销信息，即企业开展了哪些活动，做了哪些事，回答了哪些问题，最终效果如何等；产品信息，即顾客购买何种产品、购买频率和购买量等。数据库营销的针对性有助于取得良好的营销效果。

顾客关系营销通过对顾客的数据进行编辑整理并加以分析，可以帮助企业找到正确的目标市场和目标顾客，并对企业的重点消费者加以辨别，分析目标顾客的有关数据，制订出营销计划。同时，因为数据库是一个互相作用的体系，它为每一个目标顾客提供了及时反馈的机会和渠道，从而可以了解顾客的最新需求，建立起企业与顾客之间的互动关系。这可以看做是企业对顾客进行的最基本的管理，也是目前运用得最为广泛的一种模式。

2.知识管理模式

所谓知识管理模式，也就是强调把顾客作为外部管理的传统范畴，转变为吸引顾客进入企业的内部管理系统，来共同参与公司管理，使顾客从产品的开发直到销售阶段都能起作用。之所以如此，是因为企业的知识一部分存在于公司职员的头脑中，而生产销售信息则主要存在于顾客心中。因而，通过建立知识管理模式来对企业的顾客和企业的生产销售进行管理，提升营销效率和水平。

知识管理模式的一般做法是：首先建立企业内部的知识圈。其次把企业在产品开发、生产、销售等阶段所需要的、掌握重要知识的人挑选出来，组成专家团。这些人可以是职员，也可以是企业各类顾客、退休人员和各种专家等。最后由专家团共同制定企业的营销策略，由他们来一起参与公司新产品的开发、服务策略的制定等工作，他们具有否决权，充分体现顾客在企业中所占的重要地位。

3.频繁营销模式

频繁营销模式也称为老主顾营销模式，指向经常购买或大量购买的顾客提供奖励。奖励的形式有折扣、赠送商品、奖品等。通过长期的、相互影响的、增加价值的关系，确定、保持和增加来自最佳顾客的产出。如一些航空公司提供免费里程的规划，一位顾客可以不付任何费用参加公司的有关项目，乘飞机达到一定里程后换取一张头等舱位票或享受免费航行和其他好处。许多旅馆规定，顾客住宿达到一定天数或金额后，可以享受上等住房或免费住宿。信用卡公司也向消费达到一定金额的持卡人提供折扣。

频繁营销模式的缺陷是：第一，竞争者容易模仿。频繁营销模式只具有先动优势，尤其是竞争者反应迟钝时，如果多数竞争者加以仿效，就会成为所有实施者的负担。第二，顾客容易转移。由于只是单纯价格折扣的吸引，顾客易于受到竞争者类似促销方式的影响而转移购买。第三，可能降低服务水平。单纯价格竞争容易忽视顾客的其他需求。

4.俱乐部管理模式

俱乐部管理模式是指企业的顾客承诺购买、缴纳会费或是自愿参加后就成为会员，并成立俱乐部，大家聚集在一起，参加各类活动，从而达到营销目标的管理模式。这种管理模式通常定期举办各类活动，发布有关信息，并用一定奖励来鼓励他们转告自己的亲朋好友，利用私人关系来建立起和目标顾客之间的联系。

中国移动的全球通 VIP 俱乐部就是一个典型的例子。全球通 VIP 俱乐部定期邀请国内知名的各类专家、学者，举办经济、管理、保健、民生等方面的讲座，免费向其成员提供门票，使VIP 俱乐部成为一个相互了解和沟通的平台，也使中国移动的优质资源得以稳固和维持。

本章小结

本章介绍了市场营销学中的一些基本概念，系统阐述了市场观念的演变和发展状况，对每种观念的内涵都作了充分说明，要树立关系营销的理念。主要包括以下内容：

1.市场营销的基本概念

对市场可以从不同的角度进行界定。从营销的角度看，市场是指一切具有特定欲望和需求并且愿意和可能从事交换来使欲望和需求得到满足的潜在顾客所组成的消费者总体，其实质是研究人的需要问题。市场营销是个人和群体通过创造并同他人交换产品和价值以满足需求和欲望的一种社会过程和管理过程。其相关概念包括需要、欲望、需求、产品、价值、成本、满足、交换、市场、营销者等。

2.市场观念及其演进

市场观念，是一种在一定时期内占统治地位的组织营销活动的指导思想，其实质是如何处理企业、顾客和社会三者之间的利益关系。市场观念有五种典型形式：生产观念、产品观念、推销观念、市场营销观念和社会营销观念，其中市场营销观念是现在市场条件下的主导观念。

3.顾客满意与关系营销

要树立以顾客为中心的营销理念，就要进一步研究顾客让渡价值、顾客满意、顾客忠诚等问题，树立关系营销的理念。关系营销的核心是建立和发展同相关个人和组织的兼顾双方利益的长期联系，通过数据库营销模式、知识管理模式、频繁营销模式和俱乐部管理模式来实现营销目的。

关键术语与概念

市场 市场营销 需要 欲望 需求 产品 价值 成本 满足 交换 营销者
生产观念 产品观念 推销观念 市场营销观念 社会营销观念 顾客让渡价值
顾客满意 顾客忠诚 关系营销

复习与思考

1.市场产生的基础是什么？

2.某企业面对的市场具备人口、购买欲望和购买力三个要素,该市场能否成为企业的目标市场？为什么？

3.如何理解市场营销的概念？

4.举例说明需要、欲望和需求之间的差别。

5.从营销观念出发,如何理解"酒香不怕巷子深"、"皇帝女儿不愁嫁"？

6.按照五种营销观念,分析"以产定销"、"以销定产"、"产销结合"、"按需生产"的含义？

7.试述传统市场观念和现代市场观念的区别。

8.顾客让渡价值的构成要素有哪些？如何使顾客让渡价值最大化？

9.举例说明顾客满意与顾客忠诚的关系。

10.如何理解关系营销的含义？

11.关系营销的特征有哪些？

12.简述顾客关系营销的模式。

案例分析

案例一:宝洁公司为什么能够成功——生产消费者需要的产品

宝洁公司(P&G)在《财富》杂志最新评选出的全球500家最大工业、服务业企业中,排名第86位,并位列"最受尊敬企业"第7名。宝洁公司全球雇员10多万人,在全球80多个国家和地区设有工厂及分公司,所经营的300多个品牌的产品畅销160多个国家和地区,其中包括洗发、护发、护肤用品,化妆品,婴儿护理产品,妇女卫生用品,医药,食品,饮料,织物,家居护理及个人清洁用品。

宝洁公司是一个典型的以顾客为中心,用顾客需要来指导生产运营和营销活动的全球性大公司。宝洁公司认为,好的产品是那些能够满足人们基本需要、激发人们购买欲望、引发市场需求的产品。要生产出这样的产品,就必须了解消费者的所思所想。

早在1934年,宝洁公司就在美国成立了消费者研究机构,成为在美国工业界率先运用科学分析方法了解消费者需求的公司。起初,公司雇用了"现场调查员",逐门逐户进行采访,征询家庭主妇对产品性能的喜好和建议。到了20世纪70年代,宝洁公司成为最早一家用免费电话与用户沟通的公司。宝洁公司建立了庞大的数据库,把用户意见及时反馈给产品开发部,以求产品的改进。迄今为止,宝洁公司每年用多种工具和技术与全世界超过700万的消费者进行交流。此外,宝洁公司还建立了用户满意程度监测系统,了解各个国家的消费者对公司产品的反应。

对于失败的市场,宝洁公司则仔细研究和分析,从中提炼每一点可以学习的东西,从失误中获益。宝洁公司最糟糕的一次经历发生在日本。当时,公司想引入其尿布品牌"帮宝适"(Pampers)进入日本市场。刚好公司在美国有一个广告正在播放,广告展示一只栩栩如生的鹤给遍布美国的家庭分发"帮宝适"尿片。当时公司派驻日本的美国籍管理者认为这是一个绝好的广告,有助于将"帮宝适"介绍给日本消费者。于是,他们将广告复制到日本,以日本包装代替美国包装,将其播放。非常令人失望,广告没能发挥作用。最后,进行了一次消费者调查,他们才发现,日本消费者很迷惑:为什么这种鸟在分发一次性的尿片？根据日本民俗,鹤不接生婴儿,婴儿出生于漂流在河里的大桃园,漂到父母身边。宝洁公司没有获得消费者关键的理解,所以,其广告缺乏说服力。因此,公司提供给日本消费者一个更恰当的广告模型,即一位婴儿专家的鉴定书——她正好也是一位母亲——公司称她为"专家妈妈"。

为了保持原有的地位和拓展新的市场,宝洁公司不惜花费大量的财力和人力,对亚洲消费者进行了全面而细致的研究。因为亚洲消费者是与众不同的,吸引亚洲消费者并不容易。不像北美、欧洲以及拉丁美洲的消费者,几乎没有社会的或经济的结合力将亚太地区的消费者紧密联结在一起。实际上,宝洁公司对于亚洲消费者的分析是一个对比研究。日本消费者很精明,仔细检查产品的每一方面;而中国消费者比较朴实,他们只是习惯于选择品牌。另外,可将城市社会(比如中国香港)与农村社会(比如越南和泰国)作比较。还有,在菲律宾绝大多数是天主教徒消费者,在马来西亚和印度尼西亚则绝大多数是穆斯林消费者。在澳大利亚和新西兰的消费者拥有西方的价值观,而在亚太地区的大多数人则是儒家价值观。正因为这样,宝洁公司不得不根据亚洲消费者的不同性情修改全球成功模式,为之量身定做。

为了适应亚洲消费者的特殊需求,宝洁还着手进行原有产品的本土化改良。宝洁公司开始进入其他国家时采用的是美国化的产品。在日本,它推销的帮宝适尿布由于不适合日本婴儿的体型而遭到了失败。公司从挫折与失败中总结经验,终于成为研究和了解每一个国家和地区消费者的专家。例如,中国宝洁的洗发用品根据中国水质和消费者发质的不同,将产品的成分作了调整,标签说明也有所变动,原来的 Head&Shoulder 取了一个中文名称"海飞丝",原来的 Rejoice 洗发精也改为"飘柔"。

问题:

(1)宝洁的营销体现了哪一种市场观念? 宝洁公司是如何在营销实践中应用这种观念的?

(2)以宝洁公司某一产品为例,说明其营销中的核心概念(需要、欲望、产品、价值等)分别是什么?

资料来源:盛敏,等.市场营销学案例[M].北京:清华大学出版社,2005.

案例二:沃尔玛最与众不同的地方——服务

根据《2003 年中国超市顾客购物行为调查报告》显示,我国超市经过 10 多年的发展,在消费者心目中已经逐步确立了购物方便、价格实惠的行业形象。在大中城市,超市已成为消费者日常生活用品的主要购买场所。但同时,超市购物的最主要特征就是自选,为顾客提供的服务是有限的。调查显示,在找不到商品时,有 57.2% 的顾客需要得到卖场工作人员的帮助,在选购新品牌和有新功能的产品时,39.1% 的顾客需要促销员介绍。此外,顾客在找不到价签或遇到技术含量较高的商品时,也希望求助于卖场员工。但是,超市店内员工提供的服务和顾客需求存在较大差距,更多的服务是厂家促销员在推销商品。

而沃尔玛在力争最低价格的同时,将优质服务定位为自己的一大目标。当低价成为共性,那么服务上的明显差异性,将极大地增加顾客让渡价值。请对顾客露出你的八颗牙、3 米内的微笑、日不落原则、快捷的结算通道都带给中国消费者一个全新的大卖场形象。这是沃尔玛在中国最大的优势之一。

顾客的满意程度只有顾客自己知道,怎样检测企业在顾客心目中的满意程度,也是企业面临的难题之一,企业只有在顾客的未满意状态尚未达到"另择良栖"的程度就能够发现这种未满意,才是有意义、有价值的。因而,企业在考察顾客对自己的满意程度时,一方面要考察顾客的保有率(即顾客流失率),这是显性的、比较容易察觉的;但另一方面,企业更应该从隐性的顾客满意率着手,找到一种能够及时察觉出顾客从满意到未满意,从未满意到选择离开的心理状态变化的监测机制,这样的机制比前一种更有价值,更有意义。沃尔玛一直在"顾客满意"的领域内不断地突破,不断地寻求新的方式方法来测量、分析、提高"顾客满意"。"对我不满意,请拿一元钱"——中国济南的新街口沃尔玛购物广场使用面值一元的人民币测量顾客满意度,就是沃尔玛监测顾客满意程度的新招,主要针对一些遇到不满意服务而又不愿去服务台投诉的消费者,是对隐性的顾客满意程度估测的一种尝试。另一方面,这种举措,给顾客一个心理缓冲,可以或多或少地减少一些顾客购物中引起的不快。

问题:

(1)沃尔玛是如何做到顾客满意的?

(2)沃尔玛的优势是什么?

资料来源:吴泗宗.战略营销管理学[EB/OL]. http://doc. mbalib. com/view/d178db9ad37b578221434b99a42d7c58. html.

营销实训项目

1.市场营销是什么

【目的】

实际认知与体验不同企业的营销职业特性,深刻理解市场营销的概念和企业营销活动的实质,寻找企业营销活动的内在共性特征,学习用营销的思想分析问题。

【方案】

(1)把学生分成若干组,每组3~5人,每组指定一名组长。

(2)选择当地某个实际的市场,如超市、教育市场、电信市场、汽车市场、家电市场、房地产市场、手机市场等,进行观察、访问和收集企业营销的相关信息资料,每个小组对自己的访问资料进行总结。

【规则】

(1)每个小组组长依次发言,阐述本组对市场的访问状况及企业营销职业特性,小组其他成员可以进行补充。发言时间不超过5分钟。

(2)各小组分析不同的市场及其企业营销活动的共性及差异性。

(3)各小组用实例支持自己的观点。

(4)讨论:营销理论与营销实践是否一致? 营销对象包括哪些方面?

(5)形成总结报告。

【方式】

在先期调研的基础上进行课堂讨论。

2.营销知识专题讲座

【目的】

理论结合实践,通过与企业营销负责人进行面对面的沟通,帮助学生深刻理解顾客满意与关系营销在企业营销中的重要地位。

【方案】

(1)邀请当地相关企业(如中国移动等企业)的营销部门负责人就顾客满意与关系营销以及营销中的其他问题进行专题讲座。

(2)学生与报告人进行沟通。

【规则】

在学生对市场营销基本理论有了一定了解的基础上开展此项活动。

【方式】

专题讲座。

营销实践练习

1.假设你是一家服装企业的营销人员,根据服装市场的特点,必须要以市场导向为营销指导思想。请你准备一份3分钟的发言,阐述自己的主要营销观点及其理由。

2.结合一个你所熟悉的企业,讨论"营销创造需要还是满足需要"。

3.分别站在顾客和企业的角度,分析"顾客永远是正确的吗?"

4.试各举一个成功和失败的营销案例,分析其原因。

5.回想一下最近你遭遇的非常好的或者非常糟糕的顾客服务,写出你的购物经历。你认为造成他们这样的原因是什么?

营销模版

市场分析报告

第一部分 前言

在市场计划的前面做一个前言,用简要的语言(300～500字)对策划书的目的及目标进行说明,应包括较具体的市场目标和财务数字。

计划应有两种:短期(1～12个月)和长期(一年以上)。大部分内容应该集中在未来一年。当制定了一年中的主要目标之后,你主要精力应集中在媒体、市场和推销工作上。同时,要将目光转向未来的两到三年的中期目标。你的终极目标是什么?

第二部分 市场调研及分析

一、市场概况

市场概况包括地理位置、省会城市、人口、GDP指标、经济发达状况、可能的区域市场等,后面几个是分析的重点。

二、本行业动态及分析(简单一点)

1.国家政策影响

2.行业发展前景

3.行业饱和程度

4.行业技术及相关技术发展

5.行业进入成本、壁垒

6.其他因素

三、现有竞争者的调研及分析(前三项是重点)

1.企业生产、营销能力

2.市场占有率、财务指标

3.产品的定位、包装、价格、市场目标受众、竞争优势

4.企业策划、销售、执行能力的调研

5.员工能力、待遇、公司对员工的激励、考核、培训(我公司应参考的内容)

四、客户调研及分析(重点分析)

1.谁是我们的客户(市场细分)(大客户—中客户—小客户;重点客户—一般客户)

你拥有多大的市场? 你的目标市场份额为多大?

2.客户背景研究

3.客户对产品和竞争产品的认知及态度,包括质量、价值、包装、型号、品牌声誉、品牌形象等及其认知差别

4.消费者的使用情况:购买动机、购买量、何时使用、如何使用等

5.消费者对现有营销活动的评价:对广告的接受程度、对营业推广的理解等

6.客户的认可程度

7.影响客户忠诚度的因素

五、市场中间商调研及分析

1.中间商的性质:配送商、经销商、代理商

2.中间商对我们产品的依赖(关注)程度(相对数值):我们产品占用他资金的比例,给予他的利润比例……

3.中间商的给予我们产品的支持(绝对数值):配送能力、资金实力、人力等

第三部分　营销策略的制定及可行性分析

一、战略制定(提供原则或标准)

制定指导思想、目标等。

二、营销策略制定及可行性分析

1.产品

(1)品种:市场定位、目标受众。

(2)包装:陈列显著、方便、符合产品定位、价格等。

2.价格

(1)符合企业战略。

(2)符合产品定位。

3.渠道

(1)一般渠道。对经销商的选择、管理控制、返点等。

(2)特别渠道。由于产品特性及价格不同,我们可以选择哪些特殊通道,以便它的目标客户能够便利地获得该产品。

(3)新终端开发队伍。

(4)直接营销队伍。

(5)客户数据库的管理。

4.促销

(1)广告——诉求点。

(2)人员推销。

(3)营业推广。

(4)公共关系。

三、市场营销中意外情况的应急对策

第四部分　市场开拓的基本步骤（具体怎么做）

第一步：×年×月——×年×月，做……；目标是……；措施是……

第二步：×年×月——×年×月，做……；目标是……；措施是……

第三步：×年×月——×年×月，做……；目标是……；措施是……

第五部分　预期取得的营销成果

此部分主要阐述营运规模、收入和利润目标（最好以资产负债表、损益表、现金流量表以及年度的财务总结报告书的形式出现，至少也要用简明的表格把重要数据列明）。

网站资料访问

1. 菲利普·科特勒：互联网没有改变营销的本质

　　http://www.china.com.cn/economic/txt/2006－10/30/content_7290736.htm

2. 成为世界的"营销车间"

　　http://www.emkt.com.cn/article/87/8718.html

3. 如何树立正确的企业营销观念

　　http://www.bf158.com/Article_info.asp? id＝11247

4. 市场营销观念的50年变迁

　　http://www.cn－doc.com/_education_thesis_economic/2005_08_27_23/20050827231842112.htm

5. 现在营销观念问题的研究

　　http://wenba.ddmap.com/574/6332374.htm

6. 同质时代的竞争——漫谈顾客让渡价值与购买行为

　　http://www.tianya.cn/publicforum/Content/develop/1/4784.shtml

7. 顾客让渡价值理论的营销实践分析

　　http://www.studa.net/market/080724/14320159.html

8. 顾客让渡价值理论在百货业中的运用

　　http://lw.china－b.com/gllw/20090411/1305926_1.html

9. 顾客满意与顾客忠诚互动关系研究

　　http://www.emkt.com.cn/article/56/5627－3.html

10. 什么是顾客关系营销策略

　　http://www.meihua.info/Knowledge/article/1126

11. 金融营销与品牌管理之关系营销策略

　　http://www.doc88.com/p－03273597839.html

第二章
市场营销环境

学习要点

1. 掌握市场营销环境的含义和特点
2. 了解影响企业市场营销的主要微观和宏观环境所包括的内容
3. 了解市场营销环境的分析方法和对策

引导案例

奇瑞汽车市场营销环境分析

2009 年奇瑞汽车年销量接近 50 万辆,奇瑞的资产在 2009 年也得到了复苏,先后建立了重卡、电动车等项目,准备走多元化的路线。这对一直以做好汽车的奇瑞来说,应该是开创了一条新的征程,经过未来 1~2 年的建设,以后将是奇瑞创造收入的时期。

2010 年之后的短期内(特指 2~5 年),国家整体调控将以扩大内需、促进人民消费为主,对汽车行业的支持与拉动仍将持续。奇瑞股份奇瑞销售公司主营的中低端车在未来 5 年会有更为广阔的市场环境;奇瑞股份麒麟销售公司主营的中高端车型受其国产化与技术日趋成熟化的影响,在未来 5 年将有可持续发展的动力;奇瑞股份开瑞主要以微车为主,打拼二、三、四线市场,在五菱的强大攻势下抢占市场份额,压力相对较大,但仍会持续增长;奇瑞股份国际公司主要针对海外市场,随着国际经济形势的复苏,2010 年之后也会有所佳绩。所以在未来的 3~5 年仍是汽车行业的火爆年份。

奇瑞内部管理存在一些问题。在奇瑞工作过的人反映了一些问题,比如:流程过长、工作推诿、员工福利差等问题。随着社会的发展,城市人群的生活成本将会越来越大,工资、工作环境将严重影响到企业的留人能力,人员更新换代和组织机构的不健全也将影响到企业的生存。

随着国际社会对环境污染的重视,传统的汽油机很有可能在将来被替换,但这个日期很难说。几年后,奇瑞股份的三家国内销售公司、国际公司可能都会对新的能源系统进行全面销售,至于 5 年后奇瑞是否能研究成功,是否能超越其他厂家,那就看奇瑞的努力了。

问题:

1. 简要分析奇瑞面临的营销环境?
2. 奇瑞如何应对营销环境的变化?

资料来源:奇瑞汽车市场营销环境分析[EB/OL]. http://zhidao.baidu.com/question/133564122.html.

任何事物的存在和发展都离不开特定环境的影响,市场营销活动也是如此。从本质上看,市场营销活动就是营销者努力使企业可控制的因素同外界不可控制的因素相适应的过程。因此,对环境的认识和分析过程就是不断地发现机会和识别威胁,以达到企业营销目标最佳途径的过程。

第一节　市场营销环境概述

一、市场营销环境的含义

环境是指事物外界的情况和条件。作为一个开放的系统,企业的所有活动都发生在一定环境中,并不断地与外界环境发生着这样或那样的交流;从外界吸纳各种物质和信息资源的同时,也通过企业自身的活动,输出产品、劳务和信息,对外界施加影响。企业的营销活动就是这样一种促使企业内外资源发生交流的活动。企业的市场营销环境指的是与企业市场营销活动相关的所有外部因素和条件。市场营销环境是企业营销职能外部的不可控制的因素和力量,这些因素和条件由企业营销管理机构外部的行动者与力量所组成,它们影响着企业管理当局发展和维持为目标顾客提供令其满意的产品或服务的能力。

根据营销环境对企业市场营销活动发生影响的方式和程度,可将市场营销环境大致上分成两大类:微观营销环境和宏观营销环境。微观环境因其与企业具有一定的经济联系,直接作用于企业为目标市场服务的能力,故又被称为作业环境、直接环境。宏观环境的诸要素与企业不存在直接的经济联系,是通过微观环境的相关因素作用于企业的较大的社会力量,又称为间接环境。这两种环境之间不是并列关系,而是包容和从属的关系,微观(直接)环境受宏观(间接)环境的大背景所制约,宏观(间接)环境则借助于微观(直接)环境发挥作用,如图 2-1 所示。

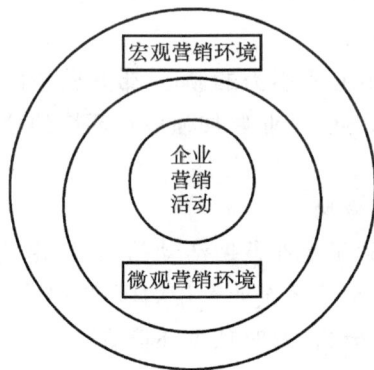

图 2-1　营销活动与营销环境

二、市场营销环境的特点

(一)客观性

客观性是营销环境的首要特征。营销环境的存在不以营销者的意志为转移。主观地臆断某些环境因素及其发展趋势,往往造成企业盲目决策,导致在市场竞争中的惨败。

（二）动态性

动态性是营销环境的基本特征。任何环境因素都不是静止的、一成不变的。相反,它们始终处于变化,甚至是急剧的变化之中。例如,顾客的消费需求偏好和行为特点在变,宏观产业结构在调整,等等。企业必须密切关注营销环境的变化趋势,以便随时发现市场机会和监视可能受到的威胁。

（三）复杂性

营销环境包括影响企业市场营销能力的一切宏观和微观因素,这些因素涉及多方面、多层次,而且彼此相互作用和联系,既蕴含着机会,也潜伏着威胁,共同作用于企业的营销决策。

（四）不可控性

相对于企业内部管理机能,营销环境是企业无法控制的外部影响力量。作为一个特定的企业不可能改变国家的政策、法律和社会的风俗习惯,更不可能控制人口增长、体制转换和资源状况等。但是,企业可以根据宏观环境因素的变化主动调整市场营销战略,主动适应复杂多变的环境,抓住发展机会,回避威胁。

❀营销思考 2-1

市场营销环境有哪些特点?

三、市场营销环境给企业营销的影响

（一）市场营销环境给企业营销带来双重影响作用

1. 环境给企业营销带来的机会

营销环境会滋生出对企业具有吸引力的领域,带来营销的机会。对企业来讲,环境机会是开拓经营新局面的重要基础。为此,企业要加强应对环境的分析,当环境机会出现的时候善于捕捉和把握,以求得企业的发展。

2. 环境给企业营销带来的威胁

营销环境中会出现许多不利于企业营销活动的因素,由此形成挑战。如果企业不采取相应的规避风险的措施,这些因素会导致企业营销的困难,带来威胁。为保证企业营销活动的正常运行,企业应注重对环境进行分析,及时预见环境威胁,将危机减少到最低程度。

（二）市场营销环境是企业营销活动的资源基础

企业营销活动所需的各种资源,如资金、信息、人才等都是由环境来提供的。企业生产经营的产品或服务需要哪些资源、多少资源、从哪里获取资源,必须分析研究营销环境因素,以获取最优的营销资源满足企业经营的需要,实现营销目标。

（三）市场营销环境是企业制定营销策略的依据

企业营销活动受制于客观环境因素,必须与所处的营销环境相适应。但企业在环境面前绝不是无能为力、束手无策的,企业要发挥主观能动性,制定有效的营销策略去影响环境,在市场竞争中处于主动,占领更大的市场。

营销思考 2-2

如何理解"企业经营成功的关键在于适应不断变化的环境"?

第二节　微观与宏观环境

一、微观环境

微观环境指对企业服务其目标市场的营销能力构成直接影响的各种力量,包括企业内部环境、供应商、营销中介、目标顾客、竞争者和各种公众等与企业具体业务密切相关的个人和组织。

(一)企业内部环境

除市场营销管理部门外,企业本身还包括最高管理层和其他职能部门,如制造部门、采购部门、研究开发部门及财务部门等,这些部门与市场营销管理部门一道在最高管理层的领导下,为实现企业目标共同努力。正是企业内部的这些力量构成了企业内部营销环境。而市场营销部门在制订营销计划和决策时,不仅要考虑到企业外部的环境力量,而且要考虑到与企业内部其他力量的协调。

首先,企业的营销经理只能在最高管理层所规定的范围内进行营销决策。营销经理以最高管理层制定的企业任务、目标、战略和相关政策为依据,制订市场营销计划,得到最高管理层批准后方可执行。

其次,营销部门要成功地制订和实施营销计划,还必须有其他职能部门的密切配合和协作。例如,财务部门负责解决实施营销计划所需的资金来源,并将资金在各产品、各品牌或各种营销活动中进行分配;会计部门则负责成本与收益的核算,帮助营销部门了解企业利润目标实现的状况;研究开发部门在研究和开发新产品方面给营销部门以有力支持;采购部门则在获得足够的和合适的原料或其他生产性投入方面担当重要责任;制造部门的批量生产保证适时地向市场提供产品。

(二)供应商

供应商是向企业及其竞争者供应原材料、部件、能源、劳动力等资源的企业和个人,是能对企业的经营活动产生巨大影响的力量之一。供应商提供资源的价格往往直接影响企业的成本,其供货的质量和时间的稳定性直接影响了企业服务于目标市场的能力。所以,企业应选择那些能保证质量、交货期准确和低成本的供应商,并且避免对某一家供应商过分依赖,不至于受该供应商突然提价或限制供应的控制。

对于供应商,传统的做法是选择几家供应商,按不同比重分别从他们那里进货,并使他们互相竞争,从而迫使他们利用价格折扣和优质服务来尽量提高自己的供货比重。这样做,虽然能使企业节约进货成本,但也隐藏着很大的风险,如供货质量参差不齐,过度的价格竞争使供应商负担过重放弃合作等。认识到这点后,越来越多的企业开始把供应商视为合作伙伴,设法帮助他们提高供货质量和及时性。

营销资料 2-1

供应商市场营销

1992年,菲利普·科特勒提出了整体市场营销(total marketing)的观点。他认为,从长远利益出发,企业的市场营销活动应囊括构成其内外环境的所有重要行为者。"供应商市场营销"即是其中很重要的内容。因这种市场营销活动与产品流动的方向相反,故也称为"反向市场营销"。"供应商市场营销"主要包括两个方面:其一,为选择优秀的供应商严格确定资格标准,如技术水平、财务状况、创新能力和质量观念等;其二,积极争取那些业绩卓越的供应商,与他们建立良好的合作关系。

资料来源:菲利普·科特勒,凯文·莱恩·凯勒.营销管理[M].卢泰宏,等,译.13版.北京:中国人民大学出版社,2009.

(三)营销中介

营销中介是协助企业推广、销售和分配产品给最终买主的那些企业,包括中间商、物流机构(实体分配单位)、营销服务机构和金融机构等。

1. 中间商

中间商是协助企业寻找顾客或直接与顾客进行交易的商业组织和个人。中间商分为两类:代理中间商和商人中间商。代理中间商指专门协助达成交易,推销产品,但不拥有商品所有权的中间商,如经纪人、代理人和制造商代表等。商人中间商指从事商品购销活动,并对所经营的商品拥有所有权的中间商,包括批发商、零售商。除非企业完全依靠自己建立的销售渠道,否则中间商对企业产品从生产领域成功地流向消费领域有至关重要的影响。中间商是联系生产者和消费者的桥梁,协调生产厂商与消费者之间所存在的数量、地点、时间、品种以及持有方式之间的矛盾。因此,他们的工作效率和服务质量就直接影响到企业产品的销售状况。

2. 物流机构(实体分配单位)

物流机构是帮助企业储存、运输产品的专业组织,包括仓储公司和运输公司。企业从成本、运送速度、安全性和方便性等因素选择合适的实体分配计划。物流机构的作用在于使市场营销渠道中的物流畅通无阻,为企业创造时间和空间效益。近年来,随着仓储和运输手段的现代化,物流机构的功能越发明显和重要。

3. 营销服务机构

营销服务机构包括市场调研公司、财务公司、广告公司、各种广告媒体和营销咨询公司等,他们提供的专业服务是企业营销活动不可缺少的。尽管有些企业自己设有相关的部门或配备了专业人员,但大部分企业还是与专业的营销服务机构以合同委托的方式获得这些服务。企业往往比较各服务机构的服务特色、质量和价格,来选择最适合自己的有效服务。

4. 金融机构

金融机构包括银行、信贷公司、保险公司等对企业营销活动提供融资或保险服务的各种机构。在现代社会里,几乎每一个企业都与金融机构有一定的联系和业务往来。企业的信贷来源、银行的贷款利率和保险公司的保费变动无一不对企业市场营销活动产生直接的影响。

营销思考 2-3

营销中介由哪些机构构成?

(四)目标顾客

目标顾客是企业的服务对象,是企业产品的直接购买者或使用者。顾客的需求是企业营销努力的起点,企业与市场营销渠道中的各种力量保持密切关系的目的就是为了有效地向其目标顾客提供产品和服务。因此,认真分析目标顾客需求的特点和变化趋势是企业极其重要的基础工作。

市场营销学根据购买者和购买目的的不同,将企业的目标顾客分为:消费者市场、生产者市场、中间商市场、政府市场和国际市场。每种市场类型在消费需求和消费方式上都具有鲜明的特色。企业的目标顾客可以是以上五种市场中的一种或几种。也就是说,一个企业的营销对象可以不仅包括广大的消费者,也包括各类组织机构。企业必须分别了解不同类型目标市场的需求特点和购买行为。

(五)竞争者

任何企业都不大可能单独服务于某一顾客市场,完全垄断的情况在现实中不容易见到。即使是高度垄断的市场,只要存在着出现替代品的可能性,就可能出现潜在的竞争对手。所以,企业在某一顾客市场上的营销努力总会遇到其他企业类似努力的包围或影响,这些和企业争夺同一目标顾客的力量就是企业的竞争者。企业要在激烈的市场竞争中获得营销的成功,就必须比其竞争对手更有效地满足目标顾客的需求。因此,除了发现并迎合消费者的需求外,识别自己的竞争对手,时刻关注竞争对手,并随时对其行为作出及时的反应亦是成功的关键。

(六)公众

公众指对企业实现其市场营销目标的能力有着实际或潜在影响的群体。公众可能有助于增强一个企业实现目标的能力,也有可能妨碍这种能力。企业的主要公众包括金融界、新闻界、政府、社区公众和企业内部公众。有时候公众的态度会直接影响企业营销的成功,因此,成功地处理好与公众的关系格外重要。目前,许多企业建立了公共关系部门,专门筹划与各类公众的良好关系,为企业建设宽舒的营销环境。

二、宏观环境

宏观环境指那些作用于直接营销环境,并因而造成市场机会或环境威胁的主要社会力量,企业及其微观环境都受到这些社会力量的制约和影响。宏观环境包括人口、经济、自然、科学技术、政治法律和社会文化等企业不可控制的各种因素。

(一)人口环境

市场营销学认为市场是由有购买愿望并且具备购买能力的人构成的,人的需求正是企业营销活动的基础。所以,对人口环境的考察是企业把握需求动态的关键。从量的角度看,人口的数量是市场规模的重要标志,在人均消费水平一定的情况下,人口数量越多,市场需求规模就越大。而从人口的分布、结构及变动趋势等方面进行质的分析,则能够刻画出市场需求的特点和发展趋势。

1. 人口数量

随着世界科学技术进步、生产力发展和人民生活条件改善,世界人口平均寿命延长,死亡率下降,全球人口尤其是发展中国家的人口持续增长。据估计,目前世界总人口已经超过 60亿,并将在 2025 年达到 79 亿以上。世界人口的迅速增长意味着人类需求的增长和世界市场的扩大。东亚地区被人们誉为"最有潜力的市场",除了因为该地区近年来经济发展迅速外,也因为它的人口数量庞大且增长较快,使得该地区的市场需求日益扩大。

世界人口的增长呈现出极端不平衡。发达国家的人口出生率下降,人口甚至出现负增长,导致这些国家市场需求呈缓慢增长,有的甚至开始萎缩。例如,欧洲儿童数量的减少,给以儿童市场为目标顾客的企业造成威胁,却因为年轻夫妇有更多的闲暇和收入用于旅游和娱乐,为另一些行业带来佳音。世界人口的 80% 在发展中国家,而且人口增长最快的往往是那些落后、欠发达的国家。贫穷问题困扰着这些国家的人民,在人口呈几何级数上升的同时,消费者的购买力并没有提高多少,市场需求层次较低,以追求基本需求的满足为主。世界人口的过度膨胀给有限的地球资源带来巨大的压力,由此,可持续发展战略的研究为市场营销提出了新的课题。

2. 人口结构

人口结构可从其自然结构(性别、年龄)和社会结构(文化素质、职业、民族、家庭)两方面进行分析。如家庭是社会的细胞,也是某些商品的基本消费单位,例如住房、成套家具、电视机、厨房用品等商品的消费数量就和家庭单位的数量密切相关。目前,家庭规模缩小已经是世界趋势。家庭规模小型化,一方面导致家庭总户数的增加,进而引起对家庭用品总需求的增加;另一方面则意味着家庭结构的简单化,从而引起家庭需求结构的变化,例如单人户、双人户和三人户的增加使得家庭对产品本身的规格和结构有不同于多代同堂的大家庭对产品的要求。营销者应在产品设计、包装和促销上作出相应的调整。

3. 人口分布

人口的地理分布指人口在不同的地理区域的密集程度。由于各区域的自然条件、经济发展水平、市场开放程度以及社会文化传统和社会经济与人口政策等因素的不同,不同区域的人口具有不同的需求特点和消费习惯。例如在我国,不同区域的食品消费结构和口味上就有很大差异,俗话说"南甜北咸,东辣西酸",也因此形成了如粤菜、川菜、鲁菜、徽菜等著名菜系。

4. 人口密度及人口流动

人口的地理分布往往不均匀,各区域的人口密度大小不一。人口密度越大,意味着该地区人口越稠密、市场需求越集中。准确地了解这一指标有益于营销者制订有效的营销计划。人口的地理分布并不是一成不变的,它是一个动态的概念,这就是人口流动问题。近几十年来,世界上人口"城市化"是普遍存在的现象,有些国家的城市人口高达百分之七八十。但近来,在一些发达国家,与城市化倾向相反,出现了城市人口向郊区及卫星小城镇转移的"城市空心化"趋势。这些人口流动现象无一不造成市场需求的相应变化,营销者必须充分考虑人口的地理分布及其动态特征对商品需求及流向的决定性影响。

营销思考 2-4

人口流动对营销活动有什么影响?

（二）经济环境

市场营销学认为，人的需求只有在具备经济能力时才是现实的市场需求。在人口因素既定的情况下，市场需求规模与收入水平（社会购买力水平）成正比关系。企业必须密切注意经济环境的动向，尤其要着重分析消费者收入水平及其支出模式的变化，灵敏地掌握不断变化的各种因素。

1.消费者收入水平

消费者的收入是消费者购买能力的源泉，包括消费者个人工资、奖金、津贴、股息、租金和红利等一切货币收入。消费者收入水平的高低制约了消费者支出的多少和支出模式的不同，从而影响了市场规模的大小和不同产品或服务市场的需求状况。

对消费者收入进行分析，必须准确理解两组相关概念。

一是个人可支配收入和个人可任意支配的收入。个人可支配收入是指在个人总收入中扣除税金后，消费者真正可用于消费的部分，它是影响消费者购买力水平和消费支出结构的决定性因素。个人可任意支配收入是在个人可支配收入中减去消费者用于购买食品、支付房租及其他必需品的固定支出所剩下的那部分收入，一般还要扣除稳定的储蓄。非必需品的消费主要受它的限制。

个人可任意支配收入＝个人全部收入－税费－固定开支－储蓄＋手存现金

在这两种收入中，由于国家税收政策的稳定性，个人可支配收入变化趋势缓慢，而个人可任意支配收入变化较大，并且在商品消费中的投向不固定，成为市场供应者竞争的主要目标。

二是货币收入和实际收入。两者的区别在于后者通过了物价因素的修正，而前者没有。货币收入只是一种名义收入，并不代表消费者可购买到的实际商品的价值。货币收入的上涨并不意味着社会实际的购买力提高，而货币收入的不变也不一定就是社会购买力的不波动。唯有考虑了物价因素的实际收入才反映实际社会购买力水平和变化。假设消费者货币收入不变，但物价下跌，消费者的实际收入上升、购买能力提高；相反，如果物价上涨，消费者的实际收入下降、购买能力降低。即使货币收入随着物价上涨而增长，如果通货膨胀率大于货币收入增长率，消费者的实际收入仍会减少，社会购买力下降。

另外，消费者的储蓄额占总收入的比重和可获得的消费信贷也影响实际购买力。一般说来，储蓄意味着推迟了的购买力，储蓄额越大，当期购买力越低，而对以后的市场供给造成压力。与储蓄相反，消费信贷是一种预支的幸福能力，它使消费者能够凭信用取得商品使用权，然后按期归还贷款。消费信贷有短期赊销、分期付款和信用卡信贷等多种形式。发达的商业信贷使消费者将未来的消费予以提前，即所谓"寅吃卯粮"，从而对当前社会购买力是一种刺激和扩大。

除了分析研究消费者的平均收入外，营销者还应了解不同社会阶层、不同地区、不同职业的收入和收入增长率的差别，深入认识各个细分市场的购买力分布。

2.消费者支出模式

消费者支出模式指消费者各种消费支出的比例关系，也就是常说的消费结构。社会经济的发展、产业结构的转变和收入水平的变化等因素直接影响了社会消费支出模式，而消费者个人收入则是单个消费者或家庭消费结构的决定性因素。

营销资料 2-2

恩格尔定律

恩斯特·恩格尔(Ernest Engel,1821—1896),德国统计学家,提出恩格尔定律。

(1)随着家庭收入的增加,用于购买食品的支出占家庭收入的比重就会下降。

(2)随着家庭收入的增加,用于住宅建筑和家务经营的支出占家庭收入的比重大体不变(燃料、照明、冷藏等占家庭收入的比重会下降)。

(3)随着家庭收入的增加,用于其他方面的支出(如服装、交通、娱乐、卫生保健、教育的支出)和储蓄占家庭收入的比重就会上升。

其中,食品支出占家庭收入的比重被称作恩格尔系数。恩格尔系数是衡量一个国家、一个地区、一个城市、一个家庭的生活水平高低的标准。恩格尔系数越小表明生活越富裕,越大则生活水平越低。企业从恩格尔系数可以了解市场的消费水平和变化趋势。

资料来源:郭国庆.市场营销学通论[M].北京:中国人民大学出版社,2007.

(三)自然环境

自然环境主要指营销者所需要或受营销活动所影响的自然资源。营销活动要受自然环境的影响,也对自然环境的变化负有责任。自然环境应包括资源状况、生态环境和环境保护等方面,许多国家政府对自然资源管理的干预也日益加强。

随着工业化和城市化的发展,环境污染程度日益增加。人类面临资源枯竭、海洋污染、土壤沙化、温室效应、物种灭绝和臭氧层破坏等一系列资源生态环境危机。人们对这个问题越来越关心,纷纷指责环境污染的制造者,公众的生态需求增加,各国政府及民间组织的环保力度越来越大,环保立法更加严密,企业支付环保费用逐步上升,企业的营销活动应充分重视资源的合理利用和环保的要求。

营销案例 2-1

火山灰飘来的商机

冰岛火山爆发产生大量火山灰。法国巴黎一家航空公司,在火山灰飘来时,同样被迫停止了飞行。

这家公司老板,仰望着巴黎上空的一片灰蒙蒙的火山灰,目光中流露出深深的忧虑。他忽然想起一件事。前几天,他在电视里看到一条新闻,新闻中说,经过科学家研究表明,这些火山灰是一种纯天然肥料,含有大量钾、磷、氮、草碳、腐殖酸类等有效成分,对于改善根际营养和土壤物理、化学性能及生物性能具有积极意义。灵光闪现中,他发现里面蕴藏着巨大商机。

当火山灰散尽,搭乘这家航空公司的滞留旅客上机时,每人都收到一份装着火山灰的精美礼品盒,里面的说明书对火山灰的优点作了详细描述,要求拥有这份火山灰的旅客,回国后将它们抛撒在贵国的田野、森林或花园里。祝愿贵国来年风调雨顺,五谷丰登。旅客们不禁对这家航空公司温馨感人的人性化服务赞不绝口。

这家航空公司将火山灰作为一种贵重礼品赠送给旅客,仅此一项,就节约了几百万美元赔偿金。同时,旅客人手一份的火山灰礼品盒,也成为免费的广告宣传,使世界上更多的人知道了这家航空公司。

资料来源：火山灰飘来的商机［N/OL］.洛阳日报，2010 - 05 - 14. http://lyrb. lyd. com. cn/html/2010-05/14/content_632403. htm.

(四)科学技术环境

1.新技术的发展和运用促成新的市场机会

由于大量启用自动化设备和采用新技术，将出现许多新行业，包括新技术培训、新工具维修、电脑教育、信息处理、光导通讯、遗传工程、海洋技术和空间技术等。新技术革命的蓬勃发展促进了产业革命，而产业革命所包含的主导技术群和技术体系则催化了社会经济的变革，甚至整个社会结构、时代文化和价值观的更新。

与此同时，新技术也使某些行业遭到环境威胁或毁灭性打击。一些旧行业受到冲击甚至被无情地淘汰，新的消费市场不断替代旧的需求。例如，激光唱盘技术夺走了磁带市场；复印机伤害了复写纸行业。

竞争战略学家迈克·波特指出，技术概念除了可狭义地定义为一种科技类的东西外，还有极为广泛的含义，包括管理、组织创新或其他，而运用技术的能力是企业获得竞争优势的源泉。

2.新技术的发展和运用改变零售业的结构和消费者购物习惯

随着网络技术的发展，消费者轻轻松松在家购物已成为现实。"网上营销"是借助网络、电脑通讯和数字交互式媒体的共同作用来实现营销目标，是现代电子技术高度发展带来的营销方式的重大变革。它为营销活动创造了一个由电脑和通讯交汇的无形空间，消费者可以在这个空间获取信息、自由购物；企业可以在这个空间进行广告宣传、市场营销研究和推销商品等。所以，看似虚拟的空间，但却开辟了实实在在的竞争新领域。20 世纪 90 年代以来，涵盖广泛的网络商业热闹非凡，商品销售、电子银行、广告、咨询、拍卖、房地产、旅游服务等业务蓬勃开展，预示了一场方兴未艾的全球经济革命。

(五)政治法律环境

1. 政治环境

政治环境指企业市场营销的外部政治形势，包括政府的各项方针、路线、政策的制定和调整对企业市场营销的影响。企业要认真进行研究，领会其实质，了解和接受国家的宏观管理，而且还要随时了解和研究各个不同阶段的各项具体的方针和政策及其变化的趋势。随着经济的全球化发展，企业对国际营销环境的研究将愈来愈重要，包括进口限制、外汇控制、劳工限制、国有化等方面。

2. 法律环境

法律环境指国家或地方政府颁布的各项法规、法令和条例等。法律环境对市场消费需求的形成和实现，具有一定的调节作用。企业研究并熟悉法律环境，既保证自身严格依法管理和经营，也可运用法律手段保障自身的权益。

各个国家的社会制度不同、经济发展阶段和国情不同，体现统治阶级意志的法制也不同，从事国际市场营销的企业，必须对有关国家的法律制度和有关的国际法规、国际惯例进行深入了解和研究。

营销资料 2-3

国家立法的目的

(1)维护企业的合法权益,避免不正当竞争,保证良好的市场秩序。例如,《中华人民共和国公司法》、《中华人民共和国反不正当竞争法》、《中华人民共和国广告法》、《中华人民共和国商标法》、《中华人民共和国价格法》等,都为市场经济保持健康稳定的发展提供了可靠的保障。

(2)保护消费者的合法权益不受侵害。我国对消费者利益的保护立法非常重视,推出了从规定产品的品质、技术标准,到免受不法经营者欺骗等一系列保障措施。1994年1月1日我国施行了《中华人民共和国消费者权益保护法》,明确地指出国家保护消费者的合法权益不受侵害,保障消费者合法行使其知晓权、选择权、评价权、公平交易权、索赔权等合法权利。

(3)保护社会利益,防止环境污染。例如,从保护自然环境、防止公害的立场出发,通过《中华人民共和国环境保护法》及相关条例严格限制经济活动的外部性,协调人类与环境的共同发展。随着社会对可持续发展观的进一步认同,企业的经营活动越来越不可回避其应有的社会责任。

资料来源:郭国庆.市场营销学通论[M].3版.北京:中国人民大学出版社,2007.

(六)社会文化环境

社会文化主要是指一个国家、地区的民族特征、价值观念、生活方式、风俗习惯、宗教信仰、伦理道德、教育水平、语言文字等的总和。文化对所有营销的参与者的影响是多层次、全方位、渗透性的。它不仅影响企业营销组合,而且影响消费心理、消费习惯等,这些影响多半是通过间接的、潜移默化的方式来进行的。

1. 教育水平

教育水平不仅影响劳动者收入水平,而且影响着消费者对商品的鉴别力,影响消费者心理、购买的理性程度和消费结构,从而影响着企业营销策略的制定和实施。

2. 宗教信仰

宗教对营销活动的影响可以从以下几方面分析,一是宗教分布状况;二是宗教要求与禁忌;三是宗教组织与宗教派别。不同宗教对其教徒的日常行为、婚丧嫁娶都有极大的影响。

3. 价值观念

价值观念指人们对社会生活中各种事物的态度和看法。不同的文化背景下,价值观念差异很大,影响着消费需求和购买行为。对于不同的价值观念,营销管理者应研究并采取不同的营销策略。

4. 消费习俗

消费习俗指历代传递下来的一种消费方式,是风俗习惯的一项重要内容。消费习俗在饮食、服饰、居住、婚丧、节日、人情往来等方面都表现出独特的心理特征和行为方式。

5. 消费流行

由于社会文化多方面的影响,使消费者产生共同的审美观念、生活方式和情趣爱好,从而导致社会需求的一致性,这就是消费流行。消费流行在服饰、家电以及某些保健品方面,表现最为突出。

6. 亚文化群

亚文化群可以按地域、宗教、种族、年龄、兴趣爱好等特征划分。企业在用亚文化群来分析需求时,可以把每一个亚文化群视为一个细分市场,分别制定不同的营销方案。

社会文化的影响深远而广泛,在国际营销活动中尤其如此。国际营销是跨国界、跨文化的活动,不同国家文化差异对其影响很大:在本国市场上成功的营销策略在他国文化中可能行不通,甚至招来厌恶、抵制;在本国文化中属于表层文化的因素,在他国文化中可能是必须严肃对待的"禁区"……这所有的一切,都需要营销者仔细分析,并在充分尊重他国文化的基础上,有创新地实现跨文化营销目标。那些有民族特色,又不对他国文化构成利害冲突的营销努力往往会受到欢迎。

营销思考 2 - 5

举例说明文化因素对营销活动的影响。

第三节 市场营销环境的分析及对策

一、市场营销环境分析的方法

矩阵分析法是指由集合 S 中的元素所构成的 m 行 n 列的矩形表,称为 $m \times n$ 矩阵,简记为 $S = (a_{ij})m \times n$,其中 a_{ij} 为 S 的第 i 行第 j 列的元。矩阵分析法是数学分析的重要工具,广泛应用于各个领域。在经济管理中,矩阵分析法作为一门管理决策工具,其应用范围越来越广,理论越来越完善。此处仅用二维矩阵图分析说明。

(一)市场机会矩阵分析法

市场机会指对企业营销活动富有吸引力的领域,在该领域该企业拥有竞争优势,如图 2 - 2 所示。其含义为:

(1)最佳机会,应准备若干计划以追求其中一个或几个机会。

(2)、(3)应密切注视,可能成为最佳机会。

(4)机会太小,不予考虑。

如:电视照明设备公司所面临的环境机会:

(1)公司开发更好的照明系统。

(2)开发成本更低的照明系统。

(3)开发一种能测定照明系统利用能源效率的设备。

(4)开发向电视演播人员传授知识的软件。

	成功概率	
	高	低
大	(1)	(2)
小	(3)	(4)

(吸引力)

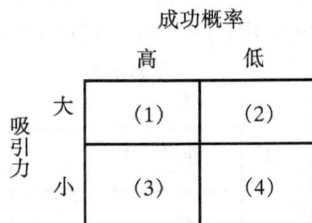

图 2 - 2 市场机会矩阵图

(二)环境威胁矩阵分析法

环境威胁指环境中不利于企业营销的因素的发展趋势,对企业形成挑战,对企业市场地位构成威胁,如图 2-3 所示。其含义为:

出现概率

	高	低
影响程度 大	(1)	(2)
小	(3)	(4)

图 2-3 环境威胁矩阵图

(1)关键性的威胁,会严重危害公司利益且出现可能性大,应准备应变计划。

(2)、(3)不需准备应变计划,但需密切关注,可能发展成严重威胁。

(4)威胁较小,不加理会。

如:电视照明设备公司面临的环境威胁:

(1)竞争者开发更好的照明系统。

(2)严重的长期经济萧条。

(3)成本增长。

(4)立法要求减少开办电视演播室。

(三)机会—威胁矩阵分析

机会—威胁分析就是把机会分析与威胁分析综合在一起把握企业所面对的环境,因为常常是机会与威胁并存,风险与利益同在,需要把二者结合起来分析。机会威胁矩阵如图 2-4 所示。其基本含义是:

理想业务:市场机会很多,严重威胁很少。

冒险业务:市场机会很多,威胁也很严重。

成熟业务:市场机会很少,威胁也不严重。

困难业务:机场机会很少,威胁却很严重。

企业市场营销对策:

对理想业务:必须抓住机遇,迅速行动。

对冒险业务:不宜盲目冒进,也不应迟疑不决,坐失良机。

对成熟业务:可作企业常规业务,用以维持企业的正常运转。

对困难业务:要么努力改变环境走出困境、减轻威胁;要么立即转移,摆脱困境。

威胁水平

	高	低
机会水平 大	理想业务	冒险业务
小	成熟业务	困难业务

图 2-4 机会—威胁分析矩阵图

(四)企业内外因素SWOT分析法

SWOT 即 strengths(优势)、weaknesses(劣势)、opportunities(机会)、threats(威胁)。SWOT分析通过对优势、劣势、机会和威胁加以综合评估与分析得出结论,然后再调整企业资源及企业策略,来达成企业的目标。

在市场环境分析中,通常用企业 SWOT 图来分析,根据优势、劣势、机会和威胁综合分析,具体有以下四种策略,如图 2-5 所示。

内部因素＼外部因素	优势(S)	劣势(W)
机会(O)	SO 战略 利用优势, 利用机会	WO 战略 利用机会, 克服劣势
威胁(T)	ST 战略 利用优势, 回避威胁	WT 战略 回避威胁, 克服劣势

图 2-5　企业 SWOT 分析对策图

SO 战略,为积极进取的战略。即以企业的优势去把握与之相应的市场机会。在企业的优势同所出现的市场机会相一致的情况下,SO 战略的胜算把握会较大。

ST 战略,为积极防御战略。即以企业的优势去应对可能出现的市场风险。在这种风险出现时,其他企业有可能无力承受而被淘汰;企业如果在这方面具有优势,则可能因此而获得成功。

WO 战略,为谨慎进入战略。面对某种市场机会,企业可能并不具有相应的竞争优势。但如果机会的吸引力足够大,企业也可能依然要去把握。只要准备充分,策略得当,也可能取得成功。

WT 战略,即谨慎防御战略。企业高度重视在业务发展中可能出现的各种风险,并注意到在面对风险时存在的不足之处,从而能使企业在事先就能作好充分的应对准备,在风险出现时,能从容面对。

企业的各业务单位通过 SWOT 分析,在四种基本战略中有所选择,就能根据基本战略去制订其业务战略计划。

二、适应营销环境的对策

市场营销环境是企业不可控制的,并能给企业的营销活动带来市场机会和环境威胁。环境威胁指环境中各因素的变化给企业市场营销可能造成的压力和危害;环境机会则指环境中各因素的变化给企业市场营销可能带来的有利条件和时机。任何事物都有两个方面,在一定条件下,威胁可能变成机会,机会也可变成威胁,相互可以转化。企业如何避免威胁,捕捉机会,各有其对策,没有定式。

(一)威胁中的对策

1.应变对策

应变对策即企业通过采取有效措施去限制或扭转不利环境因素的影响。例如,在本国市场趋于饱和状态下,采用国际化战略,走出国门,占领目标所在国市场份额;企业促使政府推行贸易保护主义,以限制外国商品进口,保护本国企业的目标市场。

2.减轻对策

减轻对策即企业通过改变营销战略,主动适应环境变化,以减轻环境威胁的程度。例如,我国原材料资源不足,政府决定提高原材料价格并限制企业哄抬材料价格,于是,许多企业主动改进工艺,积极采取节约能源措施,降低了原材料的消耗和费用成本,效果明显。

3.转移政策

对某些企业来说,行业吸引力降低,可主动将投资转移到其他行业,实行多元化经营。例如,规模小、成本高、科技含量低的家电公司,联合起来实施高科技产品开发政策,从转移中再生。

(二)捕捉机会的对策

1.抓决策时机

企业在重大经营决策时,利用环境提供的有利机会,选准投资方向,发展壮大自身。20世纪60年代,新加坡政府制定了扩大城市建设规模的战略。当时,还是玻璃学徒的陈家和闻此消息,便贷款投资到玻璃行业,经过多年奋斗,陈家和被称为世界的"玻璃大王"。

2.抓输入时机

企业在采用购进决策时,利用人们对资源价值认识上的差异或资源分布的差别,获取地区间的比较利益。例如,美国成功试制了晶体管,而日本索尼公司抓住机会,重金购买这项专利,开发了晶体管收音机。此举不仅使索尼公司成为日本经济巨人,还带动了世界半导体工业的发展。

3.抓输出时机

企业利用营销环境的有利机会扩大产品到国外市场。例如,美国男式西服的销售一度很不景气,原为电影明星的里根总统上台后顿时成了时装业的救星。美国时装业慷慨地将"全美最佳时装奖"颁发给他,并支持他竞选连任,还特别称赞他穿西服潇洒庄重、气度非凡。结果,美国及世界各地男士纷纷仿效,使美国西服业大振雄威。

(三)能动地适应营销环境

1.企业应积极主动地适应环境

每一个环境因素的变化,都可能为某些企业创造机会,也可能为另一些企业造成威胁。而且,鉴于营销环境的动态性,市场营销机会和环境威胁在一定的条件下还会互相转化。例如,德国政府对环境保护苛刻的要求使许多企业感到压力和威胁,但也为新材料、新能源产业和环保产业带来巨大商机;而若干年后,绿色产品和绿色营销成为德国企业在国际市场明显的竞争优势。

企业对营销环境的适应,既是营销环境客观性的要求,也是企业营销观念的要求。现代营销观念以消费者需求为出发点,它要求企业必须清楚地认识环境及其变化,发现需求并比竞争对手更好地满足需求。否则,就会被无情的市场竞争所淘汰。而且,因为环境的复杂性和动态性,企业对环境的适应必须是永不松懈的。消费者的需求不断变化,市场上就不存在永远正确的营销决策和永远受欢迎的产品,对企业来说,唯有通过满足消费需求实现赢利目标的任务是永恒的。而成功地完成这一任务,适应环境是关键。

营销案例 2-2

石油危机下的日美汽车企业

几十年前,美日企业对石油危机不同的反应造成它们的市场地位戏剧性变化是一个典型的例子。美国被称为"车轮上的国家",其发达的汽车工业是美国人引以为傲的资本。但因为美国几大汽车巨头们对能源危机反应迟钝,在能源趋紧的环境条件下,依然生产着大型、耗能高的传统汽车,而日本企业却适时地研制出小型节能汽车,成功地占领了大片美国市场。美国人曾以为高枕无忧的国内市场,在日本人的进攻下痛失"半壁江山"。

这个例子说明了,在客观环境面前,强与弱的划分标准是对环境的适应能力,善于适应环境就能创造竞争优势。市场营销学认为,企业营销活动的成败,营销目标能否实现,就在于企业能否适应环境的变化,并以创新的对策去驾驭变化的营销环境,做到"以变应变"。在风云变幻的市场竞争中,"适者生存"同样是颠扑不破的真理。企业的大小决策、各种活动都应是有理有据的,这便有赖于对市场营销环境的分析。而企业的营销活动从本质上说,就是企业利用自身可控的资源不断适应外界环境不可控因素的过程。

资料来源:日美汽车的较量[EB/OL].圣才学习网,2010-05-04. http://www.100jingji.com/HP/20100504/DetailD1009165.shtml.

2.企业应能动地去影响改变环境

值得注意的是,企业对环境的适应并不仅仅是被动地接受,而应该是能动地适应。既有对环境的依赖,又有对环境的改造,即采取积极主动的行为影响营销环境因素。在企业和环境这对矛盾之中,要承认客观环境的制约作用,但也不可忽视企业营销活动对环境的反作用。在企业与环境的对立统一中,企业是居于主动地位的,成功的营销者往往是那些主动地认识、适应和改造环境的人。

本章小结

认识与分析营销环境是市场营销活动的基础。通过对宏观环境和微观环境的分析,不断地发现机会和避免威胁,努力实现企业的营销目标。本章主要内容包括:

1.市场营销环境概述

企业的市场营销环境指的是与企业营销活动相关的所有外部因素和条件,是企业营销职能外部的不可控的因素和力量。企业的营销环境可分为微观环境和宏观环境两类。企业与环境是对立统一的关系,能动地适应环境是企业市场营销成功的关键。

2.市场营销环境具体因素

企业的微观环境又称直接环境,包括企业内部环境、供应商、营销中介、目标顾客、竞争者和各种公众。企业的宏观环境又称间接环境,包括与企业营销活动密切相关的人口、经济、自然、科学技术、政治法律和社会文化等方面的因素。

3.市场营销环境分析及对策

主要通过矩阵分析法,具体分析市场营销环境的相关因素,找出优势、劣势、机会和威胁,评价机会水平和威胁程度,用SWOT分析图直观地把握企业的营销对策,积极主动地去适应环境及其变化。

关键术语与概念

市场营销环境　微观环境　宏观环境　企业内部环境　供应商　营销中介

目标顾客　竞争者　公众　人口环境　经济环境　自然环境　科学技术环境

政治法律环境　社会文化环境　市场机会矩阵分析法　SWOT分析法

复习与思考

1.什么是市场营销环境?它们有什么作用?

2.什么是市场营销宏观和微观环境,为什么说企业能动地适应营销环境是其营销成功的关键?

3.企业如何分析、评价环境威胁和市场机会?试举例说明企业对其面临的主要威胁和理想机会应作出什么反应?

案例分析

案例一:沙县小吃经营告诉我们什么?

告诉我们专注才有生命力、持久力。

人家只做小吃,还是来自福建沙县小吃。没有过多地去奢求其他。这个我们可以看出很多行业的佼佼者品牌是因为它的专注。例如格力空调、九牧王裤子、如家快捷酒店等。不但品牌要专注,个人也是要专注才有出息,例如丁俊晖的台球、姚明的篮球。很多时候,我们的品牌、个人因为选择太大,市场太多,不能专注,我们期望"大"和"广"。但是现在我们要做减法,而不是求大和广,要专注,专注才有生命力、持久力。

告诉我们标准化、简单化、易操作才是复制最快的。

沙县小吃其实很简单,也许这个简单的小吃在很多人眼里不是很起眼。但是我发现沙县小吃之所以星星之火可以燎原,也就是渠道的快速打开和门店的复制力是很强悍的,这个强悍值得我们门店经营者去思考。沙县小吃的成功有一点就是它的标准、简单、易操作。具体表现在:

一是它选址的标准简单易操作——沙县小吃的店铺必须开在流动人口流量大的位置,每个沙县小吃附近50米肯定有酒店。

二是产品的标准简单易操作——沙县小吃的产品线是很成熟的,并且它的菜单简单容易操作。很多东西它是前期准备好的,而不是客人来了临时变动。盖浇饭它就三四个品种,并且这跟它的卤菜是配搭的(例如鸡腿、鸭腿、大排),如果你不吃盖浇饭,单买卤菜也是可以的。

三是对厨房要求的标准简单易操作——沙县小吃对厨房要求不是很高,用电就可以经营。很多城市的门店其实对餐饮用火是有控制的,因为担心起火或者着火。因此经营餐饮的门店是有特别要求的,也就是适合的门店很难找,如果有,租金也不会低到哪里去。因此沙县小吃对于厨房的简单要求也对其经营网点增加起到功不可没的作用。

四是对装修和投资的标准简单易操作——餐饮业前期投资是个不小的数目,但是沙县小吃的装修非常简单,基本只要清洁、卫生就可以,没有过多的要求,投资也不是很大。

五是对人员的标准简单易操作——夫妻两个就可以操作,或者根据生意大小增添人数。

沙县小吃这个"标准、简单、易操作"成功点,非常值得很多门店品牌、门店经营者、门店人员认真琢磨学习。例如现在很多的品牌门店经营复制慢,不能在同区域和全国多开店、快开店,甚至走入国际。或者很多看起来轰轰烈烈全国开店,结果实际的市场真实情况是这边开来那边倒。问题出在哪里?这里面的不成功,有一个很大的致命伤就是很多品牌门店经营没有行之有效的标准化,更没有把这个行之有效的标准化进行简单化和容易操作。

"标准、简单、易操作"成功点其实也不是沙县的独有成功点,两个洋快餐巨头麦当劳、肯德基成功就可以看到"标准、简单、易操作"的影子。因此,门店经营者、管理者要从"标准、简单、易操作"多下工夫,多思考门店生意怎么做。如果门店经营有了行之有效的标准化的流程,并且这个标准化流程简单、易操作,那我们的连锁帝国梦想指日可待。

问题:

(1)如何理解环境变与不变的关系?

(2)沙县小吃经营的成功给我们的启示是什么?

资料来源:俞益华.沙县小吃经营告诉我们什么?[EB/OL].中国营销传播网,2010-09-18.http://www.emkt.com.cn/article/484/48494.html.

案例二:海尔沙尘暴里寻商机

自2002年3月下旬以来,我国北方绝大部分地区都受到了沙尘暴或沙尘天气的影响,沙尘所到之处天空昏暗、空气混浊,居民即使紧闭门户,在粉尘飞扬的室内也很难舒畅呼吸。沙尘暴不折不扣已成为北方越来越频繁的"城市灾难"。但中国著名的家电品牌海尔集团却在此次沙尘暴中独具慧眼,在灾难中发现了巨大商机。

海尔"防沙尘暴Ⅰ代"商用空调,正值沙尘暴肆虐北方大地、人们生活饱受沙尘之扰苦不堪言之时推出,可谓"雪中送炭",使产品的使用者在有限的空间之内,有效地将沙尘暴的危害降低到最低限度,筑起一道健康的防护墙。

在海尔"防沙尘暴Ⅰ代"商用空调推向市场的两周时间内,仅在北京、西安、银川、太原、天津、济南等十几个城市就卖出去了3700多套,部分城市甚至出现了产品供不应求、人们争购的局面。仅凭"防沙尘暴Ⅰ代"商用空调,海尔商用空调在2002年3月份的销量便达到了去年同期的147.8%。

应该说有了市场需求才有相应的产品产生,既然在短期内我国北方地区无法从根本上解决沙尘暴的问题,只有采取种种防御措施,尽可能将沙尘暴给日常生活所带来的负面影响降低到最小程度。海尔"防沙尘暴Ⅰ代"商用空调的应运而生,给处于沙尘之中的人们带来了重新享受清新生活的希望。这种采用多层HAF过滤网技术、独特的除尘功能、离子集尘技术的海尔"防沙尘暴Ⅰ代"商用空调,可以清除房间内因沙尘暴带来的灰尘、土腥味及各种细菌微粒,经过滤后的空气犹如森林中的一般清新,从而在人们日常生活中为抵御沙尘暴的侵袭筑起了一道道绿色的防护城。

问题:

(1)海尔"防沙尘暴Ⅰ代"商用空调成功的原因是什么?

(2)海尔的成功给我们带来哪些启示?

资料来源:老友.海尔沙尘暴里寻商机[N/OL].中国企业报,2002-05-24.http://yxwl.njue.edu.cn/jp-kcscyxx/ziyuan9.htm.

营销实训项目

SWOT 分析法的实际运用

【目的】

运用 SWOT 分析法对某一企业进行环境分析。

【内容】

通过对当地某一企业的市场营销环境调查,与该企业相关人员的交谈,全面把握其微观环境、宏观环境及其变化。

【方式】

(1)将学生分成若干组,每 6～10 人为一组,每组指定一名组长。

(2)每组分别通过走访企业、浏览报纸、网络访问等形式,收集该企业的相关信息,了解企业的内外部营销环境状况。

(3)汇总信息,分类整理。

(4)完成该企业的营销环境 SWOT 分析,形成书面报告。

【要求】

运用 SWOT 分析图综合评价优势、劣势、机会和威胁状况,并提出相应对策。

营销实践练习

1.假如你是一家小型企业的营销人员,试着了解它所面临的微观环境有哪些?

2.利用课余时间调查了解学校所在地的投资环境及变化情况。

3.利用网络资源,搜集金融危机后我国经济面临的机会和威胁有哪些?

4.调查由于科技进步对手机市场带来的变化及竞争状况。

5.选择一家银行,分析其面临的营销环境。

营销模版

市场营销环境的 SWOT 分析模板

运用各种调查研究方法,分析出某企业所处的各种环境因素,即外部环境因素和内部环境因素。外部环境因素包括机会因素和威胁因素,它们是外部环境对公司的发展直接有影响的有利和不利因素,属于客观因素;内部环境因素包括优势因素和弱点因素,它们是公司在其发展中自身存在的积极和消极因素,属主动因素。在调查分析这些因素时,不仅要考虑到历史与现状,而且更要考虑未来发展问题。

优势(S),是组织机构的内部因素,具体包括:有利的竞争态势;充足的财政来源;良好的企业形象;技术力量;规模经济;产品质量;市场份额;成本优势;广告攻势等。

劣势(W),也是组织机构的内部因素,具体包括:设备老化;管理混乱;缺少关键技术;研究开发落后;资金短缺;经营不善;产品积压;竞争力差等。

机会(O),是组织机构的外部因素,具体包括:新产品;新市场;新需求;外国市场壁垒解除;竞争对手失误等。

威胁(T),也是组织机构的外部因素,具体包括:新的竞争对手;替代产品增多;市场紧缩;行业政策变化;经济衰退;客户偏好改变;突发事件等。

S、W 是内部因素,O、T 是外部因素。按照企业竞争战略的完整概念,战略应是一个企业"能够做的"(即组织的强项和弱项)和"可能做的"(即环境的机会和威胁)之间的有机组合。根据要求逐项完成表 2-1 内容,可直观反映企业所处环境状况。

表 2-1　SWOT 分析表

模型架构	优势	劣势	机会	威胁
顾客				
产品				
渠道				
竞争				
沟通				
品牌				

SWOT 方法的优点在于考虑问题全面,是一种系统思维,而且可以把对问题的"诊断"和"开处方"紧密结合在一起,条理清晰,便于检验。

网站资料访问

1. 市场营销环境的分析

   http://www.themanage.cn/200910/285205.html

2. 市场营销环境分析的主要内容

   http://www.chinavalue.net/Article/Archive/2006/10/22/46579.html

3. 社会文化与宏观营销环境分析

   http://www.cnki.com.cn/Article/CJFDTotal-BJSB803.012.htm

4. 知识经济时代企业营销环境分析

   http://www.qikan.com.cn/Article/sysd/sysd200320/sysd20032009.html

5. 连锁经营的营销环境分析

   http://yx.gkang.com/detail/20100712/45415/376398425.html

6. 中国水泥企业的营销环境分析

   http://www.jiahuaeg.com/study_show.asp?id=54

7. 市场营销环境的分析方法及市场机会分析

   http://www.veryeast.cn/cms/html/guanli/marketanalysis/2006-4/6/064623245343521.htm

8. 环境威胁分析与营销对策

   http://www.yy21.net/news/12837.html

第三章
市场营销调研与预测

学习要点

1. 掌握市场营销调研的含义，了解市场营销调研的类型、作用和内容
2. 重点掌握市场调研的方法及调研过程安排
3. 掌握市场营销调研中调查问卷的科学设计和使用
4. 能根据需要写出质量较好的市场营销调查报告
5. 了解市场预测的含义和方法，能运用简单数学模型来预测未来的市场需求及变化

引导案例

经理捡纸条

在日本九州，许多远道而来的顾客，特别是生怕忘事的家庭主妇，在到商店购物前总喜欢把准备购买的商品名字写在纸条上，买完东西后则随手丢弃。一家大百货公司的采购经理注意到这一现象后，除了自己经常捡这类纸条外，还悄悄发动其他管理人员也行动起来。他以此作为重要依据，编制了一套扩大经营的独家经验。结果可想而知：许多妇女从前要跑很远的路才能购买到的商品，现在到附近分店同样也能买到。

问题：

1. 日常工作和生活中如何搞调研，市场调研是否都需要大张旗鼓地进行？
2. 你所看到的和你所听到的有何不同？

资料来源：经理捡纸条[EB/OL]. http://zhidao.baidu.com/question/52080187.html.

企业作为市场系统的组成部分，只有充分地了解市场，才能使自己的营销活动与社会需要相协调。因此，市场营销调研与预测就成为现代企业的一项不可缺少的工作。整个营销信息系统的运行，实质上就是企业对营销信息的收集、分析过程。

第一节　市场营销调研概述

一、市场营销调研的含义及作用

市场营销调研（marketing research），是指运用科学的方法，有目的、有计划系统地收集、整理和分析研究有关市场营销方面的信息，为制定某项具体的营销决策而进行的调查研究过程。市场营销调研贯穿于整个营销过程之中，它起着帮助营销人员及时掌握各种所需信息，作

出正确判断和决策的作用。

1.为决策者寻找新的市场机会

在作出把某一产品投入市场的决策之前,要了解哪些是消费者新的需要和偏好,哪些产品已进入其生命周期(product life cycle)的尽头等。

2.为市场营销管理人员探寻某种问题的产生原因

当企业发现在某一市场上原来深受用户喜爱的产品现在被用户们冷落了,这时就会由管理者或决策者向调研部门提出调研课题,是产品质量或服务质量下降了,还是消费者或用户的偏好有所变化,这些问题必须通过调研搞清楚。

3.有利于帮助决策者对实施过程进行监测、评价和调整

许多情况下,市场营销调研就是针对决策是否有效而进行的。通过调研,使市场营销活动的决策向更为有利的方向发展。

4.有利于正确地预测未来

调研为预测提供资料依据,预测的准确性很大程度上取决于市场营销调研的质量。

营销思考 3-1

市场营销调研的目的是什么?

二、市场营销调研的类型

(一)探测性调研

探测性调研是指企业对发生的问题缺乏认识,甚至在一无所知的情况下,为弄清问题的范围、性质、原因而进行的一种市场营销调研方式。即借助一些初步的数据资料,更好地阐明某个营销问题的性质和可能出现的某些问题。如对企业区域销售情况信息的分析。

(二)描述性调研

描述性调研是通过详细的调研和分析,客观地反映市场情况,清楚地描述市场特征。即借助某个营销问题的一些影响因素,分析它们的关联性。如对市场规模、产品形象、消费者购买行为、竞争对手特点、经销方式、分销渠道等情况信息的分析。

(三)因果性调研

因果性调研的目的是找出关联现象之间的因果关系。即借助企业营销环境变化信息,分析它们与企业营销活动的关系。如对政府的方针、竞争对手的行动、消费者爱好变化所引起的企业销售量变化、市场占有率变化以及企业营销策略调整引起的市场变化分析。

(四)预测性调研

预测性调研是为了推断和测量市场的未来变化而进行的调研。即通过对市场过去、现在的数据资料及市场将来的信息,对企业营销活动进行发展可能和发展趋势的分析。如通过目标市场大小、顾客兴趣、促销预算、产品价格、边际毛利、投资金额、目标退货率、重复购买率等信息来分析某项新产品的开发前途。

三、市场营销调研的内容

(一)市场营销环境调研

市场营销环境调研涉及企业外部的、反映客观环境变化的与营销活动有关的信息。外部信息的范围十分广泛,企业可以根据自身条件和需要,在不同时期内选择一些对营销活动影响最大的因素作为调研的重点。市场营销环境调研主要包括政治环境调研、经济发展状况调研、社会文化因素调研、技术发展状况与趋势调研和其他因素调研等方面。

(二)市场需求及供应调研

现代企业的营销决策是以市场需求为核心的,因此市场需求信息是企业必须调研的重要内容。它包括消费者需要什么、在何时需要及其愿意按何种条件接受营销企业产品或服务等。市场需求及供应调研主要包括以下几个方面:一是产品需求总量调研,掌握社会产品购买力水平;二是产品需求构成调研,掌握消费者购买力投向的变化;三是需求趋势调研,掌握消费者的潜在需求量及消费者对产品、价格、渠道、促销等方面的需求变化;四是消费者购买动机行为的调研,掌握消费者消费心理活动过程及采取的购买行动,包括消费者的欲望、动机、生活习俗、喜爱与禁忌、性格特征、意志倾向以及购买习惯;五是市场产品供应情况的调研,了解现有产品生产能力、新增生产能力以及产品进出口情况等信息。

(三)市场营销组合调研

1. 产品调研

产品调研包括:有关产品性能、特征和顾客对产品的意见和要求的调研,以了解产品的市场适应性;产品寿命周期调研,以了解产品所处的寿命期的阶段;产品的包装、品牌、外观等给顾客的印象的调研,以了解这些形式是否与消费者或用户的习俗相适应等。

2. 价格调研

价格调研包括:产品价格的需求弹性调研;新产品价格制定或老产品价格调整所产生的效果调研;竞争对手价格变化情况调研;选样实施价格优惠策略的时机和实施这一策略的效果调研等。

3. 销售渠道调研

销售渠道调研包括:企业现有产品分销渠道状况;中间商在分销渠道中的作用及各自实力;用户对中间商尤其是代理商、零售商的印象等项内容的调研。

4. 促销方式调研

促销方式调研:主要是对人员推销、广告宣传、公共关系等促销方式的实施效果进行分析、对比。

(四)市场竞争调研

市场经济中,参与营销活动的企业相互竞争是必然的,而且随着市场经济的不断发展,这种竞争将会越来越激烈。"知己知彼,百战不殆",企业要在竞争中保持有利地位,就必须随时掌握竞争对手的各种动向,主要包括竞争对手的数量、市场占有率及变动趋势,竞争对手已经并将要采用的营销策略以及潜在竞争对手情况等方面的调研。具体包括竞争对手的经营规模(设备先进程度、生产规模、劳动效率等);产品特点(外观、内质、价格水平等);应变能力(生产多档产品、适应市场需求等）；技术设备（技术队伍、新产品开发、试验室建设等）；等等。掌握了竞争对手的概况，企业就能够在激烈的市场竞争中把握先机，出奇制胜，立于不败之地。

第二节　市场营销调研的步骤和方法

一、市场营销调研的步骤

市场营销调研是一项十分复杂的工作，要顺利地完成调研任务，必须有计划、有组织、有步骤地进行。一般而言，根据调研活动中各项任务的自然顺序和逻辑关系，市场营销调研可分为三个阶段，如图 3-1 所示。

調研准备阶段　⟹　正式调研阶段　⟹　处理阶段

图 3-1　市场营销调研流程

（一）调研准备阶段

1.初步情况分析

根据调研课题，调研人员应搜集企业内外部的有关资料，进行初步分析，探索问题之所在，发现和了解各影响因素之间的相互联系，为后续研究奠定基础。

2.确定调研主题

调研人员可以找企业内部有关人员进行座谈，并向精通本问题的人员以及一些有代表性的用户征求意见，听取他们对这个问题的看法和评价，然后将问题进行定位，明确此次调研主题。

3.探测性调研

许多情况下，营销调研人员对所需调研的问题尚不清楚或者对调研问题的关键和范围不能抓住要点而无法确定调研的内容，这就需要进行探测性调研。探测性调研所收集的资料来源有：现有的资料、向专家或有关人员作调查所取得的资料。探测性调研后，需要调研的问题已明确，可进入下一阶段工作。

（二）正式调研阶段

1.制定调研方案

调研方案中确定调研目的、调研对象、调研的步骤与时间等，在方案中还必须明确规定调查单位的选择方法、调研资料的收集方式和处理方法等问题。

2.组织安排调研力量

企业必须对调研人员进行一定的培训，目的是使他们对调研方案、调研技术、调研目标及与此项调研有关的经济、法律等知识有明确的了解。调研方式应根据调查实际需要，因地制宜、因事制宜慎重选择，以免由于调研方式不当，造成调查结果的不正确。

3.收集第二手资料

第二手资料，也称为次级资料，其来源通常为国家机关、金融服务部门、行业机构、市场调研与信息咨询机构等发表的统计数据,也有些发表于科研机构的研究报告或著作、论文上。对这些资料的收集方法比较容易,具体方法有直接查阅、索取、交换、购买以及通过情报网搜集和复制等,而且花费也较少。

4. 现场实地调研

通过实地调查来收集第一手资料,即原始资料,其做法是根据调研方案中已确定的调查方法、调查方式,确定每一被调查者,再利用设计好的程序来取得所需的资料。实地调研活动与前一种调研活动相比,花费虽然较大,但是它是调研所需资料的主要提供者,资料翔实、客观。具体方法有询问法、观察法和实验法等。它们各有优缺点,使用时可根据调查问题的性质、要求的深度、费用预算的多少、时间的长短和实施的能力等方面进行选择,可单独使用,也可结合使用。

(三)处理阶段

1. 资料的筛选和整理

通过营销调研取得的资料往往相当零乱,有些只是反映问题的某个侧面,带有很大的片面性或虚假性,所以对这些资料必须做审核、分类、制表工作。审核即是去伪存真,不仅要审核资料的正确与否,还要审核资料的全面性和可比性。分类是为了便于资料的进一步利用。制表的目的是使各种具有相关关系或因果关系的经济因素更为清晰地显示出来,便于作深入的分析研究。

2. 分析情况并得出结论

收集来的信息杂乱无序,只有通过整理分析才能有效使用。因此,市场营销调研人员首先要检查资料是否齐全,然后对资料进行编辑整理、分类、列表、编号,以便归档、查找、使用;并运用数学模型对数据进行科学处理,从已知推断未知,得出科学的调查结论,在此基础上提出改进的建议或措施,写出调研报告,供决策人员决策时参考。

3. 编写提交调研报告

调研报告应注意紧扣调研主题,突出重点,一般应包括调研活动的目的、范围、采用方法的简单说明,调研的结论性意见以及供参考的对策建议等,并尽可能将分析阶段形成的数据图表附在其中,便于决策者在最短的时间内对整个报告有一个大概的了解。编写原则力求客观、公正和全面,以最大程度地减少营销活动管理者在决策前的不确定性。

> **营销思考 3-2**
>
> 市场营销调研的步骤有哪些?

二、市场调研的方法

(一)现成资料的调研法

现成资料也叫第二手资料,即利用与营销活动相关的各种现成资料,如社会发展、市场行情等方面的文字资料、统计资料、图片资料等进行营销信息的收集。现成资料的收集、研究可以为其他调查方法作准备,有时可以直接作为某项调查的依据。

(二)原始资料调研法

原始资料是市场调研人员通过实地调查获取的第一手资料,具有直观、具体、零碎等特点,是直接感受和接触的结果。原始资料的收集是市场调研中一项复杂、辛苦的工作,但又影响到调查结果。一般来说,为取得原始资料,主要采用访问法、观察法、实验法等方法。

1.访问法

访问法是通过询问的方式向被调查者了解市场情况,获取原始资料的一种方法。采用访问法进行调查,一般都事先将问题陈列在调查表中,按照调查表的要求询问,所以又称调查表法。它具体包括:

(1)人员访问。人员访问是通过调查者与被调查者面对面交谈以获取市场信息的一种调查方法。询问时可按事先拟定的提纲顺序进行,也可采取自由交谈方式。

由于人员访问采取面对面的交谈方式,也使人员访问具有独特的优点,主要有:①人员访问具有很大的灵活性。双方面对面交流的主题可以突破时间限制;对于争议较大的问题,可以采取灵活委婉的方式,迂回提问,逐层深入;当被调查者对某一问题误解或不理解时,调查者可以当面予以解释说明,有利于资料收集工作的顺利进行。②拒答率较低。与其他方式相比,人员访问容易得到较高的回答率,这也可以说是人员访问最为突出的优点之一。③调查资料的质量较好。在访问过程中由于调查者在场,因而既可以对访问的环境和被调查者的表情、态度进行观察,又可以对被调查者回答问题的质量加以控制,从而使得调查资料的准确性和真实性大大提高。④调查对象的适用范围广。由于人员访问主要依赖于口头语言,因此,它适用的调查对象范围十分广泛,既可以用于文化水平较高的调查对象,也可以用于文化水平较低的调查对象。

人员访问也存在缺点,主要有:①调查费用较高。主要表现为调查者的培训费、交通费、工资以及问卷及调查提纲的制作成本费等。②对调查者的要求较高。调查结果的质量很大程度上取决于调查者本人的访问技巧和应变能力。③匿名性较差。对于一些敏感性问题,往往难以用人员访问来收集资料。④访问调查周期较长。在大规模的市场调查中,这种收集资料的方式较少见。

(2)电话访问。电话访问是通过电话中介与选定的被调查者交谈以获取信息的一种方法。由于彼此不直接接触,而是借助于电话这一中介工具进行,因而是一种间接的调查方法。

电话访问自身特点决定了要成功地进行访问,必须首先解决好以下几个方面的问题:①设计好问卷调查表。这种问卷调查表不同于普通问卷调查表,由于受通话时间和记忆规律的约束,大多采用两项选择法向被调查者进行访问。②挑选和培训好调查员。电话访问对调查员的要求主要是口齿清楚、语气亲切、语调平和。③调查样本的抽取及访问时间的选择问题。调查样本的抽取通常的做法是随机抽取几本电话号码簿,再从每个电话号码簿中随机抽取一组电话号码,作为正式抽中的被调查者。至于访问时间的选择,一要根据调查内容而定,比如说访问年轻人有关消费者偏好问题,最好选择在工作日的晚上,而对老年人购买习惯的访问,则可以选择白天。二要考虑被调查者的生活习惯等问题。

电话访问的突出优点是信息反馈快、费用低、辐射范围广。其局限性主要表现在以下几个方面:①由于电话访问调查的项目过于简单明确,而且受通话时间的限制,因而调查内容的深度远不及其他调查方法。②电话访问的结果只能推论到有电话的对象这一总体,因而先天存在着母体不完整的缺陷,不利于资料收集的全面性和完整性。③不能使用视觉的帮助。有一些调查项目需要得到被调查者对一些图片、广告或设计等反应,电话访问无法达到这些效果。④由于调查者不在现场,因而很难判断所获信息的准确性和有效性。尽管电话访问存在着诸多缺陷,但对那些调查项目单一,问题相对简单明确,并需及时得到调查结果的调查项目而言,仍不失为一种理想的访问方式。

(3)邮寄访问。邮寄访问是市场调查中一种比较特殊的资料收集方法,它是一种将事先设计好的调查问卷邮寄给被调查者,由被调查者根据要求填写后寄回的一种调查方法。

邮寄访问的突出优点主要表现在以下几个方面:①调查的空间范围广。邮寄访问可以不受被调查者所在地域的限制,只要是通邮地区都可以被选为被调查对象。②费用低。与其他访问方法相比,邮寄访问可以说是市场调查中一种最为便宜、最为方便、代价最小的资料收集方法。③邮寄访问可以获得较客观的资料。该方法给予被调查者相对更加宽裕的时间作答,便于被调查者深入思考或从他人那里寻求帮助,而且可以避免面访调查中可能受到的调查人员的倾向性意见的影响。④邮寄访问的匿名性较好。对于一些人们不愿公开讨论而市场决策又很需要的敏感性问题,邮寄访问无疑是一种较好的方式。

邮寄访问最大的缺点是问卷回收率低,因而容易影响样本的代表性。除回收率低以外,邮寄访问还有问卷回收期长、时效性差的缺点,当很多问卷回收到以后,往往已经失去其分析研究的价值了。

提高邮寄访问问卷回收率的方法有:①发出邮件后要及时跟踪联系。不要问卷发出去就撒手不管了,试着做些事后性的工作,比如说发封跟踪信,打个跟踪电话,寄张明信片,等等,也许会收到一些意想不到的效果。有调查学者研究表明,跟踪提醒一般可将问卷回收率提高大约 20 个百分点。②附加一点实惠的东西。比如给予一定的中奖机会,赠送一些购物优惠券,享受会员待遇,等等,有时候也许比打 100 个跟踪电话来得快。③预先通知一下。这也许并不会花费你太多的时间和精力,却能在一定程度上满足被调查者的情感需求,激发其合作热情,提高问卷作答质量和问卷回收率。④请权威机构主办。市场调查由受人尊重的权威机构主办将大大提高问卷的回收率。在国内,由政府机构主办和支持的市场调查受到"礼遇"的可能性和收集资料的容易程度大大高于其他机构。⑤附上回邮信封和邮票。这些小小的细节问题也被认为是提高回收率的有效方法。

(4)网上访问。网上访问是市场调查者通过互联网收集资料的一种调查方法。它是一种随着网络事业发展而兴起的最新访问方式,是一场新的革命。

网上访问同其他访问方式相比具有明显的优点。第一,网上访问辐射范围广泛。第二,网上访问速度快,信息反馈及时。第三,匿名性很好,对于一些人们不愿在公开场合讨论的敏感性问题,在网上可以畅所欲言。第四,费用低廉。以上四种访问方式比较起来,网上访问的费用将是最低的。

网上访问也有缺点。第一,样本对象的局限性,也就是说网上访问仅局限于网民,这就可能造成因样本对象的阶层性或局限性问题带来调查误差。第二,所获信息的准确性和真实性程度难以判断。比如说调查女性对××化妆品的意见,并不排除"热心"该问题的男士出来讨论,而后者在某种意义上说并没有发言的权利。第三,网上访问需要一定的网页制作水平。随着网络事业的迅猛发展和网民比例的不断上升,网上访问不仅代表着一种趋势,也代表着一种潮流,其作用将愈来愈凸显。

上述四种具体访问方法各有利弊,其优缺点如表 3-1 所示。

表 3 - 1　四种访问法优缺点对比表

	访问法	电话法	邮寄法	网络法
调查范围	较窄	较窄	广	较广
调查对象	可控可选	可控可选	一般	可控可选
影响回答的因素	能了解、控制和判断	无法了解、控制和判断	难了解、控制和判断	能了解、控制和判断
回收率	高	较高	较低	较高
回答速度	可快可慢	最快	慢	较快
回答质量	较高	高	较低	较高
平均费用	最高	低	较低	一般

以上四种访问方式,每种访问方式都有自身的优势和劣势,很难绝对地说其他访问方式明显优于哪种访问方式,必须根据具体的调查内容和课题要求来选择不同的方式。

营销思考 3 - 3

访问法中的四种方式有何优缺点?

2.观察法

观察法是调查人员直接到调查现场,通过实地观察收集资料的方法。

(1)观察法的优点。观察法的主要优点是可以实地记录市场现象的发生,能够获得直接具体的生动材料,对市场现象的实际过程和当时的环境气氛都可以进行详细的了解,这是其他方法不能比拟的。在观察的同时,可以进行现场摄影和录音。这种方法不直接向被调查者提出问题,而是从侧面观察、旁听、记录现场发生的事实,了解被调查对象的态度、行为和习惯。如调查者亲临顾客购买现场,观察顾客的购买行为,了解顾客对哪种产品、哪种品牌、哪些指标最关心,作记录后可以为企业分析产品质量、性能、适用范围等营销活动提供原始资料。观察法不要求被调查者具有配合调查的语言表达能力或文字表达能力,因此适用性也比较强。观察法还有资料可靠性高、简便易行、灵活性强等优点。

(2)观察法的缺点。观察法只能观察到人的外部行为,不能说明其内在动机,观察活动受时间和空间的限制,被观察者有时难免受到一定程度的干扰而不完全处于自然状态。

观察法比较客观地收集资料,准确性较高,调查结果更接近实际。但这种方法往往只能观察事实的发生,不说明原因,只有把它与询问法结合起来,才能有较好效果。

3.实验法

实验法是通过一定环境条件下的实验,了解某些营销因素的变化(如价格、促销手段等),并测定因此而引起连锁反应(如销售量、对产品偏好等)的营销信息收集法。实验法以自然科学的实验求证法为基础,可以获得比较准确的资料,并能弄清行为的因果关系。企业的经营活动中经常运用这种方法,如开展一些小规模的包装实验、价格实验、广告实验、新产品销售实验等,来测验这些措施在市场上的反应,以实现对市场总体的推断。

(1)实验法的类型。实验法按照实验的场所可分为实验室实验和现场实验。实验室实验是指在人造的环境中进行实验,研究人员可以进行严格的实验控制,比较容易操作,时间短,费用低。现场实验是指在实际的环境中进行实验,其实验结果一般具有较大的实用意义。

（2）实验法的步骤。应用实验法的一般步骤是:①根据市场调查的课题提出研究假设;②进行实验设计,确定实验方法;③选择实验对象;④进行实验;⑤分析整理实验资料并作实验检测;⑥得出实验结论。实验调查只有按照科学的步骤来开展,才能取得满意的实验效果。

（3）实验法的优缺点。实验法不是等待某种市场现象发生了再去调查,而是积极主动地改变某种条件,来揭示或确立市场现象之间的相关关系。它不但可以说明是什么,而且可以说明为什么,还具有可重复性,因此其结论的说服力较强。实验法对检验宏观管理的方针政策与微观管理的措施办法的正确性来说,都是一种有效的方法。

由于不可控因素较多,实验法很难选择到有充分代表性的实验对象和实验环境,因此实验结论往往带有一定的特殊性,实验结果的推广会受到一定的影响。实验法还有花费时间较多、费用较高、实验过程不易控制、实验情况不易保密、竞争对手可能会有意干扰现场实验的结果等缺点。这些缺点使实验法的应用有一些局限性,市场调查人员对此应给予充分的注意。

营销思考 3-4

实验法适合哪些产品的市场调研?

第三节　调查问卷设计

一、调查问卷设计的概念与格式

（一）调查问卷设计的概念

调查问卷,又称调查表,是调查者根据一定的调查目的精心设计的一份调查表格,是现代社会用于收集信息资料的一种较为普遍的工具。由于问卷方式通常是靠被调查者通过问卷间接地向调查者提供资料,所以,作为调查者与被调查者之间中介物的调查问卷,其设计是否科学合理,将直接影响调查问卷的回收率,影响资料的真实性、实用性。因此,在市场调查中,应对问卷设计给予足够的重视。

（二）调查问卷设计的格式

1. 调查问卷的标题

调查问卷的标题是概括说明调查研究主题,使被调查者对所要回答哪些方面的问题有一个大致的了解。确定标题应简明扼要,易于引起回答者的兴趣。例如,"大学生消费状况调查","我与广告——公众广告意识调查"等。不要简单采用"调查问卷调查"这样的标题,它容易引起回答者不必要的怀疑而遭到拒答。

2. 调查问卷说明

调查问卷说明旨在向被调查者说明调查的目的、意义。有些调查问卷还有填表须知、交表时间、地点及其他事项说明等。调查问卷说明一般放在问卷开头,通过它可以使被调查者了解调查目的,消除顾虑,并按一定的要求填写问卷。问卷说明既可采取比较简洁、开门见山的方式,也可在问卷说明中进行一定的宣传,以引起调查对象对问卷的重视。

3.被调查者的基本情况

这是指被调查者的一些主要特征。如在消费者调查中,消费者的性别、年龄、民族、家庭人口、婚姻状况、文化程度、职业、单位、收入、所在地区,等等。又如,在企业调查中的企业名称、地址、所有制性质、主管部门、职工人数、商品销售额(或产品销售量)等。通过这些项目,便于对调查资料进行统计分组、分析。在实际调查中,列入哪些项目,列入多少项目,应根据调查目的、调查要求而定,并非越多越好。

4.调查的主题内容

调查的主题内容是调查者所要了解的基本内容,也是调查问卷中最重要的部分,它主要是以提问的形式提供给被调查者,这部分内容设计的好坏直接影响整个调查的价值。调查的主题内容主要包括以下几个方面:①对人们的行为进行调查。包括对被调查者本人行为进行了解或通过被调查者了解他人的行为。②对人们的行为后果进行调查。③对人们的态度、意见、感觉、偏好等进行调查。

5.编码

编码是将调查问卷中的调查项目变成数字的工作过程。大多数市场调查问卷均需加以编码,以便分类整理,易于进行计算机处理和统计分析。在调查问卷设计时,应确定每一个调查项目的编码,通常是在每一个调查项目的最左边按顺序编号。

6.调查者的情况

在调查表的最后,附上调查员的姓名、访问日期、时间等,以明确调查人员完成任务的性质。如有必要,还可写上被调查者的姓名、单位或家庭住址、电话等,以便于审核和进一步追踪调查。但对于一些涉及被调查者隐私的问卷,上述内容则不宜列入。

7.结束语

结束语一般放在调查问卷的最后面,用来简短地对被调查者的合作表示感谢,也可征询一下被调查者对问卷设计和问卷调查本身的看法和感受。

营销思考 3-5

调查问卷设计格式包括哪些内容?

二、调查问卷设计原则

(一)目的性原则

问卷调查是通过向被调查者询问问题来进行调查的,所以,询问的问题必须是与调查主题有密切关联的问题。这就要求在问卷设计时,重点突出,避免可有可无的问题,并把主题分解为更详细的细目,提高问卷的针对性。

(二)可接受性原则

由于被调查者对是否参加调查有着绝对的自由,因此,请求被调查者予以合作就成为问卷设计中一个十分重要的问题。应在调查问卷说明语中,将调查目的明确告诉被调查者,让对方知道该项调查的意义和自身回答对整个调查结果的重要性；问卷说明语要亲切、温和，提问部分要自然、有礼貌和有趣味；必要时可采用一些物质鼓励，并代被调查者保密，消除其某种心理压力，尽量避免提问一些令被调查者难堪或反感的问题。

(三)顺序性原则

顺序性原则是指在设计调查问卷时，要讲究问卷的排列顺序，使问卷条理清楚，顺理成章，以提高回答问题的效果。问卷中的问题一般可按下列顺序排列：

(1)容易回答的问答(如行为性问题)放在前面，较难回答的问题(如态度性问题)放在中间，敏感性问题(如动机性、涉及隐私等问题)放在后面，关于个人情况的事实性问题放在末尾。

(2)封闭性问题放在前面，开放性问题放在后面。

(3)要注意问题的逻辑顺序，可按时间顺序、类别顺序等合理排列。

(四)简明性原则

简明性原则主要体现在三个方面：一是调查内容要简明。没有价值或无关紧要的问题不要列入，同时要避免出现重复，力求以最少的项目设计必要的、完整的信息资料。二是调查时间要简短，问题和整个问卷都不宜过长。调查内容过多，调查时间过长，都会招致被调查者的反感。根据经验，一般问卷回答时间应控制在 30 分钟左右。三是问卷设计的形式要简明、易懂、易读。

(五)匹配性原则

匹配性原则是指要使被调查者的回答便于进行检查、数据处理和分析。所提问题都应事先考虑到能对问题结果作适当分类和解释，使所得资料便于作交叉分析。

三、调查问卷设计的步骤及注意事项

(一)确定所需信息

调查者必须在问卷设计之前就应尽量把握所有达到研究目的和验证研究假设所需要的信息，并决定所有用于分析使用这些信息的方法，比如频率分布、统计检验等，并按这些分析方法所要求的形式来收集资料，把握信息。

(二)确定调查问卷的类型

在确定调查问卷类型时，根据研究课题不同、调查项目不同，综合考虑其制约因素，主要有调研费用、时效性要求、被调查对象、调查内容等因素。

(三)确定问题的内容

确定问题的内容似乎是一个比较简单的问题，然而事实上不然，这其中还涉及个体的差异性问题。因此，确定问题的内容，最好与被调查对象联系起来，分析一下被调查者群体，有时比盲目分析问题的内容效果要好。

(四)确定问题的类型

问题的类型归结起来分为四种：自由问答题、两项选择题、多项选择题和顺位式问答题。其中后三类均可以称为封闭式问题。

1. 自由问答题

自由问答题也称开放型问答题，只提问题，不给具体答案，要求被调查者根据自身实际情况自由作答。自由问答题主要限于探索性调查，其主要优点是被调查者的观点不受限制，便于深入了解被调查者的建设性意见、态度、需求问题等。主要缺点是难于编码和统计。自由问答题一般应用于以下几种场合：作为调查的介绍；某个问题的答案太多或根本无法预料时；由于研究需要，必须在研究报告中原文引用被调查者的原话。

2. 两项选择题

两项选择题一般只设两个选项，如"是"与"否"，"有"与"没有"等。两项选择题的特点是简单明了，缺点是所获信息量太小，两种极端的回答类型有时往往难以了解和分析被调查者群体中客观存在的不同态度层次。

3. 多项选择题

多项选择题即从多个备选答案中择一或择几。这是各种调查问卷中采用最多的一种问题类型。多项选择题的优点是便于回答，便于编码和统计，缺点主要是问题提供答案的排列次序可能引起偏见。

4. 顺位式问答题

顺位式问答题又称序列式问答题，是在多项选择的基础上，要求被调查者对询问的问题答案，按自己认为的重要程度和喜欢程度顺位排列。在现实的调查问卷中，往往是几种类型的问题同时存在，单纯采用一种类型问题的问卷并不多见。

（五）确定问题的措辞

很多人可能不太重视问题的措辞，而把主要精力集中在调查问卷设计的其他方面，这样做的结果有可能降低问卷的质量。关于措辞，一是问题的陈述应尽量简洁；二是避免提带有双重或多重含义的问题；三是最好不用反义疑问句，避免否定句；四是注意避免问题的从众效应和权威效应。

（六）确定问题的顺序

一份好的调查问卷应对问题的排列作出精心的设计，因为调查问卷问题的排列次序会影响被调查者的兴趣、情绪，进而影响其合作积极性。一般而言，调查问卷的开头部分应安排比较容易的问题，这样可以给被调查者一种轻松、愉快的感觉，以便于他们继续答下去；中间部分最好安排一些核心问题；结尾部分可以安排一些背景资料，如职业、年龄、收入等。在不涉及敏感性问题的情况下，也可将背景资料安排在开头部分。还有一点就是注意问题的逻辑顺序，有逻辑顺序的问题一定要按逻辑顺序排列，即使打破上述规则，这实际上就是一个灵活机动的原则。

（七）调查问卷的排版和布局

调查问卷的设计工作基本完成之后，便要着手问卷的排版和布局。问卷排版和布局总的要求是整齐、美观，便于阅读、作答和统计。

（八）调查问卷的测试

调查问卷的初稿设计工作完毕之后，不要急于投入使用，特别是对于一些大规模的问卷调查，最好的办法是先组织问卷的测试，如果发现问题，再及时修改，测试通常选择 20～100 人，样本数不宜太多，也不要太少。如果第一次测试后有很大的改动，可以考虑是否有必要组织第二次测试。

(九)调查问卷的定稿

当调查问卷的测试工作完成,确定没有必要再进一步修改后,可以考虑定稿,交付打印,正式投入使用。

(十)调查问卷的评价

调查问卷的评价实际上是对问卷的设计质量进行一次总体性评估。对调查问卷进行评价的方法很多,包括专家评价、上级评价、被调查者评价和自我评价。专家评价一般侧重于技术性方面,比如说对问卷设计的整体结构、问题的表述、问卷的版式风格等方面进行评价。上级评价则侧重于政治性方面。被调查者评价可以采取两种方式,一种是在调查工作完成以后再组织一些被调查者进行事后性评价;另一种方式则是调查工作与评价工作同步进行,即在调查问卷的结束语部分安排几个反馈性题目,比如,"您觉得这份调查表设计得如何?"自我评价则是设计者对自我成果的一种肯定或反思。

营销案例 3-1

电脑电视一体机产品调查问卷

恒星视界电脑电视 PCTV - ALL IN ONE 一体机,是目前国际市场上最为时尚和热销的 IT 产品,它体积小、功能全,不仅具有普通 PC 台式机的所有功能,而且具有完全独立的液晶电视功能和众多独有的功能。我们恒星光电科技有限公司为了更好地了解消费者特点,满足用户的需求,专门在互联网上进行本次调查,希望您在百忙之中帮我们完成下列问题:请在您认为正确的答案前的"□"划"√"。

首先您个人背景资料对分析本问卷非常有用,请协助填写 Q1—Q7 问题。

Q1:您的性别

□男 □女

Q2:您的年龄

□18 岁以下 □18—25 岁 □26—30 岁 □31—35 岁 □36—40 岁
□41—45 岁 □46—50 岁 □51—55 岁 □56 岁以上

Q3:您的月收入

□1000 元以下 □1000—1499 元 □1500—1999 元 □2000—2499 元
□2500—2999 元 □3000—3499 元 □3500—3999 元 □4000 元以上

Q4:您的职业

□国家公务员 □专业技术人员 □公司高级管理人员 □工人
□商业、服务业公司职员 □个体户 □其他(请说明)_____。

Q5:您的受教育程度

□小学以下 □初中 □高中/中专/技校 □大专 □本科及以上

Q6:您在工作中使用计算机的程度(可多选)

□office 办公 □上网冲浪 □收发邮件 □即时聊天
□文件下载 □光盘刻录 □制图、设计 □编程
□其他_____。

Q7:您使用计算机的用途(可多选)

☐ 游戏(包括网游)　☐ 视听欣赏　☐ 电视　　　☐ 上网冲浪

☐ 收发邮件　　　　☐ 即时聊天　☐ 文件下载　☐ 光盘刻录

本次调查的主要问题共有下列 11 题,请您仔细填写。

1.您知道电视/电脑多媒体液晶一体机这种全新的产品吗?

☐ 了解　☐ 只是知道而已　☐ 不清楚(选择本项,直接转到第 7 题)

2.您知道哪些品牌生产电视/电脑多媒体液晶一体机?

☐ IBM　　　☐ HP　　　☐ DELL　☐ SONY　☐ APPLE　☐ 富士通　☐ NEC

☐ STARVF　☐ 神舟　　☐ 联想　☐ 紫光　☐ 同方　　☐ 方正　　☐ TCL

☐ 长城　　　☐ 华硕　　☐ 微星　☐ 其他

3.您知道 STARVF 这个品牌吗?

☐ 知道　　　☐ 不知道

4.如果您知道,请问是通过什么途径知道的?

☐ 电视　　　☐ 网站　　　☐ 杂志　　　☐ 报纸　　　☐ 促销活动

☐ 商店　　　☐ 电子邮件　☐ 朋友介绍　☐ 其他

5.如果您想了解 STARVF 的一体机产品,请问您更愿意通过何种方式了解?

☐ 广告　　　☐ 专业媒体评测　☐ 试用介绍　　☐ 新品发布

☐ 促销活动　☐ 培训　　　　　☐ 亲自体验　　☐ 使用手册

☐ 其他

6.您对该产品的总体满意程度如何?

外观　☐ 非常满意　☐ 很满意　☐ 一般　☐ 不满意　☐ 非常不满意

不满意的原因 _____

功能　☐ 非常满意　☐ 很满意　☐ 一般　☐ 不满意　☐ 非常不满意

不满意的原因 _____

价格　☐ 非常满意　☐ 很满意　☐ 一般　☐ 不满意　☐ 非常不满意

不满意的原因 _____

售后　☐ 非常满意　☐ 很满意　☐ 一般　☐ 不满意　☐ 非常不满意

不满意的原因 _____

7.如果您想购买 STARVF 的一体机,主要是看中产品的什么特性?

☐ 时尚新颖　☐ 功能丰富　☐ 技术先进　☐ 价格适中

☐ 配置合理　☐ 液晶宽屏　☐ 绿色环保　☐ 售后服务

☐ 其他

8.如果您购买 STARVF 的一体机的主要用途是什么?

☐ 升级换代　☐ 商务办公　☐ 家庭娱乐　☐ 赠送礼品　☐ 游戏

☐ 其他

9.您认为 STARVF 多媒体电脑电视液晶一体机定价在____元是合理的?

原因或建议 _____

_____

10.通过了解产品您以后会购买液晶电脑电视一体机吗?

□不会够买　□会考虑购买　□很想买　□其他

11.不愿意购买的原因是：

□对产品不满意　□价格太高　□根本就不需要　□新产品风险太高

□其他(请说明)

非常感谢您的参与和您所提的建议,我们会认真分析对待,谢谢您的帮助。

资料来源:电脑电视一体机产品调查问卷[EB/OL].中关村在线网,2006－04－30.http://news.zol.com.cn/28/282332.html.

四、市场营销调研报告的撰写

(一)市场营销调研报告的撰写要求

1.以调研资料为依据,做到调研资料与观点相统一

市场营销调研报告的独特风格就是以调研资料为依据,既要用资料说明观点,又要用观点统帅资料,二者应紧密结合,相互统一。各种资料中的数据资料具有很强的概括力和表现力,用数据证明事实的真相往往比长篇大论更能使人信服。恰当地运用调研数据,可以增加调研报告的科学性、准确性和说服力。

2.表达意思要准确

在市场营销调研中,常常会碰到有的问题、观点,用很多叙述都难以表达清楚,而用一个数字、一个百分比,往往使事物的全貌一目了然。准确性是市场营销调研报告的生命,准确性包括数字要准确、情况要真实、观点要恰当三个方面,只有掌握了准确的资料,才能作出正确的判断和结论。

(二)市场营销调研报告的格式

1.题目

题目包括市场调查题目、报告日期、委托方、调查方,一般应打印在扉页上。关于题目,一般是通过标题把被调查单位、调查内容明确而具体地表示出来,如《关于西安市居民收支、消费及储蓄情况调查》。有的调查报告还采用正、副标题形式,一般正标题表达调查的主题,副标题则具体表明调查的单位和问题。如《"上帝"眼中的＜三秦都市报＞——＜三秦都市报＞读者调查总体研究报告》。

2.目录

如果调研报告的内容、页数较多,为了方便读者阅读,应当使用目录或索引形式列出报告的主要章节和附录,并注明标题、章节的页码。

3.概要

概要主要阐述调研报告的基本情况,它是按照市场调查的顺序将问题展开,并对原始资料进行选择、评价,做出结论,提出建议等。其主要包括三方面内容:

第一,简要说明调查目的。即简要地说明调查的由来和委托调查的原因。

第二,介绍调查对象和调查内容。包括调查时间、地点、对象、范围、调查要点及所要解答的问题。

第三,简要介绍调查研究的方法。例如,访问法、抽样法等。

4.正文

正文是市场营销调研报告的主要部分。正文部分必须准确阐明全部有关论据,包括问题的提出和引出的结论、论证的全部过程以及分析研究问题的方法等。此外,还应当有全部调查结果和必要的市场信息,以及对这些情况和内容的分析、评论。

5.结论和建议

结论和建议是撰写综合的分析报告的主要目的。这部分包括对引言和正文部分所提出的主要内容的总结,提出为有效解决某一具体问题可供选择的方案与建议。结论和建议与正文部分的论述要紧密对应,不可以提出无论据的结论,也不要没有结论性意见的论证。

6.附件

附件是指调研报告正文没有包含或没有提及,但与正文有关必须附加说明的部分,它是对正文报告的补充或更详尽的说明。

(三)撰写市场营销调研报告应注意的问题

1.切忌将分析工作简单化

分析工作简单化即资料数据罗列堆砌,根据资料就事论事,简单介绍式的分析多,深入细致的分析及观点少,无结论和建议,整个调研报告的系统性差,导致分析报告的价值不大。只有重点突出,才能使人看后得到深刻的印象。

2.切忌面面俱到、事事俱细地进行分析

这样分析的结果使读者感到杂乱无章,读后不知所云。一篇调研报告应有它的重点和中心,在对情况有了全面分析之后,应有详有略,抓住主题。确定调研报告的长短,要根据调研目的和调研报告的内容而定,做到宜长则长,宜短则短,尽量做到长中求短,短小精悍。

营销思考 3-6

市场营销调研报告应注意哪些事项?

第四节 市场预测

一、市场预测的含义及内容

市场预测就是运用科学的方法,对影响市场供求变化的诸因素进行调查研究,分析和预见其发展趋势,掌握市场供求变化的规律,为营销决策提供可靠的依据。市场预测工作必须要从不同的角度、不同的侧面进行多方面的预测,其内容一般包括:

(一)市场需求预测

市场需求应是企业一切经营活动的出发点和中心。市场需求预测是预测消费者在一定时期、一定的市场范围内,有货币支付能力的对某种产品的需求,同时也包括对这种需求的趋向分析和预测。从质的方面看,市场需求预测要解决"需求什么"的问题;从量的方面看,市场需

求预测是要解决"需求多少"的问题。

(二)购买力预测

购买力预测也就是需求结构的预测,是指产品购买力在各类产品之间的分配比例。在预测需求结构时,除了要研究消费者购买力、偏好、生活习惯外,还要研究消费者的心理状态和社会风尚的变化。

(三)产品供给预测

产品供给预测,就是对进入市场的产品资源总量及其构成和各种具体产品可供量的变化趋势的预测。在产品供给的预测中,要重视关联性产品的相互变化和新产品的开发销售及需求预测。

(四)销售预测

销售预测是在市场需求总量预测中有关企业自身产品的销售量,以及花色、品种、规格、款式的一种单项产品预测,其目的是如何满足消费者的需求,使产品销售顺畅。通过市场销售预测可深入分析及研究影响市场需求量的各种因素,判断产品需求变化的趋势,以使企业更有针对性、更有计划性地开展营销活动。

(五)营销发展趋势预测

通过营销发展趋势预测可使企业了解营销网络的变化对企业销售的影响,可为企业制定营销策略、选取适合的销售方式、确定营销人员的数量和素质、选择正确的流通渠道及环节、商业网点和销售终端的设立及布局等方面提供客观依据。

二、市场预测的步骤

(一)确定预测目标

市场预测首先要确定预测目标,明确目标之后,才能根据预测的目标去选择预测的方法,决定收集资料的范围与内容,做到有的放矢。

(二)选择预测方法

预测的方法很多,各种方法都有其优点和缺点,有各自的适用场合。根据预测的目标、企业的人力和财力以及企业可以获得的资料,确定预测的方法。

(三)收集市场资料

按照预测方法的不同确定要收集的资料,这是市场预测的一个重要的阶段。

(四)进行预测

此阶段就是按照选定的预测方法,利用已经获得的资料进行预测,计算预测结果。

(五)预测结果评价

得到预测结果以后,还要通过对预测数字与实际数字的差距分析比较以及对预测模型进行理论分析,对预测结果的准确和可靠程度给出评价。

(六)预测结果报告

预测结果的报告从结果的表述形式上看,可以分成点值预测和区间预测。点值预测的结果形式就是一个数值。区间预测是给出预测值的一个可能的区间范围和预测结果的可靠程度。

营销思考 3-7

市场预测包括哪些步骤？

三、市场预测方法

(一)定性预测方法

定性预测法也称为直观判断法,是市场预测中经常使用的方法。定性预测主要依靠预测人员所掌握的信息、经验和综合判断能力,预测市场未来的状况和发展趋势。这类预测方法简单易行,特别适用于那些难以获取全面的资料进行统计分析的问题。

1.购买者意图预测法

这种方法建议对购买者应该买什么进行预测。如果购买者有清晰的意图,愿付诸实施,并能告诉访问者,则这种调查就显得特别有价值。在主要消费耐用品范畴内(如家电、汽车等),一些调研组织对消费者购买意图进行定期调查。这些组织提问的方法如表 3-2 所示。

表 3-2　你打算在未来 6 个月内买一辆小汽车吗?

分值	0.00	0.20	0.40	0.60	0.80	1.00
可能性	不可能	可能性很小	尚有可能性	有可能性	非常可能	一定要买

此外,这种调查还包括询问消费者目前和未来的个人财务状况以及经济前景,某些新产品上市之前也作类似摸底调研。耐用消费品生产商调查这些指标,希望预测消费者购买意图的主要转移方向,从而使他们能相应地调整其生产和营销计划。

2.销售人员意见综合法

当公司不能访问购买者时,可要求其销售代表进行估计。每个销售代表估计每位顾客可能会买多少公司的产品。

为了促进销售代表作出较好的估计,公司可向他们提供一些帮助或鼓励。销售代表可能收到一个他过去为公司所作的预测与实际销售对照的记录,一份公司在商业前景上的设想以及公司的利益规划书等。销售代表在发展趋势上可能比其他任何人更具敏锐性,通过参与预测过程,销售代表可以对他们的销售定额充满信心,从而激励他们达到目标。

3.专家预测法

专家预测法是运用专家的知识和经验,考虑预测对象的社会环境,直接分析研究和寻求其特征规律,并推测未来的一种预测方法。专家预测法主要包括:

(1)个人判断法。这种方法是依靠个别专家的专业知识和特殊才能进行判断预测。其优点是能利用专家个人的创造能力,不受外界影响,简单易行,费用也不多。缺点是容易受专家的知识面、知识深度、占有资料是否充分以及对预测问题有无兴趣所左右,难免带有片面性;专家的个人意见往往容易忽略或贬低相邻部门或相邻学科的研究成果,专家之间的当面讨论又可能产生不和谐。因此,这种方法最好与其他方法结合使用,才能取得较好的效果。

(2)集体判断法。这种方法是在个人判断法的基础上,通过会议进行集体的分析判断,将专家个人的见解综合起来,寻求较为一致的结论的预测方法。这种方法参加的人数多,所拥有的信息量远远大于个人拥有的信息量,因而能凝集众多专家的智慧,避免个人判断法的不足,在一些重大问题的预测方面较为可行和可信。但是,集体判断的参与人员也可能受到感情、个性、时间及利益等因素的影响,不能充分或真实地表明自己的判断。

运用集体判断法,会议主持人要尊重每一位与会者,鼓励与会者各抒己见,使与会者在积极发言的同时要保持谦虚恭敬的态度,对任何意见都不应带有倾向性。同时还要掌握好会议的时间和节奏,既不能拖得太长,也不要草草收场;当话题分散或意见相持不下时,能适当提醒或调节会议的进程等。

(3)德尔菲法。德尔菲法是为避免专家预测法的不足而采用的预测方法,其主要特点是匿名性、反复性和统计性。这种方法的应用始于美国兰德公司。这一方法的一般过程是:聘请一批专家以相互独立的匿名形式就预测内容各自发表意见,用书面形式独立地回答预测者提出的问题,并反复多次修改各自的意见,最后由预测者综合确定市场预测的结论。德尔菲法进行市场预测的具体步骤:

首先,作好预测前准备。准备好已搜集到的有关资料,确定专家人选,拟定向专家小组提出的问题(问题要提得明确)。

其次,请专家作出初步判断。邀请有关专家成立专家小组,将书面问题寄发各专家,请他们在互不通气的情况下,对所咨询的问题作出自己的初次书面分析判断,按规定期限寄回。

再次,请专家修改初次判断。为使专家集思广益,对收到各专家寄回的第一次书面分析判断意见加以综合后,归纳出几种不同判断,并请身份类似的专家予以文字说明和评论,再以书面形式寄发各专家,请他们以与第一次同样的方式,比较自己与别人的不同意见,修改第一次的判断,作出第二次分析判断,按期寄回。如此反复修改多次,直到各专家对自己的判断意见比较固定,不再修改时为止。在一般情形下,经过三次反馈,即经过初次判断和两次修改,就可以使判断意见趋于稳定。

最后,确定预测值。即在专家小组比较稳定的判断意见的基础上,运用统计方法加以综合,最后做出市场预测结论。

营销案例 3-2

某空调机厂的市场预测

某空调机厂对某种型号的空调机投放市场后的年销售量进行预测,聘请九位专家应用德尔菲法,进行四轮的征询、反馈、修改汇总后得到如下数据,如表3-3所示。

表3-3 空调机销售量德尔菲法预测表　　　　　　　单位:万台

征询次数	专家									中位数	极差
	1	2	3	4	5	6	7	8	9		
1	50	45	23	52	27	24	30	22	19	27	31
2	46	45	25	43	26	24	29	24	23	26	23
3	35	45	26	40	26	25	27	24	23	26	22
4	35	45	26	40	26	25	27	24	23	26	22

从表 3-3 可以看出专家的第一轮意见汇总得出的中位数为 27,极差为 31。数据表明,专家的意见相当分散。专家根据反馈意见,大多数人修改了自己的意见并向中位数靠拢,因此,第二轮意见汇总后极差变小。第四轮征询时,每位专家都不再修改自己的意见了,于是得出最终的预测值,可以认为年销售量将达到 26 万台,但极差达 22 万台。

资料来源:吴志军.市场调查与预测[M].西安:西安交通大学出版社,2005.

(二)定量预测方法

定量预测是利用比较完备的历史资料,运用数学模型和计量方法,来预测未来的市场需求。定量预测基本上分为两类,一类是时间序列模式,另一类是因果关系模式。

1.简单平均法

简单平均法是用一定观察期内的实际数据值来预测未来一期或几期内公司产品的需求量、公司产能等的一种常用方法。它包括简单算术平均法、加权算术平均法和几何平均法。

(1)简单算术平均法。它是将观察期内的实际数值加总平均,求得算术平均数,并将其作为下期预测值。用公式表示为:

$$X = \frac{\sum X_i}{n}(i = 1,2,3,\cdots,n)$$

式中:X—— 观察期内实际数值的算术平均数,即下期预测值;

　　　X_i—— 预测目标在观察期内的实际值;

　　　n—— 数据个数。

(2)加权算术平均法。它是为观察期内的每一个数据确定一个权数,并在此基础上,计算其加权平均数作为下一期的预测值。用公式表示为:

$$X = \frac{\sum W_i X_i}{\sum W_i}(i = 1,2,3,\cdots,n)$$

式中:X——观察期内实际数值的加权算术平均数,即下期预测值;

　　　X_i——预测目标在观察期内的实际值;

　　　W_i——与 X_i 相对应的权数。

(3)几何平均法。首先要计算出一定时期内预测目标时间序列的发展速度或逐期增长率,然后以此为依据进行预测。用公式表示为:

$$G = \sqrt[n]{X_1 X_2 X_3 \cdots X_n}$$

式中:G——几何平均数,即发展速度的预测值;

　　　X_n——观察期内各期环比发展速度或逐期增长率;

　　　n——数据个数。

2.市场潜量法

市场潜量是在一定时期内,一定环境条件下和一定行业营销努力水平下,一个行业中所有企业可能达到的最大销售总量。假定一生产厂家想测算某一产品的市场总需求,其计算公式是:

$$Q = n \times q \times p$$

式中:Q——市场总需求;

n——特定产品或市场的购买者数目；

q——每个购买者的年平均购买量；

p——产品的平均单价。

3. 多因素指数法

一个单一因素是很难成为销售机会的完全的指标，因此，需要发展一个多因素指数法，而且应对每个因素赋予一个特定的权数。美国《销售与市场营销管理》杂志每年都会公布全美各地和大城市的购买力指数，并提出以下计算公式：

$$B_i = 0.5y_i + 0.3r_i + 0.2p_i$$

式中：B_i——地区 i 的购买力占全国总购买力的百分比；

y_i——地区 i 的个人可支配收入占全国的百分比；

r_i——地区 i 的零售销额占全国的百分比；

p_i——地区 i 的居住人口占全国的百分比；

0.5、0.3、0.2——三个因素的权数，表明该因素对购买力的影响程度。

产品不同，权数应有所调整。如需精确的计量，还应考虑季节性波动、市场特点等因素。

4. 一元线性回归法

回归分析就是研究变量之间的因果关系，并将这种关系用函数或数学模型表示出来，通过分析两种变量的相关程度进行预测的一种方法。一元线性回归法就是处理自变量（X）和因变量（Y）两者之间线性关系的一种方法。其基本公式：

$$Y = a + bX$$

式中：Y——因变量；

a，b——回归系数；

X——自变量。

这两个变量之间的关系，将在 a、b 这两个回归系数的范围内，展开有规律的演变。因此：

①根据 X、Y 等现有的实验数据或统计数据，寻求合理的 a、b 等回归系数来确定回归方程，是运用回归分析的关键。

②利用已求出的回归方程中回归系数的经验值再去确定 X、Y 等值的未来演变，并与具体条件相结合，是运用回归分析的目的。

求出回归系数 a、b 的方法：

$$b = \frac{n\sum XY - \sum X \sum Y}{n\sum X^2 - (\sum X)^2}$$

$$a = \overline{Y} - b\overline{X}$$

本章小结

市场营销调研，是指运用科学的方法，有目的、有计划系统地收集、整理和分析研究有关市场营销方面的信息，为制定某项具体的营销决策而进行的调查研究过程。它是企业开展营销活动的前提。本章主要内容包括：

1. 市场营销调研概述

市场营销调研的类型主要包括探测性调研、描述性调研、因果性调研和预测性调研；市场营销调研的内容有市场营销环境调研、市场需求及供应调研、市场营销组合调研和市场竞争调研。

2.市场营销调研的步骤和方法

市场营销调研的步骤包括调研准备、正式调研和处理三个阶段；市场调研的方法有现成资料的调研法和原始资料调研法，后者包括访问法、观察法、实验法等。

3.调查问卷设计

在问卷调查中，调查问卷设计是关键。问卷设计的好坏，将直接决定着能否获得准确可靠的市场信息。一份完整的调查问卷通常包括标题、问卷说明、被调查者的基本情况、调查的主题内容、编码、调查者的情况、结束语等内容。问卷设计的过程一般包括十大步骤：确定所需信息、确定调查问卷的类型、确定问题的内容、确定问题的类型、确定问题的措辞、确定问题的顺序、调查问卷的排版和布局、调查问卷的测试、调查问卷的定稿、调查问卷的评价。

4.市场预测

市场预测就是运用科学的方法，对影响市场供求变化的诸因素进行调查研究，分析和预见其发展趋势，掌握市场供求变化的规律，为营销决策提供可靠的依据。其主要包括定量预测和定性预测两个方面。

关键术语与概念

市场调研　探测性调研　描述性调研　因果性调研　第一手资料　第二手资料
人员访问　电话访问　邮寄访问　网上访问　观察法　实验法　调查问卷
市场预测　定量预测　定性预测　德尔菲法

复习与思考

1. 什么是市场营销调研？市场营销调研的内容主要有哪些？
2. 简述收集原始资料时常用的调研方法。
3. 市场调研问卷设计时应注意哪些问题？
4. 市场调研报告包括哪些方面的内容？
5. 什么是市场预测，常用的预测方法有哪些？

案例分析

案例一：数据给企业带来的噩梦

"最近两年，宠物食品市场空间增加了两三倍，竞争把很多国内企业逼到了死角。"《中国财富》记者在 2005 年北京民间统计调查论坛上见到了柴先生。"渠道相近，谁开发出好的产品，谁就有前途。以前做生意靠经验，我觉得产品设计要建立在科学的调研基础上。去年底，决定开始为产品设计做消费调查。"

为了能够了解更多的消费信息，柴先生设计了精细的问卷，在上海选择了 1000 个样本，并且保证所有的抽样在超级市场的宠物组购物人群中产生，内容涉及价格、包装、食量、周期、口味、配料等六大方面，覆盖了所能想到的全部因素。沉甸甸的问卷让柴氏企业的高层着实振奋了一段时间，谁也没有想到市场调查正把他们拖向溃败。

2005 年初，上海柴氏的新配方、新包装狗粮产品上市了，短暂的旺销持续了一星期，随后就是全面萧条,后来产品在一些渠道甚至遭到了抵制。过低的销量让企业高层不知所措,当时远在美国的柴先生更是惊讶:"科学的调研为什么还不如以前我们凭感觉定位来的准确?"到2005年2月初,新产品被迫从终端撤回,产品革新宣布失败。

柴先生告诉《中国财富》:"我回国以后,请了十多个新产品的购买者回来座谈,他们拒绝再次购买的原因是宠物不喜欢吃。"产品的最终消费者并不是"人",人只是一个购买者,错误的市场调查方向,决定了调查结论的局限,甚至荒谬。

经历了这次失败,柴先生认识到了调研的两面性,调研可以增加商战的胜算,而失败的调研对企业来说是一场噩梦。

不完备甚至不科学的数据采集给企业带来的损失不只是柴先生自己,在这次论坛上记者还见到了来自东北的北华饮业策划总监刘强,他们在进行新产品开发过程中进行了系统的口味测试,却同样蒙受了意想不到的失败。

问题:

(1)进行市场营销调研应该注意哪些问题?

(2)案例中企业市场营销调研为什么失败?你认为应该如何改进?

资料来源:数据给企业带来的噩梦[J/OL]. 中国财富,2005 - 03 - 25. http://media. 163. com/05/0325/14/IFMRPR0500141E21. html.

案例二:日清——智取美国快餐市场

在我国方便面市场上,尽管品牌繁多,广告不绝于耳,但令消费者真正动心的却寥寥无几,于是许多方便面生产企业感叹到"消费者的口味越来越挑剔了,真是众口难调呀"。

可是,日本一家食品产销企业集团——日清食品公司,却不信这个邪,它坚持"只要口味好,众口也能调"的独特经营宗旨,从人们的口感差异性出发,不惜人力、物力、财力在食品的口味上下功夫,终于改变了美国人"不吃汤面"的饮食习惯,使日清公司的方便面成为美国人的首选快餐食品。

日本日清食品公司在准备将营销触角伸向美国食品市场的计划制订之前,为了能够确定海外扩张的最佳切入点,曾不惜高薪聘请美国食品行业的市场调查权威机构,对方便面的市场前景和发展趋势进行全面细致的调查和预测。可是美国食品行业的市场调查机构所得出的结论,却令日清食品公司大失所望——"由于美国人没有吃热汤面的饮食习惯,而是喜好干吃面条,单喝热汤,绝不会把面条和热汤混在一起食用,由此可以断定,汤面合一的方便面很难进入美国食品市场,更不会成为美国人一日三餐必不可少的快餐食品。"日清公司并没有盲目相信这一结论,而是抱着"求人不如求己"的自强自立信念,派出自己的专家考察组前往美国进行实地调查。经过千辛万苦的商场问卷和家庭访问,专家考察组最后得出了与美国食品行业的市场调查机构截然相反的调查结论,即美国人的饮食习惯虽呈现出"汤面分食,决不混用"的特点,但是随着世界各地不同种族移民的大量增加,这种饮食习惯正在悄悄地发生着变化。再者,美国人在饮食中越来越注重口感和营养,只要在口味和营养上投其所好,方便面就有可能迅速占领美国食品市场,成为美国人的饮食"新宠"。

日清食品公司基于自己的调查结论,从美国食品市场动态和消费者饮食需求出发,确定了"系列组合拳"的营销策略,全力以赴地向美国食品市场大举挺进。

"第一拳"——他们针对美国人热衷于减肥运动的生理需求和心理需求,巧妙地把自己生产的方便面定位于"最佳减肥食品",在声势浩大的公关广告宣传中,渲染方便面"高蛋白、低热量、去脂肪、别肥胖、价格廉、易食用"等种种食疗功效;针对美国人好面子、重仪表的特点,精心制作出"每天一包方便面,轻轻松松把肥减"、"瘦身最佳绿色天然食品,非方便面莫属"等具有煽情色彩的广告语,以挑起美国人的购买欲望,获得了"四两拨千斤"的营销奇效。

"第二拳"——他们为了满足美国人以叉子用餐的习惯,果断地将适合筷子夹食的长面条加工成短面条,为美国人提供饮食之便;并从美国人爱吃硬面条的饮食习惯出发,一改方便面适合东方人口味的柔软特性,精心加工出稍硬又劲道的美式方便面,以便吃起来更有嚼头。

"第三拳"——由于美国人"爱用杯不爱用碗",日清公司别出心裁地把方便面命名为"杯面",并给它起了一个地地道道的美国式副名——"装在杯子里的热牛奶",期望"方便面"能像"牛奶"一样,成为美国人难以割舍的快餐食品;他们根据美国人"爱喝口味很重的浓汤"的独特口感,不仅在面条制作上精益求精,而且在汤味佐料上力调众口,使方便面成为"既能吃又能喝"的二合一方便食品。

"第四拳"——他们从美国人食用方便面时总是"把汤喝光而将面条剩下"的偏好中,灵敏地捕捉到方便面制作工艺求变求新的着力点,一改方便面"面多汤少"的传统制作工艺,研制生产了"汤多面少"的美式方便面,从而使"杯面"迅速成为美国消费者人见人爱的"快餐汤"。

以此系列组合拳的营销策略,日清食品公司果敢地挑战美国人的饮食习惯和就餐需求。他们以"投其所好"为一切业务工作的出发点,不仅出奇制胜地突破了"众口难调"的产销瓶颈,而且轻而易举地打入了美国快餐食品市场,开拓出了一片新天地。

问题:

(1)日清方便面进入美国市场的主要障碍是什么?

(2)在别人认为难以开拓的市场上,日清食品公司取得成功,其中的奥秘是什么?

资料来源:马连福.现代市场调查与预测[M].北京:首都经济贸易大学出版社,2005.

营销实训项目

感冒药零售市场调查

【目的】

通过对感冒药零售市场调查与分析,掌握市场调研方法,培养营销资料收集、整理、分析的能力。

【内容】

在老师指导下,安排1~2周时间,走向社会,根据班组实际情况,调查当地附近的每家药店销售的感冒药物的主要品种、价格水平、销售量及排序、特点、作用及效果等。设计一份调查问卷,实践活动结束时,根据调查的结果写出调查报告。

【方式】

方式主要有:问卷调查;对药品专柜销售人员的调查;直销中调查;用药后的跟踪调查。

【要求】

(1)精心进行市场营销调研实践准备,能熟练自如地运用所学调研理论。

(2)要求学生每家药店至少访问一名营业人员,获取有效样本。

(3)设计好调查问卷。

（4）认真撰写市场调研报告。

营销实践练习

1.模拟市场访问。

首先,熟悉市场营销调研面谈步骤,然后以三人为一组,一位学生扮演市场营销调研员,一位学生扮演准客户,一位学生扮演观察员,运用所示范的话题,进行市场营销调研面谈角色扮演,让每一个人都有机会扮演三种不同角色,观察员使用市场营销调研面谈角色扮演反馈表,进行反馈。

步骤:第一步,寒暄赞美;第二步,表明来意;第三步,填表沟通;第四步,致谢告辞。

2.试着为一中小企业就面临某一问题设计一份市场调研问卷,要求内容完整、格式规范、易于操作。

3.利用课余时间对当地房地产或数码产品等热点市场进行调查了解,按市场营销调研步骤进行,熟悉该市场发展现状及变化。

4.上网浏览后说明:因特网可应用于哪些市场调查领域?

营销模版

市场调研报告的一般内容与结构

一、前言

（一）封面

1.标题

2.委托单位

3.调研机构

4.日期

（二）授权书

1.调研范围与调研方法

2.付款条件、预算、人员配备与期限

3.临时性报告及最终报告的要求

（三）目录

1.章节标题、副标题及页码

2.图表及数字清单标题及页码

3.附录标题及页码

（四）执行性摘要

1.简述调研目标、调研方法

2.简述调研结果

3.简述结论及建议

4.简述其他有关信息

二、主体

（一）引言

1.简述调研背景

2.介绍参与调研人员

3.致谢

(二)分析与结果

1.背景、原因、利弊、预测等分析(配合文字、表格、图形)

2.陈述分析结果

(三)结论及建议

1.调研结论

2.建议

(四)调研方法

1.研究类型及目的

2.总体及样本的界定

3.资料收集方法(文案法、访谈法、问卷法等)

(五)局限性

1.样本界定误差

2.随机误差

3.资金、时间、人事等限制条件

三、附件

(一)调查问卷及说明

(二)数据统计图表及详细计算与说明

(三)参考文献及资料来源索引

(四)其他支持性材料

网站资料访问

1.市场调研类型

http://www.unisense.com.cn/? news-40253.

2.市场需求的调研方法

http://www.360doc.com/content/10/1017/15/1231404_61750696.shtml

3.市场营销调研方法的研究

http://wenba.ddmap.com/574/6332374.htm

4.抽样调查的特点

http://www.chuanboxue.org/edition-view-950-2.htm

5.从统计数据质量角度谈调查问卷的设计质量

http://www.360doc.com/content/09/1119/22/486671_9381511.shtml

6.调查问卷实战:问卷设计

http://www.68design.net/Web-Guide/Web-Theory/40088-1.html

7.营销预测决策

http://www.meihua.info/Knowledge/article/1126

8.浅谈如何提高市场预测准确率

http://www.fjycw.com/News/201006/2010060880928.shtml

第四章
消费者行为分析

◢ 学习要点

1. 了解消费者市场的特点及消费者行为的类型
2. 理解影响消费者行为的因素
3. 掌握消费者购买的决策过程

◢ 引导案例

迎合消费者，只需要改变一点点

卢旭东在北京三里屯菜市场卖菜，尽管他每天辛勤劳作，但每月只能挣1000多元，干了5年，也只能养家糊口。

一天，卢旭东卖菜时，忽然发现一位金发碧眼的外国女士在他的菜摊前认真地挑选一些看上去"精致小巧"的菜品，他很奇怪："中国人都喜欢挑选个头大的菜品，而外国人为什么偏偏挑选小的呢？"观察了一段时间后，卢旭东发现其他外国人买菜时，也喜欢挑选小个的。后来，卢旭东多了个心眼，特地请了一个大学生老乡，用英语和外国人交流，才知道这是因为东西方审美情趣差异及饮食文化不同所致，外国人认为小巧的菜品不仅漂亮，而且营养价值高。

了解到这个"秘密"后，卢旭东后来每次进菜时，有意挑选些同行们不喜欢的小巧菜品。由于他的菜品紧紧抓住了外国人的喜好，加上三里屯外国人很多，他的生意很快就红火起来。尝到甜头的卢旭东为了牢牢抓住商机，在蔬菜批发市场，与一些供货商悄悄签订合同：凡是小菜品都卖给他。就这样，他在菜市场里做起了"垄断"生意。

他的菜品"特色"慢慢地在外国人中有了一定的名气。为迎合外国人的需求，他干脆在菜市场租了一个店面，并取了个洋名字"LU's SHOP"，并将"LU's SHOP"开到北京所有外国人较多的地方。他前后在北京市区开了11家连锁店。为了保证最优质的货源，他还在京郊的大兴区买了一块地，建立起了自己的蔬菜基地。

如今，北京的外国人几乎都知道北京有个"LU's SHOP"。现在，不仅外国人青睐它，京城的海归以及白领也以逛"LU's SHOP"为时尚。卢旭东作为"中国卖菜工第一人"，受到美国农业部的邀请，远赴美国进行了为期半个月的实地考察。

卢旭东对"进什么样的菜"做了一点点改变，没想到却使他的命运来了个180度的大转弯。"有时候，成功真的只需要改变一点点！"卢旭东说。

问题：

1. 影响消费者行为的因素有哪些？
2. 卢旭东是如何适应消费者需求的？

资料来源：宁海燕. 只需改变一点点[J]. 视野，2007(5).

市场营销的核心是如何更好地满足购买者的需求。因此,对消费者购买行为及其需求的研究,是企业制订营销计划和营销组合策略的出发点。研究消费者行为,主要从研究消费者市场主体的行为入手,包括消费者行为模式与类型、影响消费者行为的因素以及消费者购买决策过程三个方面。

第一节　消费者行为模式与类型

一、消费者行为及其模式

消费者行为是指消费者为满足个体和家庭的生活需求而进行的购买决策和购买行为。购买行为是与购买有关的各种可见活动,如收集信息、比较、购买和购买后的反应等,这些活动不仅受到消费者个性和社会文化因素的影响,也受到消费者心理活动的支配,是一系列复杂因素相互作用和制约的结果。所以,研究消费者的购买行为,除了要考察消费者购买过程中的各种活动外,还必须分析支配和影响这些活动的因素。

影响消费者购买行为的因素是复杂多变的,为此,专家们建立了一个刺激—反应模型来对消费者行为进行分析,见图4-1。消费者购买决策和购买行为是典型的S-O-R(刺激—主体—反应)模型,这里消费者被看做是一个"黑箱",左边的外部因素包括营销因素和宏观环境因素,这些刺激进入消费者黑箱,然后产生出消费者反应,即产品选择、品牌选择、卖主选择、时间选择和数量选择。消费者黑箱包括两个部分:消费者特征,主要影响消费者对外部刺激如何反应;消费者决策过程,是消费者反应的具体活动。

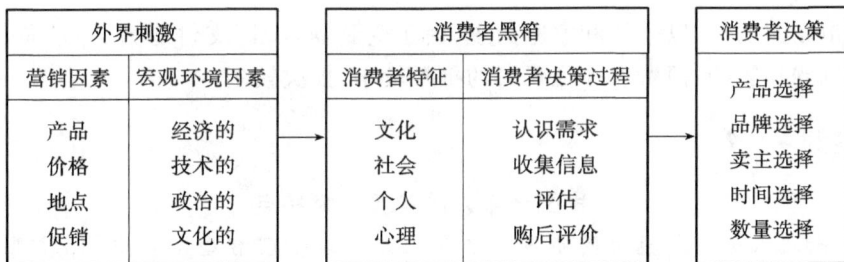

外界刺激		消费者黑箱		消费者决策
营销因素	宏观环境因素	消费者特征	消费者决策过程	
产品 价格 地点 促销	经济的 技术的 政治的 文化的	文化 社会 个人 心理	认识需求 收集信息 评估 购后评价	产品选择 品牌选择 卖主选择 时间选择 数量选择

图4-1　外界刺激与消费者的反应模型

二、消费者市场的特点

研究消费者行为,就必须研究消费者市场。消费者市场,是指满足消费者个人和家庭生活所需的商品和服务的最终消费市场。消费者市场是一切市场的基础,是起最终决定作用的市场。其主要特点有:

（一）终端性

消费者购买的商品和服务,直接进入个体或家庭的消费,一般不会进入生产领域和流通领域。组织市场的购买主要是为了生产或转卖赢利,必须以消费市场为基础。如纺织厂生产的布匹,虽然以服装制造商和中间商为主要市场,但也必须认真研究最终消费者的需要。

（二）多样性

消费者人数众多,差异性极大。如由于年龄、性别、职业、收入、教育程度、居住区域、民族、宗教等方面的不同,消费者对不同的商品或同类的商品的不同品种、式样、价格、服务等方面的需要千差万别。而且,随着生产的发展、消费水平的提高和社会习俗的变化,消费者需要在总量上、结构上和层次上也在不断变化。因此,营销人员必须注重研究消费者市场现状及其发展变化趋势,以提高企业的适应能力和竞争实力。

（三）多层次性

人类的需要无穷无尽,不可能同时满足,也不可能完全满足,消费者总要按照自己的支付能力和客观条件,依自身需要的轻重缓急,有序地实现,这就形成了消费者市场的层次性。不同的消费者由于收入水平、社会地位和文化程度等方面的差异,必然表现出不同的需要,这就是消费者行为的多层次性。

（四）可诱导性

消费者需要有些是本能的、必需的,但大部分是可以诱导的。新商品和新服务的出现、社会文化的发展、经济的波动、企业营销活动的影响、政府政策导向等,都可以使消费者需要发生变化。消费者购买什么商品,何时、何地、如何购买等方面都具有较大的弹性。因此,营销人员要注意外界刺激对消费者购买的影响,通过各种促销手段影响和引导消费。

（五）少量多次性

消费者市场的购买,以个体和家庭为主,由于受到需求量、支付能力、存贮条件、商品有效期等因素的制约和影响,消费者往往购买的批量较小、批次较多。

营销案例 4-1

我国老年人的购买行为特点

在我国,老年人是一个庞大的市场。老年人大多属于理智型消费者,比较看重商品的质量、方便实用、经济合理、舒适安全,其次才会考虑商品的品牌、款式、颜色和包装装潢。老年人的购买行为的特点有:

多数老年人选择大商场和离家较近的商店购买。这是因为大商场商品质量能够得到保障,老年人体力下降,希望在较近地方买到商品,并希望得到导购、送货上门等服务。

由于大多数老年人怕寂寞,而子女由于工作等原因闲暇较少,所以老年人多选择与老伴或同龄人一起出门购物。因此,影响老年人购物的相关群体主要还是老年人。

41.9%的老年人认为广告对其购买有一定的影响,22.7%的老年人认为广告对其购买没有影响,余下的老年人则对广告有反感情绪。这是因为老年人心理成熟、经验丰富,他们更相信通过多家选择和仔细判断选出满意的商品。当然,他们也希望通过广告了解一些商品的性能和特点,作为选择商品时的参考。

资料来源：关于老年消费者消费问题［EB/OL］. 2010 - 09 - 21. http://wenku. baidu. com/view/20fd8a22192e45361066f5de. html.

三、消费者行为的类型

根据消费者在购买过程中对产品的熟悉程度和购买决策风险的大小，可以将消费者的购买行为分为四类：

（一）复杂的购买行为

这种购买行为主要针对那些消费者认知度低、价格昂贵、购买频率不高的大件商品。由于认知度低、价格昂贵、消费时间长，购买决策的风险很大。为慎重起见，消费者往往会广泛收集有关信息，并经过认真比对，综合分析，才能够形成对某一商品的信念，并慎重地作出购买决策。例如，购买一台电脑，在购买前，消费者往往会对各个品牌、各款电脑性能、外观、价格、售后服务等进行认真的比较和分析，最后才会作出购买决策。

（二）选择性的购买行为

这种购买行为主要针对有一定认知度、价格比较昂贵的商品。这种商品依然有较大的购买决策风险，但由于消费者比较熟悉这类商品，有一个比较明确的选择范围。例如，购买手机，消费者对手机比较熟悉，对市场上较好的手机品牌都比较了解。在这种情况下，消费者作出决策相对比较容易。

（三）简单性的购买行为

这种购买行为主要针对消费者不太熟悉，但价格低廉、购买频率也较高的产品。由于价格低廉，购买决策风险较低，消费者不会花费很多的时间和精力进行对比研究，常常会抱着试一试的心态进行尝试性购买。在未形成品牌忠诚以前，消费者往往会随意选择不同的品牌进行尝试。面对这种消费行为，企业应当努力提高消费者尝试的机率，鼓励消费者形成品牌忠诚，转向习惯性购买。

（四）习惯性的购买行为

这种购买行为主要针对消费者比较熟悉、价格比较低廉的产品。消费者采用习惯性的购买行为，不假思索地购买自己惯用的品种、品牌和型号。若无足够吸引力，消费者一般不会轻易改变其固有的购买行为。

了解消费者购买的不同类型，有助于企业根据不同的产品特点和消费者购买特点，制订有针对性的营销计划，以使得企业营销资源得以合理利用，增强企业的竞争力。

营销思考 4-1

我们在日常生活中购买商品的行为，分别属于哪类购买行为？

第二节 影响消费者行为的因素

影响消费者购买行为的主要因素包括文化、社会、个人和心理等四个方面。一些因素，如消费者年龄、职业、个性、经济状况、社会阶层、态度等,对企业来说是不可控制或者难以施加影响的,了解这些因素,可以为企业进行市场细分、选择目标市场和制定营销组合策略提供依据。另外一些因素,如消费者的购买动机、感觉、知觉、学习、信念等因素,容易受到企业营销的影响,在了解这些因素的基础上,企业可以制定相应的营销策略,在一定程度上诱导消费者的购买需求和购买行为。影响消费者行为的因素如图 4-2 所示。

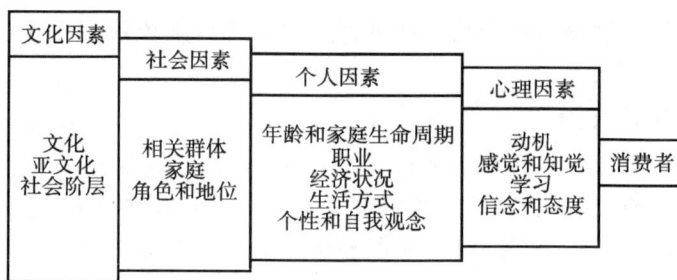

图 4-2　影响消费者行为的因素

一、文化因素

(一)文化

文化是指人类在社会发展过程中创造的物质财富和精神财富的总和,是根植于一定的物质、社会、历史传统基础上形成的特定价值观念、信仰、思维方式、宗教、习俗的综合体。文化属于宏观环境因素之一,它作为一种观念,看不见、摸不着,但人们能够确实地感受到它的存在,如东西方文化的差异,同属于东方文明的中日文化的差异,等等。文化也能由有形的东西体现出来,体现在建筑、城市风貌、文学艺术、衣着、饮食、行为习惯等方面。

文化是影响人的欲望和行为的基本因素。人的行为主要是后天养成的,出生后处于特定的文化环境中,自然形成一定的观念和习惯。大部分人尊重他们的文化,接受他们文化中共同的价值观,遵循他们文化的道德规范和风俗习惯。因此,文化对消费者的购买行为有着强烈而广泛的影响。例如,中国人喜欢储蓄,而美国人喜欢超前消费。再比如,标有老年人专用字样的商品在美国等西方国家并不受老年人欢迎,因为这种宣传违背了这些国家人们忌讳衰老的价值观,而在中国却很受欢迎,因为老人们觉得是专门为他们设计的产品。

文化也不是凝固不变的,在各种复杂因素的影响下也会发生变化,但文化一旦形成,需要经过较长时间才能改变,这是开展营销时必须要注意的问题。

(二)亚文化

在每一种文化中,往往还存在着若干在一定范围内具有文化同一性特点的群体,他们被称为亚文化群体。

1.民族亚文化群

各民族在长期发展过程中逐渐形成了自己的文化,在语言、风俗、爱好、饮食、服饰、居住、婚丧、节日、礼仪等物质文化生活方面各有特点,这都会影响他们的欲望和购买行为。

2.宗教亚文化群

宗教是人类发展到一定阶段的历史现象,有它产生、发展、衰落的过程。我国居民有宗教信仰自由,客观上存在信奉佛教、道教、伊斯兰教和天主教等宗教群体。这些宗教的文化偏好、价值观念、禁忌等会影响到信仰不同宗教人们的购买行为和消费方式。

3.地理区域亚文化群

我国幅员辽阔,南方和北方、东中西部、沿海和内地、城市和乡村、山区和平原等不同地区,由于地理环境、风俗习惯和经济发展水平的差异,人们具有不同的生活方式、口味和爱好。如在菜肴风味方面,就有四大菜系(川、鲁、粤、苏),各具特色。

营销人员在选择目标市场和制订营销方案时,应当适应各种不同文化人群的文化,并关注文化的发展趋势,特别是文化间的交叉影响。

(三)社会阶层

社会阶层是社会中按照某种层次排列、较同质且具有持久性的群体。现代社会里,一般依据职业的社会威望、收入水平、财产数量、受教育程度、居住区域等因素,将人们分为不同的社会阶层。同一阶层中的人因经济状况、价值取向、生活背景和受教育程度相近,其生活习惯、消费水平、消费行为也相近,甚至于对某些商品、品牌、商店、休闲活动等都有相近的偏好。

由于社会阶层具有同质性,不同社会阶层又具有较大的区别,营销人员应当认真研究目标市场的同质因素,有针对性地开展市场营销活动。

营销资料 4-1

当代中国的十大社会阶层

中国社科院发布了《当代中国社会阶层研究报告》,将中国人口划分为十个阶层,各个阶层掌握的资源种类是不同的,各阶层内部人员掌握的资源也是不同的。

国家与社会管理阶层,指在党政机关事业单位和社会团体中,行使实际行政管理职权的领导干部。他们在社会结构中具有优势地位,掌握着当前中国社会最关键的资源——组织资源,在资源配置中处于明显优势地位,因此,也享有部分经济资源。同时,他们也拥有较多的文化资源。这一阶层在全国社会阶层结构中所占比例约为2.1%。

经理人员阶层,指国有大中型企业、城乡各种股份所有制大中型企业、大中型三资企业和私营企业中的中高层管理人员。他们拥有经济资源,也享有文化资源。这个阶层还在发展中,目前在社会阶层结构中所占比例约为1.6%。

私营企业主阶层,指拥有私人资本,雇佣八人以上的企业主。这一阶层最重要的特性就是占有生产资料,即拥有经济资源。它在全国社会阶层结构中所占比例约为1%。

专业技术人员阶层,指在国家机关、事业单位、各种经济成分的企业中从事科学技术的专业人员。他们在全国阶层结构中所占的比例约为4.6%。

办事人员阶层,指协助党政机关、企事业单位的领导处理日常事务的专职业务人员。它在全国社会阶层结构中所占比例约为7.2%。

个体工商户阶层,指拥有少量资本,从事小规模生产、经营活动的小业主、工商户。它在社会阶层结构中所占比例约为7.1%。

商业服务员工阶层,指在第三产业中从事体力或非体力劳动的员工。它在社会阶层结构中所占比例约为11.2%。

产业工人阶层,指在第二产业(工业、建筑业)中从事直接或辅助性生产的体力、半体力劳动的员工,其中农民工占大多数。它在社会阶层结构中所占比例约为22.6%。

农业劳动者阶层，指从事农林牧渔业生产，并以此为主要生活来源的农民。这个阶层几乎不拥有组织资源，所拥有的文化资源和经济资源往往也低于上述所有阶层。这个阶层是目前中国规模最大的一个阶层，约占44%。

城乡无业、失业、半失业人员阶层，包括失业、失地、待业的人员。这一阶层的许多成员处于贫困状态。这一阶层在整个社会阶层结构中约占3.1%。

资料来源：李春玲，陈光金.当代中国的十大社会阶层[EB/OL].http://www.gmw.cn/02sz/2002-04/10/03-4F40B91530A7CD2048256BC9000F63FD.htm.

二、社会因素

（一）相关群体

相关群体指对消费者个人的态度、意见偏好和行为有直接或间接影响的群体。相关群体主要有两种基本类型，一种是具有成员资格并受其直接影响的群体，这其中又分为主要群体和次要群体。主要群体是给个人以最大影响的群体，如家庭、朋友、邻居、同事、同学；次要群体则给个人以较小的影响，如职业协会、学生会、各种爱好者组织。二是个人不具有成员资格，但影响却很显著的群体，如社会名流、影视明星等。

相关群体促进人们消费上作出相近的选择，因为人们从相关群体中获得大量的知识和经验，受群体成员观点和行为准则的影响和制约；或者相信在群体影响下所作的购买决策会减少失误；或者希望提高自我形象。群体结合越紧密，交往程度越深，个人受相关群体影响就越大。

在相关群体对消费者购买影响较强的情况下，营销人员应设法影响相关群体的意见领袖。意见领袖是对相关群体的价值观、群体规范、知识经验影响较大的人，具有较高的群内地位。意见领袖既可以是某方面的专业人士，也可以是群体内的相关领导，还可以是期望群体中人们仿效的对象。意见领袖的建议和行为，往往被相关群体其他人所接受和效仿。因此，营销者应当针对他们作广告，或者直接请他们作广告，以对群体其他成员起到示范和号召作用。

营销思考 4-2

举例说明影视明星如何影响消费者行为？

（二）家庭

家庭是由彼此有血缘、婚姻或扶养关系的人群组织，是最重要的一种相关群体。家庭对个人行为影响最大，人们的价值观念、审美观、爱好和习惯，大多是在家庭的影响下形成的，这种影响可能终其一生。

家庭既是消费单位又是决策单位。在不同的家庭里，夫妻参与购买决策的程度是不同的；在同一家庭中夫妻参与购买决策程度，又会因为购买商品不同而存在差异。根据决策权威的不同，可以把家庭分为丈夫决定型、妻子决定型、共同决定型、各自做主型。传统上，丈夫对汽车、摩托车、电视机、烟酒等商品具有较大的影响力；而购买食物、日用品、服装主要是妻子决定；住宅、家具、旅游等往往由夫妻双方共同决定。但是，随着妇女普遍接受教育和参加工作，妇女在家庭中的地位越来越高，丈夫也开始在家里分担家务，决定日用品和食物的购买；而购买耐用品和高档商品方面,妻子的决策影响力大大提高。在这种家庭决策模式变得较为复杂的情况下,企业营销人员应当了解商品的购买决策是由谁作出的,谁有较大的影响力,或者谁在哪些方面更具有影响力。

(三)角色和地位

人具有社会属性,总会在社会生活中担任一定的角色,具有不同的社会地位。人的社会属性,会促使人努力去保持并强化这种角色和地位,进而会影响到购买者的购买选择。不同社会地位的人,在衣、食、住、行等方面都有不同的需要,表现出不同的购买行为。许多产品和品牌已经成为角色和社会地位的标识,比如,阿迪达斯是专业运动员和体育爱好者的标识,报喜鸟是成功男人的标识,凯迪拉克汽车是尊贵生活的象征。

三、个人因素

(一)年龄和家庭生命周期

不同年龄的消费者有着不同的需要和偏好,选择商品的种类和式样有明显的区别,购买行为也存在着明显的区别。比如,儿童是糖果和玩具的主要消费者,青少年是文体用品和时装的主要消费者,成年人是家具的主要消费者,老年人是保健品的主要消费者。在购买行为上,青少年缺乏经验,容易在各种信息的影响下冲动性购买,又具有追新求异的特点,是新产品的主要尝试者;中老年人经验比较丰富,往往根据习惯和经验进行购买,受广告商信息影响较少。

人们的购买行为不仅受到年龄的影响,还受到家庭生命周期的影响。家庭生命周期是指消费者从年轻时离开父母独立生活,到年老后并入子女家庭或独居进而死亡的家庭生活全过程。根据消费者的年龄、婚姻和子女状况,可以把家庭分为以下几个时期:

(1)单身期。离开父母独居的青年,穿戴比较时髦,从事许多休闲娱乐活动,在这些方面支出较多。

(2)新婚期。新婚后不久的年轻夫妻,无子女,需要购买家具、冰箱等耐用消费品,并时常支付一定的旅游费用。

(3)有六岁以下幼儿的年轻夫妻。需要购买洗衣机、婴儿食品、玩具以及支付保育费用等。

(4)子女大于六岁的家庭。孩子已入学,需要购买大量食品、清洁用品、文体用品,需要支付教育和娱乐费用。

(5)子女已长大,但尚未独立的家庭。夫妻步入中年,经济状况良好,消费成熟,在孩子衣、食、教育、娱乐方面花费更多,需要更新耐用消费品。

(6)子女独立分居后的家庭。子女已成人分居,夫妻仍有工作能力,经济上比较富裕,购买较多的非生活必需品、礼品和保健品,支出一定的旅游费用。

(7)单身老人。多数已退休,收入下降,主要购买特殊食品和保健用品。

由于消费者在家庭生命周期的不同阶段的欲望和购买行为有一定的差别,营销人员必须明确自己的目标市场处于家庭生命周期的哪一阶段,并据此制订相关的营销计划。另外,营销人员应当考虑,那些非传统家庭(同居者、晚婚者、单亲家庭、丁克家庭等)的需要和购买行为特点。

(二)经济状况

一个人的经济状况,是指他的收入状况(收入水平、稳定性和时间分布)、储蓄和财产状况、借贷能力等方面的综合情况。经济状况决定着个人的消费水平,并在很大程度上制约着个人的购买能力和消费模式。消费者经济状况好,易于作出购买决定,较易推广新产品,非生活必需品的消费量较大;反之,经济状况较差,在支出方面就较为慎重,偏重于生活必需品的消费,选择商品时更注重经济性和实用性。另外,消费者对开支和储蓄的态度,也会影响个人的实际购买力和购买行为。消费者对开支和储蓄的态度,不仅受收入水平、消费习惯和传统风尚的影响,还受到利率水平、物价水平和商品供求状况的影响。因此,营销人员必须研究居民个人收入、储蓄意愿的变化,以及消费者对未来形势的预期,以此推断消费者个人可支配收入的变化和消费意愿以及购买行为的变化。

(三)个性和自我观念

个性是指一个人比较稳定的带有倾向性的特性。个性所表现的是个人的独特风格和基本精神面貌,如自信或自卑、内向和外向、开放和保守、文静和急躁、顺从或倔强等。个性使人们对环境作出比较一致和持续的反应,可以直接或间接地影响个体的购买行为。西方学者根据消费者不同的个性,将其分为六种基本类型:

(1)习惯型。几乎不改变产品种类和品牌,有较高的品牌忠诚度,有固定的消费习惯和偏好。

(2)理智型。作出购买决策之前,经过冷静、慎重思考。

(3)冲动型。易受外来刺激影响而轻率决定。

(4)经济型。特别重视价格,寻求经济、实惠的商品,并由此而得到心理满足。

(5)情感型。感情和联想丰富,对产品象征意义特别重视,对产品的设计、外观和装潢要求较高。

(6)不定型。缺乏主见或没有固定的偏好,消费习惯、消费心理尚不确定。

与个性相联系的另一个概念是消费者的自我形象,即人的理想自我认识,怎么看待自己。由于人们总是希望保持、增强和改善自我形象,并把消费和购买行为作为表现和塑造自我形象的一种重要手段,因此消费者一般总是选择符合或能够改善自我形象的商品。营销人员应当了解如何设计品牌形象,才能符合目标消费者对理想自我形象的要求。

(四)生活方式

生活方式也是影响消费购买行为的一个重要因素。生活方式是指人们在自己的价值观念、个性心理以及经济条件的制约下,在一系列外部环境因素的影响下,所形成的物质生活和精神生活方式,通过人们的活动、兴趣和意见表现出来。例如,有些人属于期望事业上有所成就的事业型,有些属于希望生活丰富多彩的享乐型,有些属于重视家庭生活的归属型。即使来自相同文化、社会阶层,甚至于职业相同的人们,也可能具有不同的生活方式。所以,营销人员应当研究不同生活方式的人在个人偏好、需求特征、购买行为方面的共同特点,制定针对性的营销方案和策略。

(五)职业

职业不同的消费者,由于生活和工作条件上的差别,消费构成、消费习惯、消费方式、购买行为有着明显的区别。例如,普通白领偏重于对衣食住的需求,企业高管偏重于对文化娱乐的需求。营销人员应当找出职业群体在消费构成、消费习惯、消费方式等方面的共性,有针对性地制订营销计划,设计营销活动。

营销案例 *4-2*

有趣的消费者购车行为

在美国,营销专家为了了解消费者购车的过程,在多个汽车经销处安装了摄像机,把顾客看车的一举一动都录下来进行分析。结果发现,在影响顾客购车的诸多因素中,有些竟不可思议,如用脚踢轮胎,听它的声响;反复开关车门,感觉车门的质量;听车门关闭的声音等。如果车门关闭的声音清脆,顾客往往会觉得汽车质量可疑;相反,如果车门关闭时声音低沉,顾客就会觉得这辆车高贵典雅。还有车门的重量,按理说越轻,顾客开关门越方便,但调查发现,车门越轻,顾客越会觉得汽车用料不够货真价实。许多型号的汽车性能相当理想,顾客刚来时也对这类车表现出浓厚的兴趣,但在踢了几脚后,开关几次车门后,就会认为这类汽车不够理想,质量平平。

根据这一调查结果,许多汽车制造商在轮胎的回音、车门的重量、关闭车门时的声音上下足功夫,让轮胎和车门能发出低沉、厚重的声音。这些措施在技术上毫无必要,又增加成本,但却迎合了消费者的心理需要。

资料来源:让上帝把钱掏出来——商店定位及购物行为模式研究[EB/OL]. 2003-02-10. http://it. sohu. com/14/18/article206241814. shtml.

四、心理因素

(一)动机

按照心理学的观点,人的行为是由动机支配的,而动机是由未满足的需要引起的。所谓需要,是指人感到缺少些什么从而想获得它们的状态。一种未满足的需要,会产生内心的紧张或不适,当达到迫切的程度,便成为一种驱使人行动的强烈的内在刺激,称为驱策力。这种驱策力被引向一种可能减弱或消除它的刺激物时,如某种商品,便成为一种动机。因此,动机是推动人们行为的迫切需要,是行为的直接原因。

虽然动机产生于需要,但并不是有某种需要,就一定产生某种动机,也不是每一种动机都会引起行为。动机之间不但有强弱之分,而且有矛盾和冲突,只有最强烈的动机,即"优势动机"才会导致行为。

关于人类行为动机的理论,最著名的是马斯洛的需要层次理论,如图4-3所示。

这一理论认为,人的需要依重要性不同分为五个层次,呈倒金字塔排列,依次为:生理的需要,即维持个体生存和人类繁衍而产生的需要,如食物、水、睡眠等;安全的需要,即在保护人身、财产安全和防备失业方面的需要;社会的需要,即希望被群体承认、接纳和重视,从而感觉有所归属和获得爱情的需要;尊重的需要,即希望获得认可,获得荣誉、赞美,受到尊重和尊敬,得到一定社会地位的需要;自我实现的需要,即充分发挥自己的潜能,实现自己理想和抱负的需要,是人类最高级的需要。

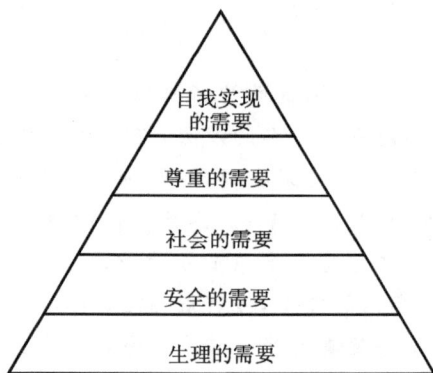

图 4-3 马斯洛的需要层次理论

营销思考 *4-3*

马斯洛需要层次理论包括哪些内容?

(二)感觉和知觉

消费者有了购买动机之后,就会采取相应的行动,至于怎么采取行动,则受认知过程的影响。认知过程是指消费者对刺激物和情境的反应过程,由感性认识和理性认识两个阶段组成。感觉和知觉属于感性认识,是指消费者的感官直接接触到刺激物和情境所获得的直接、形象的反应。这种感性认识由感觉开始,感觉是人脑对直接作用于感官的刺激物和情境的反应。随着感觉的深入,各种感觉到的信息在头脑中被联系起来形成初步的综合反应,使人形成对刺激物和情境的整体反应,这就是知觉。

每个人都以各自的方式注意、整理、解释感觉到的信息,因此不同消费者对同种刺激物和情境的知觉很可能是不同的。这就是知觉的三个特性:选择性注意、选择性理解和选择性记忆。

(1)选择性注意,即人们倾向于注意那些与当时需要有关的、与众不同的、反复出现的、与自己意见相同的刺激物。

(2)选择性理解,即人们往往按照自己的想法、偏见或先入为主来曲解接收到的信息。

(3)选择性记忆,即消费者常常仅记住某些信息,特别是证实了他的态度和信念的信息。

上述感觉和知觉的过程和特性,决定了营销人员必须精心设计促销活动,才能突破消费者知觉选择性的壁垒。

营销案例 *4-3*

改变观念,本田摩托成功进入美国

20世纪60年代,日本本田摩托车进入美国市场,当时美国人对摩托车很反感,他们把摩托车与黑色皮夹克、弹簧刀和流氓犯罪联系在一起。本田公司为了改变公众的态度,发动了广告攻势,其主题是"你可在本田车上发现最亲的人"。广告画面上出现的是神父、教授、美女等。于是美国公众才逐渐改变了对摩托车的态度,摩托车销路大开。

资料来源:本田摩托进入美国市场的过程[EB/OL].http://wenku.baidu.com/view/81ec04323968011ca30091d8.html.

(三)学习

人类的行为有些是本能的、与生俱来的,但大多数行为(包括消费行为)是从后天得来的,即通过学习、实践得来的。学习过程是驱策力、刺激物、诱因、反应和强化诸因素相互影响和相互作用的过程。

驱策力是一种内在的心理动力,是由未满足的需要引起的。例如,一个人感到饥饿,这就是购买食物的"驱策力";看到街上许多的快餐店、餐厅等,这就是"刺激物";经过考虑决定吃"乡村基",既便宜,又省时,又合胃口;这时"便宜"、"省时"、"合胃口",就是作出购买决定的"诱因";"反应"则是对刺激物和诱因所做出的反射行为;如果反应是成功的,以后在同样条件下会作出同样的反应,这就是反应的"强化"。这就是整个学习过程。

营销资料 4-2

消费者行为的心理因素研究

消费者行为的一般心理因素包括:需要、动机、诱因以及对信息的处理。消费者需要是指消费者生理和心理上的匮乏状态,即感觉到缺少什么,从而想获得它的状态。需要和人们的活动紧密联系在一起。需要有无限发展性,因而人的需要不会有完全被满足和终结的时候。动机是决定行为的内在动力。需要和动机之间的关系是:引发动机的内在条件是需要,外在条件是诱因。需要只为行为指明大致方向,仅有需要不能导致个体的行动,也不一定引起某种行为动机。

消费者对信息的处理包括:感知和学习。产品的客观情况并不重要,重要的是消费者对产品和品牌的感知。消费者关于某种产品或服务的态度,也是经由学习逐步形成的。消费者态度的转变,也是建立在学习的基础之上的,消费者的学习还影响到对产品或服务的评价。

资料来源:梁宁,等.消费者行为的心理因素研究[J].商场现代化,2007(4).

(四)信念和态度

消费者在购买和使用商品的过程中形成了信念和态度,这些信念和态度又反过来影响人们未来的购买行为。这种信念和态度,对企业而言,意义非凡。

信念,是人们对某种事物所持有的看法,如喜欢精打细算,又如相信某种保健品的功效。消费者的某些信念,可以建立在科学的基础之上,可以通过科学的方法予以证实;某些信念,建立在主观偏见的基础上。消费者在长期的学习和社会交往中形成了态度。所谓态度,是人们长期保持的关于某种事物或观念的是非观、好恶观。不同的信念可以导致不同的态度,而态度一旦形成,很难改变。消费者一旦形成对某种产品或品牌的态度,以后就倾向于根据态度作出重复购买决策,不愿费心去进行比较、分析和判断。企业应设法适应消费者的态度,而不要勉强去改变这种态度,因为改变产品设计和推销方法比改变消费者的态度容易得多。

营销资料 4-3

消费者心理

消费者对市场有多方面的心理要求:一是希望能够在市场上购买到称心如意的商品;二是希望商品的价格合理;三是希望商品供应的时间、地点和方式适合自己的购买要求;四是希望有良好的销售服务。以上要求互相结合,构成了不同的消费心理。

(1)求实心理,是指消费者以追求商品或服务的使用价值为主导倾向的购买心理。

(2)求新心理,是指消费者以追求商品、服务的时尚、新颖、奇特为主导倾向的购买心理。

(3)求美心理,是指消费者以追求商品欣赏价值和艺术价值为主要倾向的购买心理。

(4)求名心理,是指消费者追求品牌、高档商品,显示或提高自己的身份、地位而形成的购买心理。

(5)求廉心理,是指消费者以追求商品、服务的价格低廉为主导倾向的购买心理。

(6)求便心理,是指消费者以追求商品购买和使用过程中的省时、便利为主导倾向的购买心理。

(7)模仿或从众心理,是指消费者在购买商品时自觉不自觉地模仿他人的购买行为而形成的购买心理。

(8)好癖心理,是指消费者以满足个人特殊兴趣、爱好为主导倾向的购买心理。其核心是为了满足某种嗜好、情趣。

资料来源:王军旗,张蕾.市场营销基本理论与案例分析[M].北京:中国人民大学出版社,2008.

第三节 消费者购买决策过程

分析了支配和影响消费者购买行为的各种因素之后,为把握消费者购买行为,还应当研究消费者的购买决策过程。购买决策过程,因购买产品的类型和购买者类型不同而不同,但典型的购买决策过程包括以下几个阶段,如图4-4所示。

确认需求 → 收集信息 → 选择判断 → 购买决策 → 购后行为

图4-4 购买决策过程

一、确认需求

确认需求是消费者购买决策过程的起点。当消费者感觉到某种未被满足的需求,准备用购买商品的行为满足时,对这种商品的购买决策就开始了。这种需求的产生,既可以是机体的感受引发,如饥饿引发对食品的需求,口渴引发对水的需求;也可以是外部条件引发,如知道MP3可以放歌曲,引发对MP3的需求。营销人员应当充分了解消费者产生了哪些需求,由什么引起的,程度如何,把消费者的这种需求引导到特定的商品上,从而形成购买动机。

二、收集信息

消费者确认需求,产生购买动机后,就会进行与购买相关的活动。对比较熟悉的产品,消费者凭过去的经验和认识,就可以直接进入到购买决策环节;对不熟悉的产品,消费者往往会收集与产品和购买行为有关的信息。消费者收集信息一般有以下四种来源:

一是个人来源,即从家庭、亲友、邻居、同事、同学及其他熟人处得到的信息;

二是商业性来源,即从广告、推销人员介绍、商品包装信息、商品展览等商业性方式获得的信息;

三是公众来源,即从电视、广播、报刊、杂志、网络等大众传播媒体和消费者组织的评论等方面获得的信息;

四是经验来源,即通过触摸、试验和使用商品得到的信息。

以上四种信息来源中,商业性来源是最主要的来源,也最具有针对性,主要起着通知的作用,其他信息来源对商业性来源起着建议、验证和评价的作用。对消费者来说,经验来源是最可信的,其次是个人来源和公众来源,最后是商业性来源。营销人员应当分析消费者收集信息的来源及不同来源信息对消费的影响力,有针对性地散布信息。

营销思考 4-4

消费者收集信息的主要途径有哪些?

三、选择判断

在这个阶段,消费者根据所收集的信息,对几种备选的产品进行评价和比较,从中确定所偏爱的产品。消费者选择产品的方法很多,并没有一个统一适用的评估模式,主要有理想品牌法、最高期望值法等。

理想品牌法,是消费者根据自己的购买目的、习惯爱好等构想一种"理想产品",大致确定出该产品的几种主要特征的理想值或可以接受的水平,然后结合供选择的几种品牌的实际值进行修正,最终确定购买对象的方法。这是消费者较常用的选择产品的方法。

最高期望值法,是消费者对选择集合中各品牌产品的若干主要特性分别进行评价,并依据自己购买目的、习惯爱好等确定各特性的权数,再利用权数与对应的特性值相乘后加总,得出某种品牌的期望值,选择期望值最大的品牌作为购买对象。实际上,消费者评价和选择产品往往不会采用这样复杂的分析。

在这个阶段,企业应当努力让产品适应消费者的评价标准,也可以试图改变消费者的评价标准,以有利于企业营销。具体的策略包括:①重新定位策略,即企业通过改变现有产品的某些属性,以使其符合消费者理想产品的标准。②心理换位策略,即消费者低估了本企业产品的某些特性或产品某些优质特性尚未被注意到的情况下,企业通过宣传和引导予以改变。③竞争换位策略,即消费者高估了竞争者产品特征水平或忽略了竞争者产品较差特性的情况下,企业通过比较广告等形式,设法改变他们对竞争产品的信念。④心理重新定位策略,即企业设法改变消费者对理想产品的构想，或者调整消费者对某些特性的标准，以有利于本企业销售。

四、购买决策

消费者评价选择之后，就确立对购买某一品牌的意向。但是，在购买意向和决定购买这两个阶段之间，还会受到很多因素的影响和干扰，从而使消费者不一定实现或者不马上实现其购买意向。就算对已经决定实际购买意向的消费者来说，在实施购买某一品牌产品的行动以前，还会作出一系列相关的购买决策，包括何时买、何处买、如何买等。具体来说，这些影响因素包括：①他人态度。消费者的购买意向会受到他人态度的影响，他人态度对消费者购买意向的影响程度，取决于他人态度的强弱和他人与消费者的关系。一般来说，他人态度越强，与消费者关系越密切，对消费者购买意向影响越大。②意外情况。消费者购买意向与消费者的预期收入、预期支出和从产品中获得期望有关。如果当消费者想采取购买行为时，发生了意外情况，例如，产品价格上涨、收入降低、其他支出超额、从产品获得期望落空等，都会使消费者改变或者放弃原来的购买意图。

营销人员应当设法促使消费者购买意向尽早转化为购买行为，以减少对消费者购买产生影响的不利因素。

五、购后行为

消费者购买和使用某种产品后，必然会产生某种程度的满意与不满意。消费者购买后的态度，主要受产品的期望和产品的实效之间差距的影响。当产品期望大于产品实效，消费者就会感到不满意；当产品期望与产品实效相差无几，消费者会感到基本满意；当产品期望小于产品实效，消费者就会感到满意。这种满意与不满意的程度与产品期望和实效之间差距成正比，差距越大，满意或不满意的程度越大；差距越小，满意或不满意的程度越小。

消费者是否满意会直接影响到消费者购买后的行为。如果感到满意，消费者就可能会重复购买，并向亲朋好友积极推荐这种产品，而这种口碑宣传往往比企业广告、推销员介绍更为有效；如果感到不满意，消费者不会再购买这种产品，并会通过一系列行为进行发泄，比如投诉、反面宣传等，这势必会对企业产生不利的影响。

消费者购买后的感觉和行为与企业关系极大。企业应当采取各种有效措施千方百计地增加消费者的满意程度，如切实保证产品质量、保持与消费者的联系、加强售后服务工作等。此外，企业在产品宣传中，应当如实宣传，尽量保有余地，降低消费者的期望，这有助于提高消费者购买后的满意感。

营销思考 4-5

如何理解"最好的广告就是满意的顾客"？

本章小结

本章主要内容是消费者市场的特点、消费者购买行为的类型、影响消费者行为的因素以及消费者的购买决策过程。

1.消费者市场的特点

消费者市场是一切市场的基础,是起最终决定作用的市场,是营销活动的起点。消费者市场是一个最终市场,具有终端性、多样化、多层次性、可诱导性和少量多次性等特点。

2.消费者购买行为的类型

根据消费者对产品的熟悉程度和购买决策风险的大小,可以将消费者的购买行为分为四类:复杂的购买行为、选择性的购买行为、简单性的购买行为和习惯性的购买行为。

3.影响消费者购买的因素

研究消费者市场和消费者购买行为,应遵循这样的过程:了解消费者行为模式,然后了解影响消费者行为的主要因素,最后研究消费者决策过程的各个阶段。影响消费者行为的因素很复杂,大致包括四类:文化因素(文化、亚文化、社会阶层)、社会因素(相关群体、家庭、角色和地位)、个人因素(年龄和家庭生命周期的阶段、职业、经济状况、生活方式、个性和自我观念)、心理因素(动机、感觉和知觉、学习、信念和态度)。

4.消费者购买决策过程

分析了支配和影响消费者购买行为的各种因素之后,为把握消费者购买行为,还应当研究消费者的购买决策过程。典型的购买决策过程包括五个阶段:确认需求、收集信息、选择判断、购买决策、购后行为。

关键术语与概念

消费者市场　消费者行为　消费者购买类型　个性　动机　感觉　知觉
学习　信念　态度　消费者购买决策过程

复习与思考

1. 什么是消费者行为?
2. 消费者市场有哪些特点?
3. 简述消费者购买行为的几种类型及各自的特点。
4. 影响消费者购买行为的因素有哪些? 举例说明各因素对消费者行为的影响。
5. 消费者购买决策过程包括哪些阶段? 各阶段应当采取怎样的营销策略?

案例分析

案例一:5·12 大地震之后的万科

2008 年 5 月 12 日,汶川发生了特大地震。在社会各界呈现不同反应的当天,地产界领头企业万科集团迅速行动向灾区捐款 200 万元,翌日,又与其他组织联合发起以"拉住孩子的手"为主题的募捐活动,捐出 20 万元用于倒塌学校的重建和受创学生的治疗及心理辅导。然而,5 月 15 日,王石在个人博客上发表的一篇题为《毕竟,生命是第一位的(答网友 56)》的文章,却引爆了一场对王石及万科的网络声讨行动。

当时,王石在博文中写道:"我认为:万科捐出 200 万是合适的。这不仅是董事会授权的最大单项捐款数额,即使授权大过这个金额,我仍认为 200 万是个适当的数额。""中国是个灾害频发的国家,赈灾慈善活动是个常态,企业的捐献活动应该是可持续的,而不应成为企业发展的负担。万科在集团内部慈善募捐活动中,有条提示:每次募捐,普通员工捐款以 10 元为限。

其意图就是不要将慈善变成负担。"此文既出,网友们无法接受在这个举国悲痛、全民献爱心的时刻,王石居然还能保持如此平静、超脱和理性的态度。而且,万科在2007年的销售量、销售额位居全国第一,超过523亿元,净利润超过48亿元,捐款220万如此"吝啬"。一时之间,讨伐之声铺天盖地。情绪激动的网友发出"抵制万科"、"不买万科的股票"、"不买万科的房子"的号召。直到2008年6月5日上午,在深圳万科建筑研究中心召开的"万科2008年度第一次临时股东大会"上,万科正式通过了斥资追捐了一个亿的《关于参与四川地震灾区安置及恢复重建工作的议案》。一向倔强的王石作出诚恳道歉,才勉强平息众怒,一度无法控制的舆论局势才暂告一段落。

"王石博客门"事件的发生不仅使王石的个人声誉受损,更给万科多年来苦心经营的品牌形象和房产营销带来难以估量的伤害。据世界品牌实验室2008年5月底的报告显示,万科品牌价值为181.23亿元,比2007年缩水了13.21亿。

问题:

(1)影响消费者行为的因素有哪些?

(2)王石为什么要向社会公众道歉?

资料来源:孙健耀.万科"王石博客门"启示录[EB/OL].2009-02-12. http://blog.sina.com.cn/s/blog_4c4d91480100bwvb.html.

案例二:武汉"放心碗"为何遭冷遇

喜欢外出过早(吃早饭)的武汉人难免不遇到这样的尴尬:自己带上自家的碗筷太麻烦;而散布于大街小巷的个体早点摊点无消毒设备,餐具的清洗消毒仍沿用传统的人工清洗方式,一盆水、一块抹布从早洗到晚,导致因餐具不洁而引发的肠道疾病、传染病时有发生,令人心惊胆战。

为保障市民的身体健康,武汉市卫生部门曾一度推出泡沫餐具、塑料餐具和纸制品餐具,但终因污染环境、成本高、容易导致"二次污染"和不方便使用等原因而被取缔或中途夭折。作为补救措施,武汉市政府颁文规定:从1998年4月1日起,全市范围内所有不具备餐具消毒条件的饮食经营户都必须使用卫生部门推荐的专业消毒公司提供的餐具,并在全市范围内顺势推出了"放心碗"工程。

但半年过去了,这项既能保证市民身体健康、保护环境卫生,又能带动洗碗机、搪瓷碗、陶瓷碗、餐巾纸等行业生产,还能安置部分下岗职工的利国、利民工程,无论是在市民中的知晓率,还是普及覆盖率都还相当低,甚至陷入令人尴尬的境地。各饮食摊点大多使用的仍是泡沫餐具、塑料餐具、普通公用碗,有的甚至还用塑料袋套在普通碗上,进餐后则抛弃用过的塑料袋。

那么,是什么原因导致市民和饮食经营户不热衷使用"放心碗"呢?

经过初步调查采访发现,大多数市民不知道有"放心碗"。少数人则认为,餐具消不消毒无所谓,反正祖祖辈辈都是这样过来的,何况使用一次"放心碗",还得支付0.20元钱。

在经营户看来,有些消费者对付费有抵触情绪,为顾及生意,对使用"放心碗"的吆喝声就不那么响亮了。而且所收费都交给了洗碗公司,使用泡沫或塑料餐具还可以从中赚到一点批零差价,相比之下,自己无利可图,吃亏不讨好。因此,义务与收益的不平衡是制约"放心碗"大行其道的主因。

而武汉市启动的五家专业餐具清洗消毒公司认为,饮食摊主使用"放心碗",不仅减少了雇员、燃料、容器、餐具、筷子、餐巾纸等的投入,同时节约了宝贵的时间和营业面积,减轻了劳动强度,同时因餐具干净卫生也提高了信誉度。

食客担心"放心碗"是否真的消毒、卫生是造成"放心碗"难推行的另一原因。武汉市卫生局有关人士告诫市民大可不必为此担心,因为全市的专业餐具清洗消毒公司都已实现清洗、烘干、消毒、封装为一体的机械化流水作业,各项消毒工序也是完备,有的还采用红外线、γ射线等消毒工艺,武汉市卫生防疫站对餐具清洗消毒公司经常性检测,其餐具消毒效果完全符合国家卫生标准,市民可以放心使用。

少数食客偷拿餐具、损坏餐具不赔钱,导致饮食经营户时常向消毒公司赔钱的现象也影响着饮食经营户使用"放心碗"的积极性。同时,不少饮食经营户缺乏卫生意识,只图赚钱,拒绝使用"放心碗",加上食品卫生监督部门存在监督空白,也导致"放心碗"工程难以全面推开。

问题:

(1)你认为导致武汉市"放心碗"工程处于尴尬境地的原因还有哪些?

(2)试分析武汉市"放心碗"的消费市场类型。

资料来源:万后芬.绿色营销[M].2版.北京:高等教育出版社,2006.

▶ 营销实训项目

大学生手机消费行为的分析

【目的】

通过对大学生手机消费行为特点的思考和讨论,分析影响大学生手机消费行为的因素和购买决策的特点,深入理解消费者购买行为。

【方案】

(1)把学生分成若干组,每组3～5人,每组指定一名组长。

(2)各组独立调查和分析大学生手机消费的特点和购买决策的特点,形成总结。

【规则】

(1)每个小组组长依次发言,阐述本组对大学生手机消费和购买决策的总结,发言时间不超过5分钟。

(2)各小组相互交流,对其他小组的总结进行分析,修正自己的总结报告。

(3)各小组对于分歧和有疑问的总结,须用实例支持自己的观点。

(4)讨论影响大学生消费和决策的因素有哪些?

(5)由班长最终形成总结报告。

【方式】

在先期调研的基础上进行课堂讨论。

▶ 营销实践练习

1.假如你们家要购买彩色电视机,你和你的父母会考虑哪些性能?如何在几大彩色电视机的品牌中进行选择?决策过程的各个阶段都是如何做的?

2.选择一个企业的营销实例,讨论研究消费者行为对企业的价值。

3.讨论消费者是否会对一个企业或一个品牌特别有感情,不管什么原因都优先购买这个企业的产品。

4.为什么大多数大学生都选择移动公司的号码,而不选择联通呢?

5.你购买电脑的决策过程及影响决策因素是什么?

6.调查所在学校的大学生的消费心理和消费行为。

▰ 营销模版

消费者购买行为分析

一、基本概况

一是企业的基本情况,如名称、地址、历史、经营范围、规模、销售额、行业地位等。二是市场的基本情况,如企业销售区域、顾客基本情况(年龄、职业类别、经济状况、特点等)、行业前景、竞争者分析等。

二、目标市场分析

如何进行市场细分,目标市场是什么,目标市场的份额有多大,现有客户背景研究,包括经济状况、年龄、性别、教育程度等。

三、消费者的价值观

消费者对产品和竞争产品的认知及态度,包括质量、价值、包装、型号、品牌声誉、品牌形象等及其认知差别;影响客户忠诚度的因素。

四、消费者的购买时机

其主要包括购买时间、地点、购买量、何时使用、如何使用等。

五、消费者的评价

消费者对现有营销活动的评价,包括对广告的接受程度、对营业推广的理解,对产品价格、对获取产品的便利程度、对销售服务的评价;消费者有哪些合理的建议。

六、采取应对策略

▰ 网站资料访问

1.我国消费市场形势和主要特点分析

http://www.studa.net/china/080826/16534191-2.html

2.消费者购买行为类型

http://www.ppzw.com/Article_Show_41282.html

3.论消费动机与企业差别优势营销

http://www.bf158.com/Article_info.asp? id=11247

4.剖析童装消费市场的六大特点

http://www.sjfzxm.com/news/200912/20091226181333.htm

5.家用汽车的消费动机研究

http://www.qikan.com.cn/Article/kjyt/kjyt200908/kjyt20090822.html

6.中国消费者购买行为模式分析及营销对策

http://www.studa.net/market/080721/16393324.html

7. 基于感知风险的消费者行为模式

　http://www.dss.gov.cn/Article_Print.asp? ArticleID＝216205

8. 西方消费者行为影响因素模型的解构与前瞻

　http://www.qikan.com.cn/Article/sysd/sysd200802/sysd20080211－1.html

第五章
市场竞争分析

学习要点

1. 了解如何识别竞争者
2. 掌握利用波特的五力模型内容，分析企业面临的竞争情况
3. 掌握不同市场地位的企业应当采取的竞争策略

引导案例

360 决战 QQ

腾讯 QQ 和 360 是中国互联网的前两大客户端软件。前者本质是基于即时通讯的社交网络，后者主推互联网安全服务。虽然 360 创始人周鸿祎始终通过媒体强调，但随着 360 的日益壮大，长期独霸用户桌面端的腾讯也不得不将其视作最重要的竞争对手，并开始了布局对阵。

前传：帝企鹅称霸桌面，绿盾牌另立山头

根据官方数据，腾讯即时通讯服务的活跃账户数达 6.125 亿。凭借庞大的用户规模和天然的客户端资源，腾讯也逐步将业务延伸到互联网的诸多领域，如网络游戏、新闻资讯、电子商务、电子邮件、影音播放等，均抢下较大的市场优势，是名副其实的霸主。

360 公司于 2006 年 7 月推出主打互联网安全的"360 安全卫士"软件，不到一年即成为国内最大的安全软件。据官方数据，其用户数量已经超过 3 亿，覆盖了 75％以上的中国互联网用户，成为国内第二大桌面客户端软件。以该客户端为基础，360 延伸出免费杀毒软件、浏览器等产品，均获得了成功。

第一回合："QQ 医生"上阵阻击，春节期间发动突袭

腾讯于 2006 年 12 月正式推出"QQ 医生"1.0 Beta 版本，此后很长一段时间内"QQ 医生"只是作为腾讯查杀盗号木马的小工具。随着 360 快速发展成为第二大桌面客户端，腾讯感觉到潜在的危险。

2010 年 1 月 21 日，"QQ 医生"3.2 推出，界面及功能酷似 360，同时宣布赠送诺顿防病毒软件半年试用。之后"QQ 医生"利用春节期间强行推广。360 称，几乎一夜间"QQ 医生"安装到国内约 1 亿台电脑，市场份额升至 40％。

2010 年春节期间，敏感的 360 很快意识到"QQ 医生"的威胁，一些正在休假的员工被紧急召回以应对这起突发事件。然后用户发现 360 安全卫士提示："QQ 医生"正在安装的漏洞补丁有风险，建议不要安装！

有媒体总结说，随着 360 的快速反应，再加上"QQ 医生"本身产品并不成熟就匆忙上阵，很多用户陆续卸载"QQ 医生"，其市场份额也快速降至 10％以下。360 成为此次交锋的胜利者。

第二回合：医生改行做管家，背后捅刀斩乱麻

2010 年 5 月 31 日，腾讯悄然将"QQ 医生"升级至 4.0 版并更名为"QQ 电脑管家"。新版软件将"QQ 医生"和 QQ 软件管理合二为一，增加了云查杀木马、清理插件等功能，涵盖了 360 所有主流功能，用户体验与 360 极其类似。

腾讯这招让 360 和金山措手不及。周鸿祎在 5 月 28 日接受网易科技专访时，建议腾讯应该加大投入解决 QQ 内部安全问题，可是腾讯显然不会如周鸿祎期待的那样，只做 QQ 内部安全。种种动作表明，经历了年初抢滩登陆的挫折之后，腾讯将再次向 360 发起冲击，双方大战一触即发。

第三回合：管家中秋再度升级，卫士受困绝地反击

2010 年中秋节假期，众多 QQ 用户发现 QQ 软件附带的"QQ 软件管理"和"QQ 医生"自动升级为"QQ 电脑管家"，而安装过程中并未出现任何提示信息。虽然目前暂无确切安装数据，但由于是在后台静默安装，QQ 此举被认为将再次大幅提升"QQ 电脑管家"的安装量和市场份额。

分析人士指出，升级之后的"QQ 电脑管家"，涵盖了安全防护、系统维护和软件管理等功能，而这也是目前 360 安全卫士的主流功能。而凭借着 QQ 庞大的用户基础，QQ 电脑管家将直接威胁 360 在安全领域的生存地位。

此举也很快引发了 360 的激烈反应。中秋节后的 9 月 27 日，360 发布直接针对 QQ 的"隐私保护器"工具，宣称其能实时监测曝光 QQ 的行为，并提示用户"某聊天软件"在未经用户许可的情况下偷窥用户个人隐私文件和数据。由此，"QQ 侵犯用户隐私"的质疑，通过 360 和大众舆论被更大范围地抛到网民面前，也引起了网民对于 QQ 客户端的担忧和恐慌。

本次 360 安全卫士和腾讯 QQ 决战的正式开场，标志着"占领用户桌面"的客户端之争陷入白热化。腾讯手中拥有 6 亿多忠诚的用户，希望借捆绑安装一举将 360 击溃；360 则握着名为"安全"的底牌，希望利用用户恐惧的心理，让他们不再忠于 QQ。此番开战，只怕用户桌面上又将是"你方唱罢我登场"。偷偷安装也好，侵犯隐私也罢，这场客户端终极战役谁胜谁负并不是电脑用户最关心的，他们最希望的只是自己桌面的一片宁静。

问题：

1.360 是如何快速成为国内第二大桌面客户端软件的？

2.试分析 QQ 的竞争策略。

资料来源：360 决战 QQ[EB/OL]. http://tech. 163. com/special/360vsQQ/360qq2010. html.

商场如战场，企业间的市场竞争无法避免。竞争分析属于营销外部分析中的微观环境分析，对于企业兴衰存亡有着重要意义。

第一节 识别竞争者

一、辨认竞争者

一般来说，企业的竞争对手是指与本企业提供类似产品或服务，拥有相似目标顾客的企

业。但在现代市场经济条件下，就算是为某一特定市场服务的企业，也会面对各种各样的竞争对手。竞争者的发现，一般可以从品牌所处的行业、市场和消费者需要两个角度进行分析。

（一）从行业角度辨认竞争者

众所周知，提供同一类产品或服务的企业，或者提供可替代产品的企业，共同构成一个行业，如通信业、证券业、物流业等。由于同行业的品牌产品或服务的相似性和可替代性，彼此间形成了竞争的关系。因此，先要从本行业出发去发现竞争者。

（二）从市场和消费者需要的角度辨认竞争者

凡是满足相同市场和消费者需要或服务于同一目标市场的品牌，无论是否属于同一行业，都可能是品牌的潜在竞争者。例如，从行业上来看，茅台酒与小家电是风马牛不相及的行业，但是在春节期间的礼品市场它们却是真实的竞争者。消费者在春节期间送礼选择了茅台酒，就不会再送小家电；送实用的小家电，就不会送茅台酒。可见，从满足消费者需求出发发现竞争者，可以从更广泛的角度认识现实竞争者和潜在竞争者，有助于品牌更加精准地制定相应的竞争策略。

营销思考 5-1

试分析如何辨认竞争者？

二、企业竞争对手的类型

（一）品牌竞争者

品牌竞争者即生产同样的产品，并以相似的价格供给相同顾客的企业。品牌竞争者是最直接的竞争者，他们产品相互替代性高，他们之间的竞争最为激烈，各企业均以培养顾客品牌忠诚度作为争夺顾客的重要手段，如百事可乐和可口可乐之间的竞争，大众帕萨特、本田雅阁、上海别克之间的竞争，格力空调、海尔空调等之间的竞争。

（二）行业竞争者

行业竞争者即把行业内所有提供同类产品的企业都作为竞争者。行业是指彼此可密切替代的产品厂商群。如上海别克的行业竞争者，既包括大众帕萨特、本田雅阁等品牌竞争者，又包括夏利、吉利等。

（三）形式竞争者

形式竞争者即企业将所有满足消费者同一种需求的企业都看做是竞争者。如上海别克不仅把所有轿车制造商作为竞争对手，而且将摩托车、客车、火车制造商都看做是自己的竞争对手。

（四）一般竞争者

一般竞争者即把所有与本企业争夺同一市场购买力的企业都作为竞争者，是最广义的竞争者。如上海别克可将房地产开发商、家电制造商、旅行社等看做是自己的竞争者。因为顾客进行了其他购买，就可能无力或推迟购买别克汽车。

营销思考 5－2

分析个人笔记本电脑的品牌竞争者、行业竞争者、形式竞争者和一般竞争者。

三、竞争对手分析的主要内容

（一）了解竞争对手的目标

确认了竞争对手，并知晓了竞争对手的实力后，还要了解竞争对手的目标。每个竞争对手都会因自身的具体情况不同而有不同的市场目标，如盈利能力、销售额、市场占有率、成本领先、技术领先、服务领先地位等。只有明确了每个竞争对手的目标重点是什么，才能正确估计竞争对手可能采取的应变措施。例如，一个以"低成本领先"为目标的竞争对手，对价格异常重视，而对对手广告预算额的增加则不会太在意；一个以"市场占有率"为目标的竞争对手，则对对手广告预算投入的增加十分重视。

（二）了解竞争对手的实力

1. 竞争对手的市场占有率分析

市场占有率分析采用企业的销售量与市场的总体容量的比例来分析。既要分析整体市场的市场占有率，还要分析细分市场的市场占有率。竞争对手市场占有率的分析目的是为了明确竞争对手及本企业在市场上所处的地位。

2. 竞争对手财务状况分析

财务状况分析主要包括盈利能力分析、成长性分析、负债情况分析和成本分析等。盈利能力分析通常采用利润率指标，同时要对利润率的构成进行分析。成长性分析主要采用产销量增长率、利润增长率指标。还应当对竞争对手的资产负债率和成本等其他财务状况进行分析。

3. 竞争对手的产能利用率分析

产能利用率是指企业发挥生产能力的程度。很显然，企业的产能利用率高，则单位产品的成本就相对较低，尤其对于制造企业来说。

4. 竞争对手的创新能力分析

创新能力可以从推出新产品的速度、科研经费占销售收入的百分比、销售渠道的创新、管理创新等方面来分析。

5. 对竞争对手领导人进行分析

领导者的风格往往决定了一个企业的文化和价值观念，以及企业的策略。一个敢于冒险、勇于创新的领导者，会对企业作大刀阔斧的改革，会不断地为企业寻求新的增长机会；一个性格稳重的领导者，会注重企业内涵增长，注重挖掘企业的内部潜力。所以，研究竞争对手领导人，对于掌握企业的战略动向和工作重点有很大的帮助。

（三）分析竞争对手的优势和劣势

通过收集竞争对手的有关情报和数据，可以分析竞争对手在市场上所处的地位及优劣势，有助于企业制定竞争策略，并取得良好效果。分析的内容具体包括：产品的定位情况及产品线的广度、深度和关联度；分销渠道的覆盖能力和售后服务能力；市场研究与新产品开发的能力；市场占有率的高低和销售额的大小；投资回报率及最新投资方向；成本收益率、利润率和效益的高低;对消费者的关注程度与目标顾客的联络能力、合作程度等。

营销案例 5-1

乐凯与柯达、富士的优劣势对比分析

乐凯与柯达和富士相比,其竞争优势有以下几方面:

一是成本低、物美价廉。乐凯胶卷的质量与柯达、富士相差不大,但却以低一个档次的价格出售,这是乐凯最主要的竞争优势。

二是有政府支持和民族感情。对乐凯这种由政府投资,有市场又有一定竞争力的国有大企业,政府的支持是明确的。中国人在历史上由于饱受帝国主义列强的欺凌,爱国思想与民族感情较为浓重,若加以引导,将有利于乐凯与柯达、富士的竞争。

三是乐凯具有较强的技术开发能力。乐凯建立起一支由 1000 多名专业技术人员组成的科技队伍,并尽力以最快速度向世界一流技术靠拢。

乐凯与柯达、富士相比,其竞争劣势表现为:

一是资金严重不足。2008 年,乐凯胶片股份有限公司每股收益仅为 0.004 元;2009 年,每股收益仅为 0.006 元。资金不足限制了乐凯与柯达、富士的竞争。

二是销售服务网络不完善。由于起步晚,利润空间低,乐凯公司对零售商的覆盖面明显不及柯达、富士,销售渠道不够通畅。

三是缺乏先进的市场营销观念和策略。在管理上,乐凯经营理念、竞争策略与柯达、富士具有很大的差距,在竞争中处于被动挨打的局面。

资料来源:常译文,朱永振.浅谈乐凯胶卷的竞争战略[J].时代经贸,2007(8).

(四)估计竞争者的反应模式

1. 迟钝型竞争者

某些企业对市场竞争措施的反应不强烈,行动迟缓。这可能是因为竞争者受到自身在资金、规模、技术等方面能力的限制,无法作出适当的反应;也可能是因为竞争者对自己的竞争力过于自信,不屑于采取反应行为;还可能是因为竞争者对市场竞争措施重视不够,未能及时捕捉到市场竞争变化的信息。

2. 选择型竞争者

某些企业对不同的市场竞争措施的反应是有区别的。例如,大多数企业对降价这样的价格竞争措施总是反应敏锐,倾向于作出强烈的反应,力求在第一时间采取报复措施进行反击,而对改善服务、增加广告、改进产品、强化促销等非价格竞争措施则不大在意,认为这些措施不构成对自己的直接威胁。

3. 强烈反应型竞争者

许多企业对市场竞争因素的变化十分敏感,一旦受到来自竞争者的挑战就会迅速地作出强烈的市场反应,进行激烈的报复和反击,势必将挑战自己的竞争者置于死地而后快。这种报复措施往往是全面的、致命的,甚至是不计后果的。这些强烈反应型竞争者通常都是市场上的领先者。因此,一般企业轻易不敢或不愿挑战其在市场上的权威。

4. 不规律型竞争者

这类企业对市场竞争因素的变化所作出的反应通常是随机的,往往不按规则行事,使人觉

得不可捉摸。例如,不规律型竞争者在某些时候可能会对市场竞争因素的变化作出反应,也可能不作出反应;它们既可能迅速作出反应,也可能反应迟缓;其反应既可能是剧烈的,也可能是温和的。

营销思考 5-3

竞争者的市场反应有哪几种类型?

第二节　市场竞争模型分析

对企业竞争进行分析,通常采用波特竞争模型。波特竞争模型由美国哈佛商学院迈克尔·波特教授首先提出。他认为,企业获得发展能力很大程度上取决于企业面对的竞争强度,而竞争强度取决于市场上的五种力量,即潜在进入者的威胁、行业内现有竞争、替代品的威胁、供应商的议价能力、买方的议价能力,正是这些力量影响和决定了企业的盈利能力,如图 5-1 所示。企业要采取正确的竞争策略,就必须认真分析这五种力量。

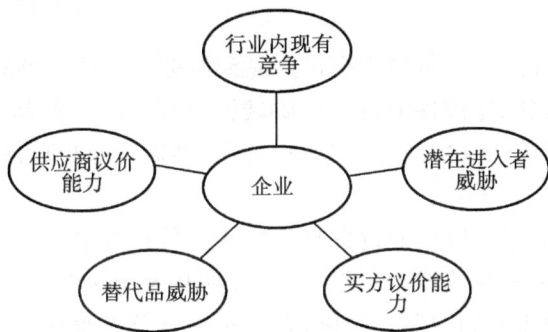

图 5-1　波特的五力分析模型

一、潜在进入者的威胁

潜在进入者的威胁来自两个方面,行业中增加的新企业和行业中原企业新增生产能力。行业中新企业的加入,会使企业市场占有率下降;又会因供给增大,而使原企业提高质量、降低价格;还会使原企业增加其他竞争成本,如广告费、给中间商更多的折扣等。潜在进入者威胁的程度,主要取决于行业利润率的吸引力、行业的进入门槛、潜在进入者的实力、营销策略、原企业的实力、品牌忠诚度等因素。

二、行业内现有竞争

现有企业为获得更大的市场份额,取得更多的利润,势必通过各种方式或主动或被动地参与到市场竞争中。一般来说,企业竞争态势的强弱与下列因素有关:

1.行业门槛

行业门槛低、壁垒少,则竞争者较多,竞争参与者广泛。

2.市场趋于饱和

产品步入成熟期,市场趋于饱和,需求增长缓慢,则各企业为获得更多利润,势必争抢他人的市场份额。

3.产品差异小,转换成本低

竞争者之间产品差异小,用户的转换成本低,各竞争者将面对消费者的挑剔选择,不得不参与竞争,或增强自己产品的特性,或进行价格竞争,或提供更好的服务。

4.企业退出成本的高低

为收回投资,退出成本越高,企业越积极参与竞争。

营销思考 5-4

行业内竞争一般涉及哪些因素?

三、供应商的议价能力

供应商是为特定企业及其竞争对手提供产品或服务的企业。供应商对企业的影响表现在以下几个方面:供应原材料、零部件的数量和质量将会直接影响产品的数量和质量;供应原材料、零部件的价格直接影响产品的成本、利润和价格;供货是否及时、稳定将影响企业生产和销售是否顺利进行。

供应商的议价能力是指供应商通过提高价格或降低产品、服务质量等手段对行业内企业产生威胁的程度。供应商的议价能力越强,企业盈利甚至于生存就越困难;相反,供应商议价能力越弱,企业可以获得更多的盈利。所以,企业必须充分考虑供应商的资信状况,应选择那些能够提供品质优良、价格合理、交货及时、有良好信用的供应商。并且应当保证与一些主要供应商建立长期稳定的供货关系,另一方面又要避免少数供应商对企业生产的垄断,根据每年评比、考查不断地修正与各供应商的关系。

四、替代品的威胁

替代产品限制了某个行业可能获利的最高限额,如果超过这个最高限额,消费者就会转向替代品的消费。替代品的威胁主要影响因素有三个:

1.产品和替代品的价格差异

如果产品和替代品价格相差较大,消费者就会千方百计地转向对低价格产品的消费。如猪肉大幅上涨,消费者就会转向消费鸡肉、牛肉;小轿车使用成本飙升,消费者就会转坐公共汽车或购买电动车。

2.产品和替代品的特性差异

产品和替代品的特性差异越小,消费者转向替代品消费的可能性就越大;差异越大,消费者转向替代品消费的可能性就越小。

3.转向替代品的难易及成本

消费者转向替代品越容易、成本越小,转向替代品的可能性越大;转向替代品越难、成本越高,消费者转向替代品的可能性越小。如习惯了开车的人,哪怕是油价涨得较快,也不愿意转坐公车,因为私车对他来说已经形成一种习惯,要改变这种习惯很难。

五、买方的议价能力

买方即顾客,是企业的衣食父母。买方是否喜欢企业产品,是否对企业忠诚,以及是否对企业满意等,都会影响企业的成败。买方主要通过压低价格、提高对产品质量和服务质量的要求来影响企业盈利和生存。一般来说,下列情况下,买方的议价能力会得到强化。

1.买方进货量大

相对于卖方销售量来说,买方的市场集中度更大或者进货批量较大,那么买方就给予企业强有力的压力。如世界零售巨头沃尔玛,由于进货量大,零售集中度高,给予其供应企业很大的竞争压力,迫使供应企业以低廉价格出售高质量产品。

2.买方选择机会多

卖方行业分散,企业数量众多,买方进货选择的机会越多,则讨价还价能力越强,对产品质量和服务质量要求就越多。

3.产品差异化小

产品差异化小,甚至于无差异,买方进货选择性越强,则讨价还价能力越强,对产品质量和服务质量要求就越多。

4.后向一体化

买方形成了比较可信的后向一体化,而卖方无法形成前向一体化时,买方的议价能力就强。

营销案例 5-2

航空货运行业竞争分析

目前,航空公司的货运业务面临着恶劣的竞争环境,运用波特模型可以清晰地描绘这种竞争形势。

产业内竞争者:航空公司之间的竞争已经进入了尴尬的境地,由于各自都无法找到更加有力的竞争利器,最终导致了价格成为竞争的焦点,航空公司陷入了难以自拔的价格战的"囚徒困境"。

供应商:航材、航油的垄断经营,使航空公司的经营成本始终居高不下。

买方:运力供给的相对过剩、航空公司之间的恶性竞争、代理人和货主的不断壮大,都使客户的议价能力大大提高,航空公司被迫提高服务质量、降低价格。

潜在进入者:随着国内航空市场的逐渐开放,国内民营资本进入航空业已成必然趋势,国外航空巨头也对我国航空市场虎视眈眈。

替代品提供者:火车提速、高速公路网络的完善,使铁路、公路货运向航空货运提出了挑战。

资料来源:柯志敏.航空货运公司化趋势与经营战略研究[D].北京:北京交通大学,2005.

第三节　企业竞争策略选择

一、企业的一般竞争战略

按照哈佛大学权威竞争战略专家迈克尔·波特在《竞争战略》一书中的观点，面对同一行业中的竞争者，企业可采用的战略有以下三种：

（一）总成本领先战略

总成本领先战略是指企业尽可能降低自己的生产和经营成本，在同行业中取得最低的生产成本和营销成本，以低成本、低价格取得优势竞争地位的战略。实行总成本领先战略，企业必须通过建造最有效率的规模生产设备、改进生产制造工艺技术、严格控制成本、设计合理的产品结构和提高劳动生产率等方法来实现。

总成本领先战略的企业，具有进行价格战的有利条件，也对潜在竞争对手进入本行业形成障碍，提高了行业门槛。

（二）差异化战略

差异化战略是指为使企业产品与竞争对手产品有明显的区别，形成与众不同的特性，而取得优势竞争地位的战略。差异化战略所创造的独特性，容易形成顾客对产品的偏爱和忠诚，在市场竞争中确立优势地位，可以产生较高的边际收益，为企业带来超额利润。

（三）目标集中战略

目标集中战略是指企业把经营重点目标放在某一特定的细分市场上，集中企业的主要资源建立企业竞争优势的战略。这种战略通俗地说就是"不在大海里与人抢大鱼，而是小河里抓大鱼"。

营销资料 5 - 1

表 5 - 1　波特五力模型与一般战略的关系

行业内的五种力量	总成本领先战略	差异化战略	目标集中战略
潜在进入者的威胁	具备杀价能力以阻止潜在对手的进入	培育顾客忠诚度以挫伤潜在进入者的信心	通过集中战略建立核心能力以阻止潜在对手的进入
买方的议价能力	具备向大买家出更低价格的能力	因为选择范围小而削弱大买家的谈判能力	因为没有选择范围使大买家丧失谈判能力
供方的议价能力	更好地抑制大卖家的谈价能力	更好地将供方的涨价部分转嫁给顾客方	进货量低，供方的谈价能力就高，但集中差异化的公司能更好地将供方的涨价部分转嫁出去

行业内的五种力量	总成本领先战略	差异化战略	目标集中战略
替代品的威胁	能够利用低价抵御替代品	顾客习惯于一种独特的产品或服务因而降低了替代品的威胁	特殊的产品和核心能力能够防止替代品的威胁
行业内现有竞争	能更好地进行价格竞争	品牌忠诚度能使顾客不理睬你的竞争对手	竞争对手无法满足集中差异化顾客的需求

资料来源:赵伶.波特五力模型与一般战略的关系[EB/OL].2010-05-25.http://www.lietou.com/article/20100525/7405.shtml.

二、市场中不同地位企业的竞争策略

(一)市场领先者策略

1.市场领先者的概念

市场领先者是指行业中同类产品市场占有率最高的企业,占有市场垄断地位。一般来说,大多数行业都有一家被认为是市场领先者的企业,它在价格变动、新产品开发、分销渠道扩展和促销力量等方面处于主导地位。例如,汽车行业的丰田汽车公司、IT行业的微软公司、饮料行业的可口可乐公司、餐饮业的麦当劳公司等。市场领先者往往消费者品牌忠诚度高、企业运行好、营销管理强,是本行业内挑战、效仿和回避的对象。市场领先者如果没有取得法定的垄断地位,必然会面临竞争者的挑战。因此,市场领先者必须保持高度的警惕,并采取适当的竞争战略,否则,就会丧失领先地位。

营销案例 5-3

格兰仕的竞争战略

短短几年间,从默默无闻到独占中国微波炉2/3的市场份额,格兰仕无疑已经创造了一个神话。格兰仕之所以能保持自己的行业霸主地位,它强调三点:一是生产规模的迅速扩大带来的规模效益,降低单位产品的生产成本;二是频繁降价,使微波炉的投资回报低于跨国公司所要求的投资回报率,使国际大投资集团失去在中国投资建立微波炉厂的信心;三是"价格屠夫"的低价策略,导致新进入的企业都不敢与"价格屠夫"打价格战。

资料来源:龚绍东.解读格兰仕竞争战略与竞合模式[J].企业活力,2005(10).

2.市场领先者的具体策略

(1)扩大市场需求总量。当一种产品的市场需求总量扩大时,由于领先企业独特的地位,受益最大的是处于领先地位的企业。因此,市场领先者都应积极扩大市场需求总量。一般来说,市场领先者可从三个方面扩大市场需求总量,即发现新用户、开辟新用途、增加使用量。①发现新用户。每一种产品都有满足消费者某一方面需求的特性,但或许消费者不够了解,或许消费者觉得价格高昂,或许消费者难以获得等原因而没有购买这种产品。这样,企业可以从三个方面寻找使用者：一是说服原目标市场上未购买者购买的市场渗透战略，如说服不用香水的妇女使用香水；二是在原目标市场外，开拓新市场的开发战略，如说服男士使用香水；三是在新的地理区域内扩展市场的地理扩展战略，如向其他国家推销香水。②开辟新用途。企业可以通过发现并推广产品的新用途来扩大市场规模。例如，美国杜邦公司的尼龙就是一个成功的典型。又如，史玉柱将脑白金由保健品推向礼品市场，从而大获成功。③增加使用量。促使消费者增加使用量、提高购买频率也是扩大总需求的一种重要手段。例如，牙膏生产厂家劝说人们不仅每天早晚要刷牙，最好饭后也要刷牙，这样增加了牙膏的使用量。

（2）保持市场占有率。处于市场领先地位的企业，必须时刻防备竞争者的挑战，保护自己的市场份额，维持自身的领先地位。市场领先者，必须在产品的创新、服务水平提高、分销渠道的畅通和降低成本方面，不断进取，真正处于领先地位。同时，领先者还应当抓住对手的弱点，主动出击，因为"进攻是最好的防御"。领先者保持市场占有率，进行防御可供选择的策略有以下六种：①阵地防御。阵地防御是防御的基本形式，是在现有阵地周围建立起防线，是一种静态的消极的防御。这种防御方式，只能保卫自己目前的市场和产品。②侧翼防御。侧翼防御是指市场领先者除保卫自己的主阵地外，还应注意保护自己较弱的侧翼，防止对手乘虚而入。③先发制人。先发制人式防御是指在敌人对自己发动进攻之前，就先发制人，抢先进攻。具体做法是，当竞争者的市场占有率达到某一危险程度时，就对它发动攻击；或者是对市场上的所有竞争者全部发动攻击。④反击式防御。反击式防御是指在对手发动进攻时，不仅仅是被动应战，还主动组织进攻，以挫败对手。领先者可采取迎击对手的正面进攻、迂回攻击对方侧翼或发动钳式进攻、切断进攻者后路。⑤运动防御。运动防御是指市场领先者把其经营范围扩展到新的领域中去，将这些领域作为未来防御和进攻的中心，使企业在战略上有更多的回旋余地。⑥收缩防御。收缩防御是指领先者主动放弃本企业弱小的市场阵地，把力量集中到主要市场阵地上去。

（3）提高市场占有率。市场领先者提高市场占有率，既能保住领先地位，又可以获得可观的回报。提高市场占有率可采取以下方式：①产品创新。通过产品创新，市场领先者可以有效地保持并扩大市场份额。例如，海尔公司的冰箱不断有新款推向市场，从而使海尔冰箱紧跟市场需求，占据了很大的市场份额。②质量领先。质量好的产品可减少废品损失和售后服务的开支，可以提高市场份额。而且，高质量的产品会受到顾客的欢迎，使顾客愿意支付较高的价格。③优质服务。消费者购买产品，不仅仅关注质量，优质的服务也是消费者决策的重要内容。领先企业为保持领先地位，应当主动提供良好的售前、售中、售后服务。④多品牌策略。为扩大企业市场份额，可以采取多个品牌或多个子品牌营销，使每个品牌或子品牌针对特定的目标市场，削减竞争对手的攻势。⑤大量广告策略。这是一种传统的扩大市场份额的办法，企业通过高强度、有效的广告，可以促使消费者购买，大大提高市场份额。

（二）市场挑战者策略

1. 市场挑战者的概念

市场挑战者是指在市场上居于第二、第三等次要地位，能够对市场领先者形成强大竞争压力的企业。如美国汽车市场的福特公司、软饮料市场的百事可乐公司等。市场挑战者如果要向市场领先者和其他竞争者挑战，必须确定自己的挑战对象，然后选择适当的进攻战略。值得注意的是，挑战者只采用一种策略很难取得成功，往往需要一整套策略组合来改善自己的市场地位。

营销案例 **5 - 4**

百事可乐后起之秀的故事

可口可乐，被誉为"清凉饮料之王"，是全世界最大的饮料公司，曾经独霸美国的饮料市场。在美国市场上，百事可乐像很多饮料品牌一样，属于微不足道的小饮料品牌。然后，百事可乐认真研究可口可乐和整个饮料市场，制定了一系列的策略，最终成为美国第二大饮料公司。

可口可乐一直统治着世界许多国家的饮料市场。而对这一状况，百事可乐公司于1963年作出了长期占领市场的战略决策，成功掀起一场称之为"百事新一代"的市场营销运动。百事可乐认为，与其艰难地吸引可口可乐饮料的忠实客户，让他们变换口味，不如努力赢得尚未形成习惯又有迫切需要的目标顾客。当时整个世界充满了十几岁的儿童，百事可乐将他们作为目标市场。百事可乐依赖其"世代"策略，取得了很大的成功。这种开拓新目标市场的战略，就连百事可乐的竞争对手们也不得不承认其明智。

针对这一不利的局势，可口可乐公司于1985年4月宣布改变沿用了99年之久的老配方，并声称要以新配方再创可口可乐公司在世界饮料行业的新纪录。但是，当新配方的可口可乐推出后，市场上却掀起轩然大波，伤害了老可口可乐用户的感情。百事可乐认为这是他们最大的机遇，于是花费巨资作广告，企图吸引可口可乐老顾客。然而，可口可乐公司面对可能出现的危机，于1985年7月10日宣布，恢复老配方可口可乐的生产，同时继续生产新可口可乐。一时，新老可口可乐都取得了较好的销售额。

可口可乐公司通过多种途径几乎占领了世界各国的大部分市场。20世纪80年代，公司就利用中国改革开放之机，通过合资、合作等途径渗透到中国市场。百事可乐公司也不甘落后，1977年以来，百事可乐畅销于美国市场，同时，也在出口上努力寻找机会与可口可乐争夺市场。1978年以前，可口可乐一直在印度软饮料市场上占绝对优势。然而，在1978年，由于可口可乐公司抗议印度政府的政策，突然撤出了印度市场。百事可乐得到了一个难得的机遇，成功占领了印度市场。

百事可乐最终成为美国的第二大饮料公司，是可口可乐公司最可怕的市场挑战者。

资料来源：李慧群.百事可乐与可口可乐[M].北京：中国物资出版社，2007.

2.市场挑战者的具体策略

(1)确定挑战对象。①攻击市场领先者。由于市场领先者有深厚的市场基础和雄厚的实力，这种进攻的风险很大，但一旦成功可以获得相当部分市场份额，潜在的收益也很大。挑战者必须认真研究顾客需求，抓住领先者的弱点和失误猛烈进攻，或者开发出超过领先者的新产品，以更好的产品来夺取市场领先地位。②攻击与自己规模相当的竞争对手。挑战者可以选择那些与自己实力相当，但经营不善或财力紧张的公司作为进攻对象，设法夺取他们的市场份额。③攻击地方性小企业。对一些地方性小企业中经营不善、财务困难者，可夺取他们的市场，甚至于小企业本身。

(2)选择进攻策略。①正面进攻。正面进攻就是集中全力向对手的主要市场发动进攻，打击的目标是敌人的强项而不是弱点。在这种情况下，进攻者必须在产品、价格、广告等主要方面大大超过对手，才有可能成功，否则得不偿失。正面进攻的另一种措施是投入大量研究与开发经费，使产品成本降低，或性能更优，从而以低价格或优良性能向对手发起进攻。还有一种挑战者正面进攻措施是通过巨额投入,形成规模效应,降低产品单价的方式向对方发起攻击。②侧翼进攻。侧翼进攻就是集中优势力量攻击对手弱点,体现了避实就虚的军事原则。侧翼进攻可以分为两种情况:一是地理性的侧翼进攻,即在全国或全世界寻找对手力量薄弱的地区发动进攻;另一种是细分性侧翼进攻,即对领先企业尚未为之提供服务或提供服务不够优良的子市场发动进攻。侧翼进攻是一种最有效和最经常的战略,成本较小,而且比正面进攻有更大的成功把握。③围堵进攻。围堵进攻是一种全方位、大规模的进攻策略。它迫使对手在正面、侧翼、后方全面防御。当挑战者拥有优于对手的资源,并认为围堵计划足以打垮对手时,可采用这种战略。④迂回进攻。这是一种间接进攻策略,避开了对手现有阵地而迂回进攻。具体办法有三种:发展无关产品,实行产品多元化;现有产品进入新市场,实行市场多元化;通过技术创新和产品开发,替换现在产品。⑤游击进攻。它是以小型的、间断性的进攻骚扰对方,使之疲惫,最终巩固永久性据点的战略。它适合于规模较小、实力较弱的企业。如果想打垮对手,靠游击进攻是不行的,还需要向对手主要阵地发起进攻。

营销思考 5-5

如何选择进攻策略?

(三)市场追随者策略

1.市场追随者的概念

市场追随者是指那些在产品、技术、价格、渠道和促销等大部分营销策略上模仿或追随市场领先者的企业。市场追随者与挑战者不同,它不是向市场领先者发动进攻并试图取而代之,而是追随领先者自觉维持共处局面,它们的哲学是,市场领先者会对任何威胁作出强烈反应。美国管理学专家李维特指出,产品模仿有时像产品创新一样有利。因为产品模仿不需要大量投资,并不需要经历漫长的开发时间,承担风险也较小。从事这种仿造或改良的企业,虽然不能取代市场领先者,但也可以获得很高的利润。

营销案例 5-5

VCD是中国起步较晚、发展较快的一个产业典范。1993—1998年,短短几年时间,VCD的社会消费总量已达2000万台~3000万台,年总产值达到100亿元以上。说到VCD,人们不会忘记万燕和姜万勐,正是他们于1993年研制出了世界上第一台VCD的样机,才有了中国蓬勃的VCD产业。万燕最风光的时候,其市场占有率为100%。由于当时是独家经营,产量不大,万燕不仅没有获得资金上的积累,反而因为没有竞争,掩盖了企业本身大量的矛盾。而后来者爱多、新科、万利达等蜂拥而起,代替万燕,成为新的行业"三巨头"。在万燕由"开国元勋"变为"革命先烈"之后,企业界曾有这样的结论:千万不要轻易地做开拓者,跟随最好。

资料来源:郭国庆.市场营销学通论[M].3版.北京:中国人民大学出版社,2007.

2.市场追随者的具体策略

(1)紧密追随。这种策略是在各个子市场和市场营销组合方面,尽可能地效仿领先者,以借助市场领先者的优势打开市场,并跟着获得一定的市场份额。

(2)距离追随。这种战略是指追随者在目标市场、产品创新、服务质量、价格水平和分销渠道等主要方面都追随领先者,但仍与领先者保持若干差异。这种追随者容易被领先者接受,可以通过兼并小企业而使自己发展壮大。

(3)选择追随。这种策略是指追随者在某些方面紧随领先者,而在另一些方面又自行其是。也就是,它不是盲目追随,而是要发挥自身独创性,但同时又尽力避免直接竞争。这种追随者中某些有可能发展成挑战者。

(四)市场补缺者策略

1.市场补缺者的概念

市场补缺者,是指精心服务于市场中的细小部分,避免与主要企业竞争,通过专业化经营来获取最大限度收益的企业。一个良好的补缺基点,应具有以下特征:足够的市场潜量和购买力;有利润增长的潜力;对主要竞争者不具有吸引力;企业具备有效为此市场服务的资源和能力;企业已在顾客中建立良好的信誉,足以对抗竞争者。市场补缺者的主要特点是专业化营销,形成自身的"精专特"的优势。补缺者为了获得利益,可在市场、顾客、产品或渠道等方面实现专业化。

2.市场补缺者的具体策略

(1)最终使用者专业化。专门致力于为某类最终用户服务,如软件行业专门针对某一类用户(如诊所、银行、楼宇管理等)进行营销。

(2)垂直层面专业化。专门致力于为生产某一分销渠道中的特定产品提供服务,如制铝厂可专门生产铝锭、铝制品或铝质零部件。

(3)顾客规模专业化。专门为某一规模(大、中、小)的客户服务,如有些小企业专门为那些被大企业忽略的小客户服务。

(4)特定顾客专业化。只对某一个或几个主要客户服务,如美国有些厂商专门为西尔斯百货公司或通用汽车公司供货。

(5)地理区域专业化。专为国内外某一地区或地点服务。

(6)产品或产品线专业化。只生产一大类产品,如日本的YKK公司只生产拉链这一类产品。

(7)质量和价格专业化。专门生产经营某种质量和价格的产品,如专门生产高质高价产品或低质低价产品。

(8)服务项目专业化。专门提供某一种或几种其他企业没有的服务项目,如美国一家银行承办电话贷款业务,并为客户送款上门。

在选择市场补缺基点时,多重补缺基点比单一补缺基点更能减少风险,增加保险系数。因此,营销者通常选择两个或两个以上的补缺基点,以确保企业的生存和发展。总之,只要营销者善于经营,小企业也会有许多获利的机会。

🎯营销思考 5-6

市场补缺者有哪些策略?

📄 本章小结

本章介绍了企业的竞争分析和如何制定竞争策略,系统阐述了企业如何应对竞争的问题。

主要包括以下内容:

1.识别竞争者

通常可以从行业和市场两个方面来识别竞争者。一般来说,竞争者可以分为四类,具体包括品牌竞争者、行业竞争者、形式竞争者、一般竞争者。

2.市场竞争模型分析

波特的五力模型是分析企业竞争态势的有效工具,它将企业所面临的竞争分为五个方面,包括行业内现有竞争、潜在进入者的威胁、供应商的议价能力、购买者的议价能力和替代品的威胁,全方位地对影响企业生存和发展的几大方面进行分析。本章要求学生掌握波特五力模型来分析某个企业的竞争态势。

3.企业竞争策略选择

一般竞争战略包括总成本领先战略、差异化战略和目标集中战略。根据市场地位的不同,把行业内或市场上的企业分为四类:市场领先者、市场挑战者、市场追随者、市场补缺者。不同地位的企业,相应的竞争策略也不同。市场领先者注重保持自己的市场地位,市场挑战者希望不断地拓展自己的市场地位,市场追随者以保持市场格局为主,市场补缺者以其特有的"精专特"的优势开拓自己的小地盘。

关键术语与概念

品牌竞争者   行业竞争者   形式竞争者   波特的五力模型   竞争地位
竞争策略   市场领先者   市场挑战者   市场追随者   市场补缺者
市场占有率

复习与思考

1.如何识别竞争者?

2.竞争对手分析包括哪些内容?

3.波特的五力模型分析包括哪些内容?

4.市场领先者、市场挑战者、市场追随者、市场补缺者分别应当采用什么竞争策略?

5.小企业在市场中应当如何生存?

6.处于初创期的企业,如何应对已存在的竞争?

案例分析

案例一:阿尔山矿泉水的竞争策略

阿尔山矿泉水,这家产地在内蒙古阿尔山,营销总部设于北京的高价矿泉水品牌,2010 年5 月中旬一上市,就显出非凡竞争策略,并取得较好的成功。

1.明确目标市场

相比于依云、昆仑山、西藏 5100、富士山、九千年、黄果树等 30 多个高价矿泉水,阿尔山的入市手法更胜一筹。其他高价矿泉水市场操作手法大同小异,先是找到有故事、有说法的水源和水质,再设计简洁大方的瓶型与包装,针对国内中高端 KA 卖场、精品超市、中高端餐饮酒店等渠道,以高于普通纯净水 5～10 倍的价格高调入市,留出足够利润空间进行广告、公关活动造势。

阿尔山的动作似乎轻描淡写，甚为平常，但其操作手法相当务实。对一个新品牌来说，一上市就将眼睛盯着高端人群的口袋，全线出击，是极其危险的。阿尔山很聪明，"任它溺水三千，我只取一瓢饮"，明确选择最容易试饮的两类细分人群，一是美容女性，二是亚健康白领。无论是市场、渠道布局还是传播方式，这两类人群都很容易聚焦，可以快速掌控，能够让刚上市的品牌在竞争的夹缝中先存活下来。相比于西藏5100、黄果树、九千年等高价矿泉水老品牌，从入市到现在仍不清楚到底谁在喝自己的水，不清楚自己的渠道和传播方向，阿尔山的市场操作手法让它少走了很多弯路。

2. 睿智的宣传

所有的高价水品牌都应当从"安全水"到"健康水"转换，如果不把"健康水"的功能很好地传播出去，与普通水无异，是无法支撑其高价的。然而，对外宣传时，由于矿泉水不是医药保健品，不能明目张胆地在广告中宣传其功能，否则就是违法广告。西藏5100、昆仑山等都是通过对外传播宣称水源和微量元素含量，而真正卖货的功能只通过报纸、网络软文进行传播。

阿尔山另辟蹊径，采用化妆品广泛使用的代言人手法，巧妙地将优质水源对人体的具体功效表达出来，避开广告法规，让代言人刘亦菲充当意见领袖，亲身示范，带动潜在目标人群尝试购买，既提高了知名度，又生动展示了"健康水"的功效。

3. 精准的市场定位

在标准不统一的中国水市场上，纯净水、天然水、苏打水、深海水、冰山水、矿泉水等概念漫天飞舞，但主流价格带却将市场格局呈现得极其分明。2元以下是低端，以统一、康师傅、农夫山泉为代表；2～5元是中低端，以昆仑、阿尔山为代表；5～10元为中高端，以西藏5100为代表；10元以上是高端，以依云为代表。长期以来，法国依云和西藏5100攫取了高价矿泉水的中高端市场，统一和康师傅占据了低端市场，位于中低端的2～5元价格带却是一个巨大的市场空白，这里聚集了众多不满足于"安全水"的时尚女性和写字楼的白领。

4. 渠道策略

西藏5100凭借其独有的政府背景，进入铁路动车系统和国家大中型会议场所，在大客户团购渠道有着无可比拟的优势，但却没有快速消费品销售网络、市场操作经验与营销团队，争抢2～5元中低端"健康水"大众人群，是非常吃力的。

阿尔山入市面临的最大挑战是早其一年进入矿泉水中低端市场的昆仑山。但加多宝的昆仑山只是简单地将昆仑山引入王老吉渠道网络，没有足够的精力和激励措施刺激营销团队为昆仑山重新建立一个独立的"健康水"营销体系。

矿泉水的适销网点覆盖率并不高，阿尔山可以轻松占有大量终端。阿尔山成功上市后，不是像昆仑山一样一下子向全国铺开，而是根据产能精确布局市场和渠道，建立根据地。在根据地市场上，阿尔山将注意力集中在与昆仑山对抗的KA卖场、精品超市和餐饮等主渠道。如果阿尔山能够顺利地走完第一步，那么全国性的主渠道拓展模式推广，辅销渠道如团购、美容健身、铁路航空等新渠道的拓展与动销模式的建立，将是下一步的渠道建设方案。

阿尔山的竞争视野应该是谋求成为一个"健康水"帝国。

问题：

(1)阿尔山矿泉水面对的竞争环境和采取的竞争策略有哪些？

(2)根据矿泉水市场，结合阿尔山矿泉水的实际情况，对阿尔山的竞争策略提出你的建议。

资料来源：刘永平.阿尔山矿泉水：进军高端水市场[J].商业评论,2010(16).

案例二：清扬 PK 海飞丝的"头屑之争"

过去 40 年来，联合利华与宝洁的"拉锯战"是华尔街永远的主题。但现在，拥有 70 多年历史的联合利华已尽显老态。最终，在 2004 年宝洁取代联合利华成为全球日化用品的老大。

然而，联合利华终非等闲之辈。古诗有云："十年磨一剑，霜刃未曾试。今日把示君，谁有不平事？"2007 年春末夏初之季，联合利华十年磨成之剑"清扬"霜刃初试，剑尖直指宝洁的"海飞丝"。此举成败，关系到联合利华与宝洁两大巨头江湖地位的重整。

1. 十年磨一剑，"头屑之争"清扬势在必得

（1）骄人海外市场战绩，三年内成领袖。

联合利华"清扬"系列产品在东南亚五个国家包括新加坡、印度尼西亚、泰国等地的销售额，从上市之日起就节节攀升，市场占有率更一度超过海飞丝 10～12 个百分点。因此，清扬在中国战场上的胜利宣言，并非空话。

（2）猛打宝洁去屑软肋，首推男士专用洗发水。

2007 年 4 月 2 日，中华医学会科学普及部公布最近对 5351 人进行的网络调查显示，对于"去头屑"这个日常问题，60％的人对去屑效果不满意。从这些数据可以看出，海飞丝上市十余年，其去屑效果并未如其广告诉求明显。清扬恰到好处地抓住了海飞丝的这根软肋，对其进行攻击。清扬将其"维他矿物群"的功能诉诸科技，也让消费者在长久以来的去屑、顺发等无穷尽的空头广告中看到新的希望。而其"男士专用去屑"更是别出心裁。在消费品这个女性独秀的市场，男性一向有被忽略之嫌。首推男士专用，恰到好处地抓住了男性消费者渴望被重视的诉求。

（3）选准时机全面铺货，巨资广告暗藏杀机。

"清扬"此次选择进入中国市场还把握了非常好的时机。2 月份冬末开始全面铺货，利用春季进行全面推广，在其洗发水销售高峰的夏季时分，在消费者的思维里已经留下了清扬去头屑的印象，再加上春季试用的效果及习惯，清扬的产品将在夏季迎来第一个购买热潮。而清扬的广告，更是暗藏杀机。广告词："如果有人一次次对你撒谎，你绝对会——甩了它，对吗？"其弦外之音显得意味深长。

2. 联合利华霜刃出鞘，宝洁以剑相抗

海飞丝多年来的广告培养，已使得它成为消费者的去屑首选；而它去屑权威的地位，足以让"海飞丝"运用它的资源优势应对挑战者的攻击，击退挑战者。

（1）价格对垒，海飞丝利剑相向。

价格历来都是消费者争夺战役中最厉害的一招。面对"清扬"突如其来的攻击，"海飞丝"利用价格优势吸引消费者和保住原有的消费群体。目前，"清扬"尚处于产品导入期，其产品的价格相对较高；而"海飞丝"处于成熟期，高销售利润使它具有低价竞争优势。因此，"清扬"想与"海飞丝"进行价格对抗是不可能的。

（2）维系老顾客，宝洁先入为主。

"海飞丝"是宝洁公司的洗发水产品之一，进入中国市场近 20 年；"清扬"是联合利华进入中国市场十年以来首次推出的新品牌。从时间角度来说，"海飞丝"与消费者之间已经建立起了长久的合作关系，因此消费者对"海飞丝"的熟悉程度远比"清扬"高。海飞丝去头屑的功能，在中国消费者的心目中已经根深蒂固。海飞丝与清扬,好比熟悉人与陌生人,二者选其一,你会更信任谁?

(3)广告战,海飞丝玉女剑相抗。

"海飞丝"与"清扬"都充分利用整合营销中的广告策略,而广告往往显示了产品间的性格差异。"海飞丝"选择了陈慧琳、范冰冰等年轻、靓丽的公众面孔,而"清扬"则选择了性情豪爽、敢爱敢恨的小S。对于中国消费者而言,由于传统文化的影响,"海飞丝"的代言人所展现的年轻、纯洁、文静的特质,更容易被广大消费者接受,以达到消费者对产品产生认同的目的。

(4)瞄准产品购买者,海飞丝打蛇七寸。

对于购买洗发水这种类型的日常生活用品而言,购买者才是真正的决策者。在中国人购买洗发水的日常习惯中,购买者多为女性。针对购买者的消费心理,"海飞丝"目前进行的买洗发水送洗发水的促销活动,吸引了大量家庭妇女的眼球。

(5)侧翼防御,海飞丝以农村包围城市。

中国洗发水市场分为两大地盘:城市与农村。清扬有实力能与海飞丝真枪实战的是城市。而作为入主农村多年的海飞丝而言,海飞丝是名牌——在农村早已根深蒂固。"海飞丝"以这块后方根据地为据点,伺机就能对城市进行反包抄。

问题:

(1)清扬和海飞丝在洗发水市场中各自处于怎样的地位?

(2)海飞丝如何维护市场领先地位?

资料来源:周志民.清扬PK海飞丝:谁是赢家?[EB/OL].中国营销传播网,2007-05-31.http://www.emkt.com.cn/article/317/31714.html.

营销实训项目

制定企业的竞争策略

【目的】

调查研究企业所处的竞争环境,分析企业的竞争地位,有针对性地制定相应的竞争策略,以培养学生制定企业战略规划和营销计划的能力。

【方案】

(1)把学生分成若干组,每组3~5人,每组指定一名组长。

(2)选择当地某个具有区域优势的市场,如超市、教育市场、汽车市场、家电市场、手机市场等,进行观察、访问和收集该地区此行业的相关竞争信息,深入研究相关资料,并由各小组对收集的资料进行整理,得出相应的结论,并据此制定有针对性的竞争方案。

【规则】

(1)每个小组组长依次发言,阐述本组对市场的访问和调查情况。发言时间不超过5分钟。

(2)各小组分析企业竞争基本情况。

(3)各小组依据自己的访问和调查资料,制定相应竞争策略。

(4)讨论各小组竞争策略的优劣和预期效果。

(5)形成总结报告。

【方式】

在先期调研的基础上进行课堂讨论。

营销实践练习

1.假设你是一家超市的营销人员,请罗列本地与你企业相竞争的企业。

2.介绍一个行业,分析这个行业中几个企业的市场竞争地位。

3.选择你所熟悉的一个企业,用波特五力模型分析这个企业的竞争态势。

4.假如你是非常可乐的营销经理,你将采取什么竞争方式与可口可乐、百事可乐竞争。

5.讲述你所感受到的一次企业竞争。

6.了解电视行业,分析海尔、长虹、创维、TCL等企业在竞争中所处的地位,并以某具体企业为例,分析其应当采用的竞争策略。

营销模板

市场补缺营销策略实施

一、寻找补缺市场

1.填补市场空白

2.开辟全新市场

3.攻击弱点,取而代之

二、占领补缺市场

1.战略设计(渗透战略)

2.补缺战略的营销组合

(1)独一无二的产品策略。

(2)市场撇脂价格战略。

(3)占领补缺渠道。

(4)非常规的补缺式的推广策略。

三、扩大补缺份额

1.从广度上来看,就是要生产不同的产品或向不同的市场提供产品,开发新的类似补缺市场

2.从深度上来看,就是要向补缺市场提供不同规格的品种或定位于狭小市场的一揽子产品,从而进一步满足补缺市场的需求

四、捍卫补缺

1.保持并扩大差异化

2.以技术创新构筑竞争壁垒

3.控制上下游资源

4.建立有效而牢固的客户关系

5.提高消费者转移成本来锁定目标客户

网站资料访问

1.从"可乐大战"看品牌选择

http://www.cnad.com/autonews/pingpai/2005101714561269909.htm

2. 家乐福大型超级市场营销策略研究

http://wenku.baidu.com/view/f4665175a417866fb84a8e4e.html

3. 波特"五力分析"的实践精髓

http://finance.sina.com.cn/roll/20040603/1713794456.shtml

4. 长虹空调2009年将强势进军华东市场

http://news.abi.com.cn/htmfiles/79211.shtml

5. 区域市场领先者的困惑与出路

http://www.chinavalue.net/Article/Archive/2004/11/16/1858.html

6. 市场占有率阵地——市场领先者的竞争战略

http://www.51695062.com/html/product-12-02285658-1.html

7. 识别企业的竞争者

http://www.chinavalue.net/Article/Archive/2006/10/31/47412.html

8. 行业竞争战略理论的创新

http://bbs.21manager.com/dispbbs-9458-0.html

9. 弱势企业竞争战略的思考与构建

http://www.qikan.com.cn/ArticlePart.aspx?titleid=scxd20082295

第六章

目标市场营销策略

学习要点

1. 市场细分的概念及其作用和细分标准
2. 目标市场的选择及其目标市场策略
3. 市场定位及其战略

引导案例

经济型酒店——如家酒店连锁的快速发展

如家酒店集团创立于 2002 年，2006 年 10 月在美国纳斯达克上市。作为中国酒店业海外上市第一股，如家始终以顾客满意为宗旨，以成为"大众住宿业的卓越领导者"为愿景，向全世界展示着中华民族宾至如归的"家"文化服务理念和民族品牌形象。

如家酒店集团旗下拥有如家快捷酒店、和颐酒店两大品牌。

经济型酒店品牌——如家快捷酒店，经营以客房为主，将客户锁定在中小企业商务人士、休闲及自助游客，房间价格在 200 元左右，提供 24 小时热水淋浴、空调、电视、电话，有标准的席梦思家具及配套家具。通过提供标准化、干净、温馨、舒适、贴心的酒店住宿产品，为海内外八方来客提供安心、便捷的旅行住宿服务，传递着适度生活的简约生活理念。

中高端商务酒店品牌——和颐酒店，为境内外中高级商务及休闲旅游人士提供高科技智能化的酒店住宿产品和独具特色的"HOWEVER 贴心服务"，让您在人性化的舒适体验中畅想旅途的自由自在。

如家成立至今，更以敏锐的市场洞察力、完善的人力资源体系、有力的管理执行力和强大资金优势迅速建立起了品牌、系统、技术、客源等多个核心竞争力。作为行业标杆企业，如家正用实际行动引领着中国大众住宿业酒店市场走向成熟和完善。

问题：

1. 如家是如何进行市场细分的？

2. 如家的两个品牌酒店的目标顾客主要是哪类群体？

资料来源：郑凤萍.酒店营销实务[M].北京：化学工业出版社，2009.

任何一个企业都无法满足庞大而复杂的整体市场的全部需求。因此，目标市场营销策略通过市场细分，将顾客对某一类产品的需求细分为若干个群体，然后结合市场资源条件选择某些特定群体作为企业的目标市场，并制定有针对性的营销策略。通过市场定位，突出产品特色，增强企业市场竞争力。

第一节 市场细分

一、市场细分的概念和作用

(一)市场细分的概念

市场细分是美国市场营销学家温德尔·史密斯(Wendell Smith)在 1956 年提出来的。他主张凡是市场上的产品或劳务的购买超过两人以上者,这个市场就有被细分为许多子市场的可能。

所谓市场细分,就是企业通过市场调查,根据消费者需求的差异性,把整体市场划分为若干个具有某种相似特征的顾客群(或称为子市场),以便选择确定自己的目标市场的过程。简而言之,就是企业根据消费者需求的差异性把消费者进行分类的过程。例如,按性别、年龄、收入等因素可以把服装市场细分为男装、女装、儿童装、成年装及高档服装、普通服装等若干个子市场。

营销思考 6-1

市场细分是对产品的分类吗?

(二)市场细分的作用

1.有利于企业发现新的市场机会

通过市场细分,企业可以了解市场中各个群体的需求,并把这些需求进行归类、整理,以便明确哪些需求已经得到满足,哪些需求尚未满足。尚未满足的需求便是企业的市场机会。企业只有通过市场细分,才能发现这种市场机会。通过对这个市场机会的分析和考察,可以将它定为企业新的目标市场。例如,手机制造商发现的女性市场和老年人市场,就是在原有市场的基础上进一步细分,进而开发适合于女性和老年人的手机。

2.有利于企业制定有针对性的营销方案

企业通过市场细分,选择自己的目标市场,才能根据各个目标市场的特点和要求,分别设计不同的营销方案,做到有的放矢,企业才有可能取得成功。

营销案例 6-1

成功开发汽车减速器

电动汽车使用的是清洁能源,是未来汽车发展的方向之一,具有很大的市场潜力,因此它也决定了电动汽车减速器同样会潜力无限。

德州齿轮有限公司为富路车业有限公司开发设计的用于电动汽车的 DC17 减速器,通过进行充分的市场调研,在平原地带需要减速器传动比小、速度快,反之在山区丘陵地带需要减速器传动比大、速度慢。因此,公司技术中心在设计开发该减速器时,为了能够同时适应平原地带和山区丘陵地带,确定了两种传动比,一种 $I=4.278$,另一种 $I=6.09$,然后根据路况分别设计了两种减速器。

通过细分市场,德州齿轮有限公司成功开发了 DC17 电动汽车减速器。目前,这两种减速器已经完成样品试制,满足了顾客需求,现已形成小批量生产。

资料来源:代红艳.细分市场成功开发电动汽车减速器[EB/OL].2009-08-18. http://www.dcjm.gov. cn/bencandy.php?id=387.

3.有利于企业获取最大的经济效益

企业通过市场细分、目标市场的选择并针对各个目标市场设计有效的营销方案,可以说做到了步步为营,每一个环节都非常谨慎。在此基础上,企业可以更加合理地分配人力、物力、财力、技术等资源,去开展各个目标市场的营销活动,采取最佳的营销方案,以最少的劳动耗费取得最大的经济效益。另外,有针对性的产品和服务可以提高顾客的满意度和忠诚度,也会为企业创造更多的价值。综合起来,企业的经济效益肯定会增加。

营销案例 6-2

市场细分帮助美孚石油公司获取更多利润

在 20 世纪 90 年代初,石油价格战威胁着石油公司的盈利。为改变这一状况,美孚石油公司在一个市场细分研究中对 2000 名用户进行了调查,发现其中有 20% 的用户对价格十分在意,他们每年大约花费 700 美元来购买汽油,而其他市场细分中的用户每年用于汽油的花费达 1200 美元。尽管美孚石油公司不能确定哪些用户对价格敏感,哪些不敏感,但可以肯定的是 80% 的用户对价格不敏感,并且大量消费汽油。这一信息让美孚石油公司把注意力从价格转移到其他方面。结果,美孚石油公司把每加仑汽油涨了 2 美分,一年多赚了 1.18 亿美元。

资料来源:屈冠银.市场营销理论与实训教程[M].北京:机械工业出版社,2007.

二、消费者市场细分的标准

消费者市场细分的标准可归纳为地理因素、人口因素、心理因素和行为因素四大类,每类因素又包括更加具体的因素,这些因素有些是相对稳定的,大多数则处于动态变化中。消费者市场细分的主要变量如表 6-1 所示。

表 6-1 消费者市场细分的主要变量

细分标准	典型因素
地理因素	国家、地区、城市和农村、气候、人口密度等
人口因素	年龄、性别、职业、教育、收入、国籍、宗教、家庭结构等
心理因素	性格、爱好、气质、生活方式、社会阶层等
行为因素	利益追求、使用与购买频率、购买时机等

(一)地理细分

地理细分是按消费者所在的地理位置、自然环境来细分市场。消费者所居住的地区和地理条件不同,会表现出不同的需求特性。比如,我国南方与北方人们在饮食等方面差异性很大,素有"南甜北咸"的说法。

地理细分的变量有:国家或地区、城市或农村、山区和平原等。

地理细分最简单、最容易操作,同时也是比较实用的一种细分标准,但消费者个体的情况却无法从此标准中反映出来。因此,企业在进行市场细分时还应考虑其他的细分标准。

(二)人口细分

人口细分是按消费者年龄、性别、收入、职业、受教育程度、家庭规模、种族、国籍、宗教等因素来细分市场。这些变量对消费者的需求影响很大,而且这些变量也比较容易获取和衡量。因此,人口细分是消费者市场细分最常用的一种标准。比如,服装企业习惯性地用性别、年龄初步地对消费者市场进行细分。同地理细分相类似,人口细分也无法更准确地获取消费者个体的情况。

(三)心理细分

地理细分和人口细分比较常用,也容易操作,但这两个标准都属于外在的因素。消费者需求最大的差异来自心理的因素。心理因素复杂、多变而且又存在于消费者个体的心里,很难把握。实际营销活动中可以借助心理学的一些知识对消费者的心理进行分析,并将它用于市场细分中。

心理细分是按消费者所处的社会阶层、生活方式、个性特征等因素来细分市场。心理因素对消费者的爱好、购买动机、购买行为有很大影响。企业以心理因素进一步分析消费者的需求和爱好,更有利于发现新的市场机会和目标市场。

社会阶层是指在某一社会中具有相对同质性和持久性的群体。处于同一阶层的成员具有类似的价值观、兴趣爱好和行为方式,不同阶层的成员则在上述方面存在较大的差异。

生活方式是指消费者对待生活、工作、娱乐的态度和行为。据此可将消费者划分为享乐主义者、实用主义者、紧跟潮流者、因循守旧者等不同类型。

个性特征方面,消费者通常会选购一些能表现自己性格的产品。根据性格的差异,可将消费者分为独立、保守、外向、内向、支配、服从等类型。比如,20世纪50年代后期,美国福特汽车公司产品的购买者曾被认为是独立的、容易感情冲动的、雄赳赳的、注意变化的消费者群;而通用汽车公司的雪佛兰汽车的购买者则被认为是保守的、节俭的、讲究信誉的、较少男子气概和避免极端的消费者群。汽车公司可以通过促销宣传,努力为产品树立起顾客所希望的形象,以满足这些顾客的个性要求。

营销思考 6-2

心理细分可以从哪些方面入手?

(四)行为细分

行为细分是按照购买者对产品的了解程度、态度、使用以及反应状况,把购买者划分为不同的群体。主要的细分标准有消费时机、寻求利益、使用数量、使用者状况等。

按消费时机细分,是指按照顾客对产品或服务产生需求、购买或使用的时机进行市场细分。比如,旅游一般是在周末或公众假日;礼品一般在过节之前和过节时。

利益细分是指按消费者购买时所寻求的不同利益来对整个市场进行细分。进行利益细分,需要探寻不同利益追求的各类人群所追求的主要利益;另外,不同的消费者对同一种产品的利益需求点会有所不同。例如,香皂市场就可以根据消费者寻求的利益的差异进行市场细分,如表6-2所示。

表6-2 香皂的利益细分市场

利益类型	主要使用者
经济型——低价	男士、低收入者
药物型——防皮肤病	女性、皮肤病患者
化妆型——柔软肌肤、增白	女性
香型——各种花香	女性、儿童

按消费者使用量的不同,可将消费者分为少量使用者、中量使用者、大量使用者。比如啤酒厂大多选择大量使用者作为自己的目标顾客,他们需要研究这些顾客的特征,制定出相应的营销策略。对于洗衣粉、肥皂、洗发水等洗涤用品,以家庭为单位的就是大量使用者,以个人为单位的就是少量使用者。大量购买者只占市场的一个很小的百分比,但其总购买量占很大的百分比。因此,比起几个小量使用者,市场营销人员更愿意吸引一个大量使用者来购买其产品或者服务。

营销案例 6-3

谁在喝啤酒?

美国一家公司发现,美国啤酒的80%是被50%的顾客消费掉的,另外一半顾客的消耗量只占总量的20%。因此,啤酒公司宁愿吸引重度饮用啤酒者,而放弃轻度饮用啤酒者,并把重度饮用啤酒者作为目标市场。公司还进一步了解到大量喝啤酒的人多是工人,年龄在25~50岁之间,喜欢观看体育节目,每天看电视的时间在3~5小时。很显然,根据这些信息,企业可以大大改进其在定价、广告传播等方面的策略。

资料来源:吴勇,邵国良.市场营销[M].北京:高等教育出版社,2005.

按消费者对产品的使用情况可将消费者分为未曾使用者、曾经使用者、潜在使用者、初次使用者和经常使用者。一般来说,资金雄厚、市场占有率高的大企业,都对潜在使用者比较感兴趣,注重吸引潜在使用者,将他们转变为企业的顾客;小企业资金薄弱,往往看重经常使用者。

三、市场细分的方法

(一)单一因素法

单一因素法就是以消费需求的某一单一因素为单一标准进行市场细分的方法。例如,日本的资生堂公司在1987年提出"体贴不同岁月的脸",他们以"年龄"为细分依据,为十几岁的少女提供的是 Reciente 系列,20岁左右的提供的是 Ettusais,三四十岁的妇女提供的是 Elixir,50 岁以上的妇女则可以用防止肌肤老化的 Rivital 系列。

(二)综合因素法

综合因素法是选择两个或三个细分依据进行市场细分的方法。可以通过二维或三维坐标图,直观地显示细分市场的状况。比如,以收入、年龄来细分某一市场,则可得到如下一些细分市场,即每一格代表一个子市场,共有 3×4＝12 个,见图 6-1。

收入

年龄	低	中	高
50 以上			
40—50			
30—40			
30 以下			

图 6-1 综合因素细分法

(三)系列因素法

系列因素法就是企业选择三个以上的细分依据进行市场细分的方法。比如可以对服装市场选取性别、年龄、收入、追求利益四个因素进行细分,最终可以得到全部的细分市场的数目是 2×4×3×4＝96 个。当然其中一部分细分市场是无效的,因此还需要进一步的分析、筛选。

四、市场细分的原则

(一)可衡量性

可衡量性是指细分市场的规模、购买力是可以被认识的,便于企业正确评价各个细分市场,有效地选择目标市场。市场规模可以通过人口数量获取,购买力可以通过子市场消费者的收入水平来衡量。但也有一些细分因素难以测量,比如一个市场的左撇子人口总数,因为这个市场难以识别和测量,所以很少有产品是专为左撇子市场设计的。

(二)可进入性

可进入性是指细分市场的进入壁垒的高低。若进入壁垒高则无法进入,也就不能作为有效的细分市场;若进入壁垒低,企业比较容易进入,则可作为有效的细分市场。主要的障碍有政府政策的规定、资本的要求、产品的差异化等。比如,许多城市不给摩托车办牌照,摩托车就无法在城市销售。

(三)可实施性

可实施性是指企业现有的资源条件能否满足对细分市场的开发,也就是企业的资金实力、技术条件、营销人员、销售渠道等是否可以完成开发新的目标市场的任务。

(四)可盈利性

可盈利性是指细分市场是否具备让企业盈利的潜力。企业花费大量的人力和物力,目的是为了赚取更多的利润,因此,细分市场必须要保障企业有一定的获利。比如宝洁公司曾经细分出了一个低卡路里糖果的细分市场,不过该市场太小,不足以支付一条糖果生产线的投资成本。

第二节　目标市场选择

一、目标市场及其评估

　　企业通过市场细分,从众多的细分市场中选择一个或几个具有吸引力、有利于发挥企业优势的细分市场作为自己的目标市场,这是企业细分市场的目的所在。所谓目标市场(target market)是企业为满足现实或潜在需求而决定进入的,具有共同需求或特征的购买者集合。企业的一切营销活动都要围绕目标市场来进行。细分市场能否成为企业的目标市场,需要对其进行评估。主要从以下几个方面进行评估:

　　1.细分市场的规模和增长率

　　细分市场的规模必须是可以衡量的,而且要足够大,这个大小尺度的把握要根据企业所处行业来确定。此外,细分市场当前的销售量、销售增长率和预期的销量也是企业应该考虑的问题,如果市场销售量有限,并且市场增长乏力,则不应把该细分市场作为企业的目标市场。

　　2.细分市场的吸引力

　　如果细分市场的规模足够大,其增长前景也不错,企业还应该考虑细分市场的吸引力。市场的吸引力主要是看市场的利润率的大小,还要考虑竞争者、替代品和消费者购买能力等方面。如果竞争者多且实力很强,那这个市场的吸引力就弱;反之则强。替代品的市场销售情况火爆则对本产品的威胁程度大,那这个市场的吸引力就弱;反之则强。如果消费者的购买力强则该市场的吸引力就大,反之市场的吸引力就弱。

　　3.企业的目标和资源

　　如果细分市场与企业的目标一致,企业就该考虑现有的资源,如资金、技术、人才等是否可以去经营这个市场。经过考查,如果可以做,企业应选择那些市场规模大、增长率高、吸引力强的市场作为企业的目标市场;如果企业的资源不足以经营这个市场,企业可以考虑选择规模比较小、竞争不太激烈的细分市场作为自己的目标市场。

　　如果某个细分市场不符合企业的长远目标,企业就可以考虑放弃这一细分市场以免分散企业精力,影响主要目标的实现。

二、目标市场营销策略

(一)无差异营销

　　无差异营销是指企业不考虑各子市场间的差异性,只注重子市场需求的共性,决定只推出单一产品,运用单一的营销方案,满足尽可能多的顾客的需求,如图6-2所示。可口可乐公司早期就采用这种策略,以"可口可乐"一种产品,行销世界许多国家,经营十分成功。

| 市场营销组合策略 | → | 市场 |

图6-2　无差异营销

　　无差异营销的优点是产品单一,有利于标准化和大规模生产,可以为企业降低研发、生产、储存、运输、促销等环节的成本费用,具有低成本的竞争优势。此外,不进行市场细分,也就节省了市场调研费用及广告宣传、推销等费用。

　　无差异营销的缺点是由于没有考虑消费者需求的差异性,无法有针对性地满足顾客个性化的需求,因此失去了很多顾客,失去了很多市场机会。可口可乐早期的时候就用可乐来满足所有消费者的需要,在降低生产和运营成本的同时却也失去了不喝可乐的那部分消费者。

　　这种策略适用于具有广泛需要的、用户对这种产品有共同的需求或用户之间的需求差异不大的情况。如标准件、通用设备以及不受季节、生活习惯影响的日用消费品。

营销思考 *6-3*

　　无差异营销策略的缺点是什么?为什么被视为实行无差异营销典范的可口可乐公司后来也改变了策略?

(二)差异营销

　　差异营销是指企业针对每个子市场,分别设计不同的产品,使用不同的营销方案,最大限度地满足各子市场的需求,如图6-3所示。

　　差异营销的优点是可满足消费者多样化的需求,扩大销售,提高市场占有率,减少经营风险等。

　　其缺点是由于多品种生产、多渠道销售必然增加生产及营销成本,包括调研、生产、促销、分销、营销计划制订等。由于多品种、小批量生产,对企业的经营管理水平也提出了更高的要求。因此,该策略多为实力雄厚的大公司所采用。

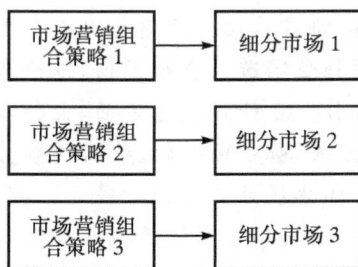

```
┌──────────┐      ┌──────────┐
│市场营销组 │─────▶│细分市场1 │
│合策略1   │      └──────────┘
└──────────┘

┌──────────┐      ┌──────────┐
│市场营销组 │─────▶│细分市场2 │
│合策略2   │      └──────────┘
└──────────┘

┌──────────┐      ┌──────────┐
│市场营销组 │─────▶│细分市场3 │
│合策略3   │      └──────────┘
└──────────┘
```

图6-3　差异营销

营销案例 *6-4*

雅诗兰黛公司的差异化营销

　　美国四种销量最好的名牌香水都属于雅诗兰黛公司,此外排名前十位的名牌化妆品中的七种以及销量最好的前十名名牌护肤品中的八种也属于雅诗兰黛公司。为不同口味的细分市场设计差异化的品牌,雅诗兰黛公司精于此。雅诗兰黛的原品牌吸引年纪较大的群体;而倩碧对于家住郊区、时间紧张的中年母亲是最合适的;时尚的M.A.C系列产品,适合于年轻的赶时髦者;适合于新生代的艾维达(Aveda),质优价高,有芬芳系列和泥土精华,公司预计将发展成为销售额达10亿美元的品牌。公司甚至还有价位较低的 Jane by Sassaby 品牌,对象是在沃尔玛和莱特德购物的青少年。

资料来源:菲利普·科特勒,加里·阿姆斯特朗.市场营销原理[M].郭国庆,等,译.11版.北京:清华大学出版社,2007.

(三)集中营销

集中营销,即企业集中所有的资源,选择一个或少数几个市场作为目标市场,制定一套营销方案,进行专业化经营,争取在这些子市场上有较大的市场占有率,如图6-4所示。

集中营销的优点是可深入了解特定目标子市场的需求,实行专业化经营,从而节省费用,增加赢利,并强化企业及产品形象。

其缺点是目标市场狭小,经营风险大。一旦市场需求突然发生变化,或出现更强的竞争对手,企业就可能陷入困境。该策略适用于实力弱、资源少的小企业。

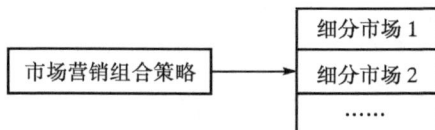

```
                          ┌──────────┐
                          │ 细分市场1 │
                          ├──────────┤
┌──────────────┐         │ 细分市场2 │
│ 市场营销组合策略 │────────▶├──────────┤
└──────────────┘         │  ……      │
                          └──────────┘
```

图6-4　集中营销

营销案例 6-5

星纯——专为大学生设计的校园护肤品牌

柏兰生物技术(广州)公司通过市场调查发现,虽然各个市场领域中都有不同的主导品牌,但迄今为止尚未出现专门针对大学生群体的校园护肤品牌。由此设想,如果能有一个专门针对大学生皮肤研制的校园品牌,必将有着极为广阔的市场发展空间。于是,公司推出了针对大学生的"星纯"护肤品。"星纯"的销售渠道只在校园内,以专卖店为销售、培训基地,在学生中招聘一批星纯直销员开展直销工作。在开发顾客方面,大力推广会员制。在促销上利用各种现成的校园资源,采用多种传播方式,如校园刊物、校园广播、悬挂横幅、张贴海报、赞助校园活动等。宣传诉求重点:星纯,专为学生设计的校园护肤品。品牌广告语:我有我的一套!在羊城广州的华南农业大学7天时间,现场销售星纯产品收入近5万元。

资料来源:屈冠银.市场营销理论与实训教程[M].北京:机械工业出版社,2007.

三、选择目标市场营销策略应考虑的因素

(一)企业的资源

企业的资源包括企业的人力、物力、财力、技术等方面。若企业的资源多,实力雄厚,可运用无差异营销或差异营销策略;若企业资源少,实力不足,最好采用集中市场营销策略。

(二)产品特点

产品本身差异性大小是必须要考虑的。差异性小的,如面粉、食盐等产品属于同质性高的产品,适用于无差异营销策略。差异大的产品,如汽车、服装、食品等属于同质性小的产品,顾

客在购买时需求会多种多样,适用于差异或集中营销。

(三)市场特点

如果各细分市场的消费者对某种产品的需求和偏好基本一致,则这一产品的市场同质性就高。若顾客的需求、购买行为基本相同,对营销方案的反应也基本一致,可实行无差异营销。如果各细分市场的消费者对同种产品的需求的差异性很大,则这种产品的同质性就低,属于异质性市场,应采用差异营销。

(四)竞争对手策略

首先考虑竞争者的数量。若竞争者少,可采用无差异市场策略,去占领整体市场;若竞争者多,则采取差异市场策略,以对付竞争者。其次是考虑竞争者采取的策略,以采取相应的措施。若竞争者采取无差异市场策略,本企业应采取差异市场策略;若竞争者已经采取差异市场策略,本企业应与之有所不同,另辟蹊径。

(五)产品生命周期

产品处于不同的市场生命周期阶段,应采用不同的目标市场策略。在导入期和成长期前期,由于没有或有很少的几个竞争对手,一般应采用无差异市场策略,实行大批量生产和全面销售。在成长期后期、成熟期,由于竞争对手多,应采取差异市场策略,求得生存和发展。

营销资料 6-1

蓝海战略

2005 年 2 月,W·钱·金(W. Chan Kim)和勒妮·莫博涅(Renee Mauborgne)教授合著的《蓝海战略》(Blue Ocean Strategy)一书由哈佛商学院出版社出版,书中第一次提出了蓝海战略。

蓝海战略,就是企业超越传统产业竞争、开创全新市场的战略。蓝海战略通过差异化手段得到一个崭新的市场,在这里,企业凭借其创新能力获得更快的增长和更高的利润。与已有的、通常呈现为收缩趋势的竞争市场需求不同,蓝海战略考虑的是如何创造需求,突破竞争。在当前已知市场空间的"红海"竞争之外,构筑系统性、可操作的蓝海战略并加以执行,只有这样,企业才能以明智和负责的方式拓展蓝海领域,同时实现机会的最大化和风险的最小化。

资料来源:黄彪虎.市场营销原理与操作[M].北京:北京交通大学出版社,2008.

第三节　市场定位

一、市场定位的概念及步骤

(一)市场定位的概念

定位这个概念是 1969 年经由广告经理艾尔·里斯(Al Ries)和杰克·特劳特(Trout)提出后开始流行起来的。他们认为,现代社会是一个传播过多的社会,信息庞杂,相互干扰的程度很高,而传播沟通方法不理想,最好的解决办法就是定位,只有这样才能有效地间隔,使传达的信息不被淹没。菲利普·科特勒说,解决定位问题,能帮助企业解决营销组合问题,营销组合(产品、价格、分销、促销)是定位战略战术运用的结果。

目标市场选定以后,企业就需要进行市场定位。市场定位就是确立企业产品在目标市场上的位置,也就是企业及其产品在消费者心目中的形象。要使产品能够在消费者心目中留下深刻的印象,并且使这种印象成为消费者购买产品的动因,就要求企业的产品必须具有不同于其他企业产品的鲜明的个性和特色,而且这种特色确实能够满足消费者的某种特殊需要。因此,市场定位实际上是在市场细分基础上对被作为目标市场的细分市场进行的更深层次的剖析,是产品及企业特色的选择。通过市场定位,有利于树立企业及其产品的市场特色,使其在消费者心目中有一个与众不同的独特的形象,形成一种特殊的偏爱,从而在激烈的市场竞争中处于有利的地位。市场定位也是企业制定市场营销组合策略的基础,能使企业根据市场定位设计与之相适应的市场营销组合。

🐖营销案例 6-6

金六福的独特定位

白酒行业的新贵,金六福可以说每一步都走得优雅而稳健。其独特的"福文化"和营销手段一直为业界所注目。从最初的"好日子离不开它,金六福酒"、"喝金六福酒,运气就是这么好"、"中国人的福酒"、"幸福团圆,金六福酒"、"奥运福·金六福"、"春节回家·金六福酒"等,无不散发着浓厚的传统文化气息。不难看出,这么多年,金六福始终围绕着"福文化"进行品牌定位和营销管理,通过富有情感煽动力的传播方式和有效的传播,在消费者心目中树立了独特而有亲情力的市场地位。

资料来源:方焰.品牌定位经典案例:金六福酒[EB/OL].2008-03-24.http://www.cmmo.cn/home.php?mod=space&uid=82454&do=blog&id=22946.

(二)市场定位的步骤

1.确认潜在的竞争优势

企业进行市场定位时,首先必须在充分研究竞争对手和自身资源积累的基础上,明确自己的竞争优势所在,这样才能充分发挥自身的优势,形成不同于竞争对手的鲜明特色。

首先,要研究竞争对手的定位情况。要了解竞争对手正在提供什么样的产品,在消费者心目中的形象如何,并估测其产品成本和经营情况。对竞争对手的研究,不仅要研究竞争对手的现状,还要深入研究竞争对手潜在的竞争优势。

其次,要研究消费者对产品的评价标准,即消费者在购买此类产品时,最关注的因素是什么。在消费者最关注的环节上创造自己的特色往往最容易使消费者留下深刻的印象。企业如果能够比竞争对手更了解消费者的需要,就能针对消费者需求的核心有效地创造出自己的特色。

再次,要研究企业自身的资源积累情况。企业要作出判断,根据企业目前资源积累的情况,有可能在哪些方面创造出自己的特色;与竞争对手相比,哪些方面更具有优势并且是企业力所能及可以实现的。

2.选择相对竞争优势

相对竞争优势是指凌驾于竞争对手之上,足以克敌制胜的比较优势。在充分研究竞争对手及自身条件的基础上,企业将进一步确定自己的竞争优势所在来进行市场定位。

相对竞争优势通常来自于两个方面:一是价格优势,二是产品的差别化优势。价格优势就是产品的价格比竞争对手的价格更能吸引消费者购买。价格优势来自于成本优势,如果企业在降低成本方面比竞争对手有更大的优势,企业可以选择"廉价"作为自己的特色。产品差别化优势就是在产品的功能、质量、造型、服务等产品属性的某一个方面或某几个方面区别于竞争对手的产品,形成自己的特色,能够为消费者提供更大的满足,从而吸引消费者购买。那么,企业把产品的差别化作为企业特色就是可行的。需要强调的是,即使企业的优势在于产品差别化,但也必须努力降低产品成本,特别在人们收入减少、经济不景气的时候更是如此。

3.显示竞争优势

企业特色必须是被消费者所认可、所接受的。要使企业的相对竞争优势成为企业及其产品的特色,就必须让消费者知道企业的优势所在,而让消费者了解企业竞争优势所在的最好方法就是把竞争优势体现在产品上,成为产品优势,如成本优势必须体现在企业产品价格比其他企业产品的价格更能为消费者所接受;差别化优势必须体现在产品比其他企业的产品能够为消费者提供更大的满足。总之,企业必须通过各种有效的方式加强同消费者的沟通,通过广告宣传、演示、试用等各种方法,凸现产品的特色,强化消费者对产品特色的认识和认同。

营销思考 6-4

市场定位是企业决定自己的产品和品牌的定位吗? 如何理解市场定位最终是由消费者决定的?

二、定位战略

(一)避强定位

这是一种避开强有力的竞争对手进行市场定位的模式。企业不与竞争对手直接对抗,将自己置于某个市场"空隙",发展目前市场上没有的特色产品,开拓新的市场领域。这种定位的优点是能够迅速地在市场上站稳脚跟,并在消费者心中尽快树立起一定形象。由于这种定位方式市场风险小,成功率较高,常为多数企业所采用。

营销案例 6-7

农夫山泉有点甜

饮用水产品市场容量大,但生产门槛低,竞争产品多。水市大战异常激烈,农夫山泉面对娃哈哈、乐百氏、康师傅几大劲敌,运用差异化营销取得了成功。"农夫山泉有点甜",体现了农夫山泉天然水味道甘洌的特点。在其他品牌的饮用水诉求纯净、富含矿物质大行其道之时,农夫山泉出其不意地从另外一个角度挖掘了天然水的特质——不是无味,而是略甜。水源来自于无污染的千岛湖,更加给人一种山泉般清凉、甘甜的心理暗示。其鲜明的产品形象很快得到人们的认可,在其进入市场一年后就取代了"康师傅纯净水"水市场第三的位置,仅次于娃哈哈和乐百氏。

资料来源:张晋光,黄国辉.市场营销[M].2版.北京:机械工业出版社,2010.

(二)迎头定位

这是一种与在市场上居于支配地位的竞争对手"对着干"的定位方式,即企业选择与竞争对手重合或靠近竞争者的市场位置,争取同样的目标顾客,彼此在产品、价格、分销等方面少有差别。实行迎头定位,企业必须做到知己知彼,应该了解市场上是否可以容纳两个或两个以上的竞争者,自己是否拥有比竞争者更多的资源和能力,是不是可以比竞争对手做得更好。否则,迎头定位可能会成为一种非常危险的战略。

(三)重新定位

重新定位通常是指对那些销路少、市场反应差的产品进行二次定位。初次定位后,随着时间的推移,新的竞争者进入市场,或者由于顾客需求偏好发生转移,致使本企业原来的市场占有率下降,企业就要对其产品进行重新定位。一般来讲,重新定位是企业为了摆脱经营困境,寻求重新获得竞争力和增长的一种手段。当然,重新定位也可以作为一种战术策略,可能是由于发现新的产品市场范围而引起的。

三、市场定位方法

(一)质量、价格定位法

质量、价格定位法就是将产品的质量和价格结合起来考虑给产品定位,这是最简单、最常用的一种方法。如海尔家电产品定位于高价格、高品质;华联超市定位于"天天平价,绝无假货";雕牌洗衣粉的广告词是"只买对的,不买贵的"。具体可以有四种组合,可以用图6-5来表示。

		低	高
价格	高	低质高价	高质高价
	低	低质低价	高质低价
		低	高
		质量	

图6-5 质量、价格矩阵定位

高质高价指提供高档次的产品和服务,并制定高的价格来补偿高的成本。奔驰汽车具有优越的质量、工艺、寿命、性能和款式,价格自然也与之相配。它不仅具有上等的质量,而且给购买者带来了声望,象征着地位和高档的生活方式。

高质低价是一种理想的定位,许多公司都宣称自己就是这么做的。例如,戴尔公司声称,在给定的性能水平下,自己以更低的价格提供更好的产品。宝洁公司声称自己的洗衣剂清洁能力最好,价位也不高。格兰仕也是高质低价的一个典型。

低质低价定位是用更低的价格满足消费者较低的性能或质量要求,也就是质量不太好价位也比较低。

低质高价定位由于涉嫌欺诈消费者所以不可取。企业可以根据自己的实力和市场的竞争情况选择一种定位方法。

(二)利益定位法

利益定位法就是根据产品所能给消费者带来的利益或所能满足的需求来定位。比如,宝马的定位是享受快乐驾驶;奔驰则强调安全、舒适等。

营销案例 6-8

日化产品的定位

"海飞丝"——头屑去无踪,秀发更出众;

"飘柔"——头发飘逸柔顺,洗发护发二合一;

"潘婷"——含维他命原 B5,令头发健康、加倍亮泽;

"润妍"——让秀发更黑更漂亮,内在美丽尽释放;

"舒肤佳"香皂——洁肤而且杀菌;

"碧浪"洗衣粉——对蛋白质污渍有特别强的去污力;

"护舒宝"卫生巾——各有不同长度及厚度,以配合你的不同需要;

"玉兰油"——滋润青春肌肤,蕴含青春美。

资料来源:吴健安.市场营销学[M].2 版.北京:高等教育出版社,2004.

(三)比附定位法

比附定位法是指攀附名牌,借名牌之光使自己的品牌生辉。如内蒙古的宁城老窖酒,其宣传广告是"宁城老窖——塞外茅台",就达到了很好的定位效果。

(四)首席定位法

首席定位法就是强调品牌在同行业或同类中的领导性、专业性地位,如宣称"销量第一"。在如今信息爆炸的时代,消费者能够记住的品牌是少之又少,而对于"第一"或"冠军"基本上还能记住一些。

(五)根据竞争者定位

以某知名度较高的竞争品牌为参考点来定位,在消费者心目中占据明确的位置。如美国汽车租赁公司阿维斯公司强调"我们是老二,我们要进一步努力";七喜饮料的广告语"七喜非可乐";亚都公司恒温换气机的诉求点"我不是空调"等,这些在不同程度上加强了自己在消费者心目中的形象。

(六)根据使用者定位

这是把产品和特定用户联系起来的定位策略,它试图让消费者对产品产生一种量身定制的感觉。如初元的广告词为"看病人,送初元",专门为看病人的人准备的礼品;Levi's 牛仔服的目标市场是男性,而 Lee 牌牛仔服则专为女性开发。

营销案例 6-9

概念创变,后来居上的脑白金

在红桃 K 携"补血"、三株口服液携"调理肠胃"概念创造中国保健品市场高峰之后,保健品行业跌入谷底,市场上难有足够吸引消费者的保健品了。然而,脑白金却创造了这个奇迹,以极短时间迅速启动市场,并登上中国保健品行业"盟主"的宝座。其成功最主要的因素在于找到了"送礼"这个概念,将保健品在观念上替代成了礼品。

在中国,如果谁提到"今年过节不收礼",随便一个人都能跟着说下去,"收礼只收脑白金"。脑白金已成为中国礼品市场的第一代表。

睡眠问题是一直困扰中老年人的难题,因失眠而睡眠不足的人比比皆是。有资料统计表明,国内至少有70%妇女存在睡眠不足的现象,90%的老年人经常睡不好,"睡眠"市场如此之大。脑白金功能定位非常准确。

保健品符合中国人的送礼习惯,体现了中国人之间相互关爱的情义。脑白金成功引领了消费潮流,并取得了巨大成功。

资料来源:经典营销传播概念之脑白金——吆喝起中国礼品市场.[EB/OL].http://www.liyi99.com/giftculture/76.htm.

本章小结

目标市场营销是指与适当的顾客建立适当的联系和战略设计。目标市场营销包括三个步骤:市场细分、目标市场选择和市场定位。

1.市场细分

市场细分是把整体市场划分为不同的购买者群体的方法,细分的前提条件是值得企业为这些群体提供独立的产品和营销组合。市场细分最主要的作用就是可以为企业寻找新的市场机会。消费者市场的细分依据主要有地理细分、人口细分、心理细分和行为细分。企业可根据所处的行业选择合适的细分依据,同时运用恰当的细分方法,并遵循市场细分的四个原则:可衡量性、可进入性、可实施性和可盈利性。

2.目标市场选择

企业首先要评估细分市场的规模和增长特性、盈利能力和吸引力及与公司目标和资源的匹配性。然后,要选择适当的目标市场策略。无差异营销是企业忽略细分市场的差异性,以整体市场为目标市场;差异营销是以若干个细分市场为目标市场,分别设计不同的产品和营销方案;集中营销只以一个细分市场或几个细分市场作为目标市场。这三种战略各有利弊,企业选择时受到诸如企业的资源、产品特点、市场特点、竞争对手策略和产品的生命周期阶段等因素的影响。

3.市场定位

企业要在细分市场上拥有较强的竞争力,就必须在产品生产营销的某个方面创造出自己的鲜明特色,以此来争取消费者,开拓市场,从而战胜竞争对手。定位的工作包括三个步骤:确认潜在的竞争优势、选择相对竞争优势以及显示竞争优势。定位战略包括避强定位、迎头定位和重新定位等,企业必须把确定的定位有效地向市场进行沟通和传送,并采取有效的市场定位方法。

关键术语与概念

市场细分　地理细分　人口细分　心理细分　行为细分　目标市场
无差异营销　差异营销　集中营销　市场定位

复习与思考

1.市场细分的标准和原则有哪些？

2.评估细分市场应考虑哪些因素？

3.企业在选择目标市场策略时应考虑哪些因素？

4.如何进行有效的差异营销？

5.什么是市场定位？企业如何进行市场定位？

6.市场定位的策略有哪些？分别举例说明。

案例分析

案例一：精准定位赢市场——2010年5月OPPO手机市场表现分析

依靠对手机的理解以及对市场的精确定位，OPPO在手机行业内以"后起之秀"的身份赢得了广泛的市场份额，这一成绩难能可贵。作为业内"新人"，OPPO集中精力在手机价格、外观样式、适用人群等方面进行了细致的细分，在目标市场上全力以赴，不仅在市场上站稳了脚跟，并为进一步的发展奠定了坚实的基础。

主流价位市场发挥出色

在千元以下产品市场上，OPPO拿到了超过3％的成绩，接近5月其在整体市场的表现；在1000—2000元这一主流价位市场上，OPPO更是发挥出色，市场成绩超过6个百分点，鉴于该细分市场43.67％的整体市场份额，在该市场上出色的发挥在很大程度上提升了OPPO的整体市场成绩。而在其他价位市场上，OPPO表现则有所欠缺，如图6-6所示。

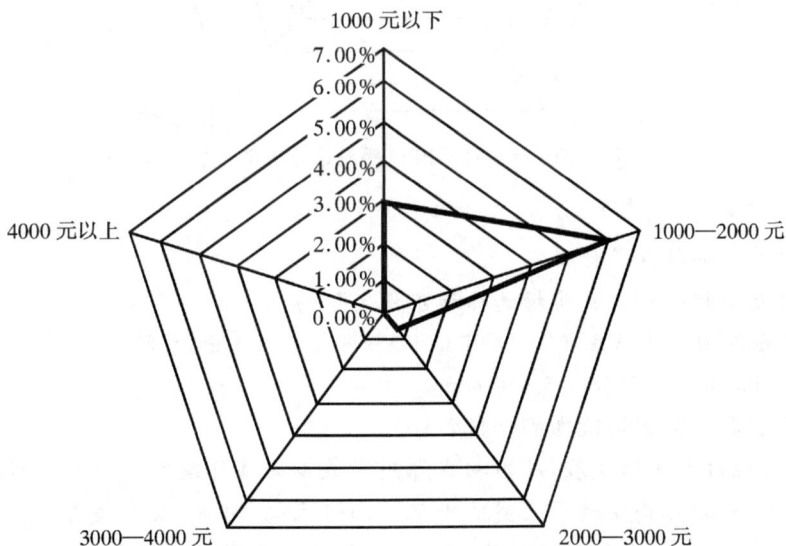

图6-6 2010年5月OPPO手机价格市场表现分析

滑盖市场展现青春活力

OPPO手机一直倡导以自由、风尚和有型为主的都市定位，对于手机外观样式的设计一方面坚持制作工艺上的完美追求和以人为本的理念，另一方面更强调了在造型上的国际化设计感，旨在为都市时尚族群营造出引领时尚的自由风范。

调研数据显示,2010年5月OPPO在滑盖手机市场表现突出,市场成绩接近8%,在翻盖手机市场其成绩也逼近6个百分点,直板手机市场上人气也接近3%,与整体市场成绩相差不多,唯独在触控市场上表现不足。

年轻时尚一族成主力

正如前文所说,OPPO手机一直倡导以自由、风尚和有型为主的都市定位,其目标客户自然很大程度上直接指向了年轻时尚的学生一族。调研数据显示,按照适用人群来划分市场,在学生一族市场上OPPO毫不意外地发挥出色,市场成绩超过13%,作为业内"新人"级别的人物,这一成绩对于OPPO来说,是市场对其的肯定;OPPO时尚的设计以及优秀的音乐品质,在女性手机市场上也取得不俗战绩,市场成绩也达到了9个百分点,表现同样优异。但优秀的表现只局限这两个市场,当然,这也与OPPO的市场定位有很大关系,如图6-7所示。

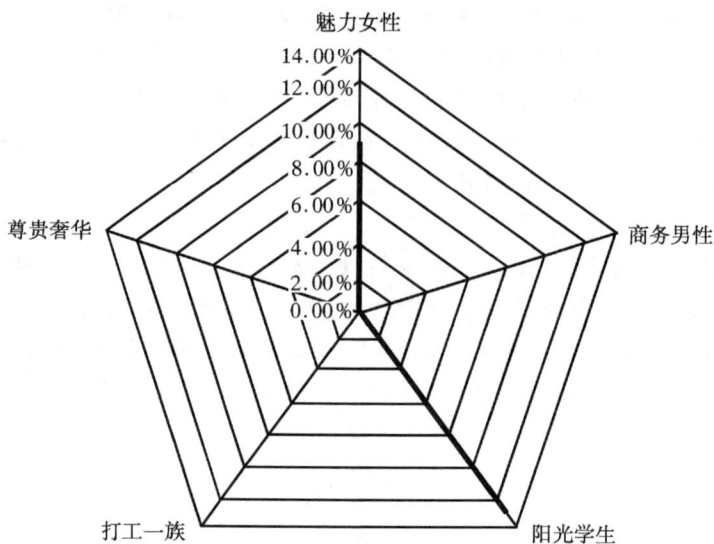

图6-7　2010年5月OPPO手机适用人群市场表现分析

问题:

(1)OPPO手机的特点是什么?

(2)OPPO是如何进行目标市场选择和市场定位的?

资料来源:李英杰.精准定位赢市场　5月OPPO手机市场表现分析[EB/OL].2010-06-23.http://datacenter.yeshy.com/mobile/156/11385656.shtml.

案例二:香飘飘奶茶为何能做到十亿?

香飘飘奶茶经过五年的发展,从当初在郑州区域市场每月销售三十多件奶茶,到今天荣登中国奶茶行业第一品牌,全年销量已突破十亿。而像立顿、相约、优乐美等品牌奶茶一直想超越,却望其项背,无法撼动香飘飘的位置。一杯奶茶为何会有这样大的市场?

香飘飘经过调查发现,喜爱喝奶茶的消费者,是年龄在15~30岁的年轻人尤其是女性。由于女性占奶茶消费群的68.7%,所以年轻女性是奶茶的重度消费群。

现代年轻女性消费心理表现出一些新动向。一是女性的变身动向。希望生活多样化,希望尝试不同的生活方式,希望改变身份,希望经历各种体验。香飘飘杯装奶茶给女性带来了一种新的体验。二是女性的挑战动向。希望冒险,希望向某些事物挑战,香飘飘奶茶的方便杯、高纤椰果正合女性喜欢标新立异的心理特点。三是女性的自立动向。希望在经济和精神方面都能自立,香飘飘的品牌核心价值彰显了女性"有主见"的自立动向。四是女性的即时动向。希望节时、方便,香飘飘杯装奶茶的方便、省时恰好迎合了女性的这种需求。五是女性的愉快动向。希望过得快乐,希望做自己喜欢做的事,这种动向以女性大学生和独身女性最为显著,香飘飘"纯情、温馨"的品牌定位符合女性追求愉快的动向。六是直觉的倾向。女性的购买欲望多受直观感觉影响,她们青睐的是表现个性和情趣的、色彩丰富的包装。七是感性的倾向。"感觉"好的商品更能打动女性消费者。

根据以上的奶茶产品和消费者心理研究,香飘飘定位为一种"健康情趣奶茶",全部采用天然原料,独家含有低热量高纤维的椰肉,满足女性想喝奶茶却又怕喝多了影响身材形象的潜在需求。经过反复考虑选用在男女消费群都有号召力的明星陈好代言产品。

为了突出香飘飘的产品特征、名称属性以及消费者追求的自然健康、清新自在的风格,香飘飘VI设计中使用了可爱具有张力的翅膀,真正在品牌形象上激活了消费者眼球和感觉。

问题:

(1)香飘飘奶茶是如何进行市场细分的?

(2)香飘飘奶茶的核心目标人群主要是哪一类?她们具有什么样的消费心理特征?

资料来源:刘拓.香飘飘奶茶为何能做到十亿[EB/OL].中国营销传播网,2009-11-26.http://www.emkt.com.cn/article/444/44423.html.

营销实训项目

1.请对家具、旅游产品、服装进行目标市场选择和市场定位

【目的】

掌握目标市场选择和市场定位的基本理论与方式。

【方案】

通过市场调查,了解家具、旅游产品、服装等相关行业信息,利用收集的信息进行市场分析,评估细分市场,确定目标市场并进行市场定位。

【规则】

(1)制订行动计划书。

(2)确定细分市场的评估标准。

(3)确定目标市场营销策略。

(4)明确定位,突出特色。

(5)撰写实训报告。

【方式】

分小组进行(6个人为宜)分工合作,讨论制定行动方案。

2.运用市场细分的理论划分班级

【目的】

掌握市场细分的技能。

【方案】

以你所在的班级为样本,运用市场细分的标准,对全班同学进行细分。

【规则】

按照不同的标准划分市场。以人口标准,如年龄、性别、收入、民族等,或以心理标准,如时尚追求、音乐爱好、运动休闲等,或以行为标准,如上课、自习、阅读等进行市场细分。

【方式】

仔细描述每个细分市场(子市场)的特征,并填入下列表格中。

市场 特征	细分市场 1	细分市场 2	细分市场 3	细分市场 4

营销实践练习

1. 请为学校附近的某一理发店或快餐店重新进行市场细分、选择目标市场并对市场进行正确的定位。

2. 请为当地一家房地产企业进行市场细分。

3. 为某一地方饮料企业进行产品的市场定位。

4. 据调查,人们对"脑白金"的评价最差,但为什么人们对它都有深刻的印象?

5. 分析所在城市的地方报纸,研究其各自的阅读群体,分析存在的问题。

6. 以某品牌洗面奶为产品对象,分析其目标市场营销策略。

营销模版

房地产企业 STP 营销策略

一、进行市场细分

1. 进行市场调查,了解市场行情

了解国家在房地产方面的政策;地方政府的政策;消费者对房子的需求;可以接受的价位;竞争者的数量、实力;地形、气候等。

2. 选择市场细分的标准

先进行地理细分,确定所在城市或县城;再用人口标准作为细分的主要标准,其中又以收入、家庭为小的细分变量;此外可以考虑心理细分,人们买房子的心理需求、生活方式、生活习惯、个人品位等。所用细分方法为综合因素法。

3. 依据确定好的细分标准进行细分,可以将所在地方分为若干个小的子市场

4. 对细分出来的子市场进行衡量

(1)可衡量性,通过人口数量、当地人们的收入情况、人们对房子的潜在需求量来考量。

(2)可进入性,考虑进入壁垒、竞争者的情况、当地的地方政策、气候、地形、交通等。

(3)可盈利性,进行商业核算,前期需要投入的成本、需要多长时间能收回成本、盈利比例有多少、从长远来看还有没有利润空间。

(4)可实施性,公司自身的人力、财力、市场开拓的能力、技术、资质等。

5. 选择出有效子细分市场

二、确定目标市场

1. 评估选择目标市场

(1)细分市场的规模和增长率。细分市场要足够大,包括当前的销售量、销售增长率和预期的销量。

(2)细分市场的吸引力。主要是市场的利润率的大小,还要考虑竞争者、替代品和消费者购买能力等方面。

(3)企业的目标和资源。

2. 确定目标市场

3. 根据目标市场确定使用目标市场营销策略

(1)无差异化策略。

(2)差异化策略。

(3)集中化策略。

具体使用哪个策略,根据每个策略的优缺点及企业资源、竞争者策略、市场特点等进行选择。

三、进行市场定位

1. 选择合适的定位方法

2. 通过各种途径将定位的信息传递给消费者

(1)产品本身,房子的面积大小、结构、小区的绿化环境、所选择的物业管理公司、地理位置等。

(2)价位,单价的高低。

(3)广告宣传等促销活动。

网站资料访问

1. 有效市场细分的条件有哪些?

http://www.dezai.cn/Channel/Manage/ArticleShow.aspx? AI＝62129

2. 消费品行业如何进行市场细分

http://wenku.baidu.com/view/d5881742a8956bec0975e377.html

3. 浅谈企业市场细分与目标市场的选择

http://www.qikan.com.cn/Article/xfdl/xfdl200808/xfdl20080844-1.html

4. 怎样针对目标市场选择竞争策略?

http://www.mdjagri.gov.cn/nyxw/zhxx/20031010/534493.shtml

5. 差异化营销在同业竞争中的运用

http://www.cqvip.com/qk/87558X/201010/34447807.html

6. 品牌设计——从宝洁多品牌战略来看品牌的差异化生存

http://www.chinaname.cn/article/2008-7/34384.htm

7. 避免目标市场选择中的多数谬误

http://www.cnki.com.cn/Article/CJFDTotal-WOLF702.006.htm

8. 定位是一种方向,但不是全部

http://www.emkt.com.cn/article/462/46283.html

9. 市场定位策略

http://blogorg.wise111.com/blog.php? do-showone-tid-123806.html

第七章
产品策略

学习要点

1. 掌握产品的含义、产品组合的概念
2. 掌握产品生命周期的概念以及产品生命周期各阶段的营销策略
3. 了解新产品开发的程序
4. 理解产品商标和包装的含义及其策略

引导案例

蒙牛的产品策略

蒙牛的产品线有常温液态奶、低温鲜奶、冰激凌、奶品四大品类。产品架构上,依据价格和消费量,分为高、中、低三档。低档为冰激凌,中档为常温液态奶和奶品,高档为低温鲜奶。

从产品线设计上,蒙牛初期的操作思路以跟进为主。对于一群行业专家组建的新企业来说,跟进战略不丢人,而更能稳、准、狠地占领行业制高点,是最合适的战略。蒙牛虽然宣传的是乳品,但他的起家产品是冷饮。伊利在冷饮市场上取得成功后它也紧跟其后,伊利苦咖啡销量很好,蒙牛也出了苦咖啡;伊利出了四个圈,蒙牛就出了圈中圈;伊利出了小布丁,蒙牛也搞个小布丁。2004 年伊利重新包装其乳酸饮料并命名为"伊利优酸乳",蒙牛也紧跟着将乳酸饮料改名"蒙牛酸酸乳",并通过超女大获成功。

在蒙牛主打"娱乐营销"屡屡得势的情况下,蒙牛的宣传方式越来越倾向栏目合作,比如和湖南卫视《超级女生》合作,主打酸酸乳品;和央视《挑战主持人》合作,主打早餐奶;和央视《城市之间》合作,主推产品是特伦苏 OMP 牛奶。

蒙牛的研发一直是走在世界前列的,比如早餐奶,最早提出并作出全国性的大力推广。营销学中,如果在消费者心目中,将品类消费等同为品牌消费,这是很高的境界。比如将酸酸乳等同为蒙牛,将早餐奶也等同为蒙牛,只要是潜在市场足够大,这个对品牌的营销投入是非常值得的。

面对蒙牛、伊利全国性品牌营销的竞争,各区域品牌已加大营销和研发力度。比如南京卫岗牛奶,基本每个月就推出一个新的口味,同时还结合赠品等促销方式巩固品牌消费的忠诚度。

问题:

1. 蒙牛企业成功的关键在哪里?
2. 你认为蒙牛今后应该采取什么样的产品策略?

资料来源:蒙牛的产品策略[EB/OL]. 2006 - 07 - 27. http://jimmy9311. spaces. live. com/blog/cns! E31A2A6A131853DD! 305.entry.

产品策略是市场营销组合中的首要部分。任何企业的市场营销活动总是首先从确定向目标市场提供什么产品开始,然后才会涉及价格、渠道和促销等方面,因此,产品策略是营销组合其他策略的基础。产品策略包括产品概念、产品组合、产品生命周期、新产品开发以及品牌和包装等内容。

第一节 产品及产品组合

一、产品的整体概念

在现代市场营销中,产品概念具有极其宽广的外延和深刻而丰富的内涵,它是指能提供给市场,用于满足人们某种需要和欲望的有形实体和无形服务的总和,包括实物、服务、场所、组织、个人、思想、主意或计谋等。因此,市场营销学所指的产品是一种复杂的综合体,是整体产品。

传统的产品整体概念的构成主要有三个层次,包括核心产品、形式产品和附加产品。例如,消费者购买空调,不仅仅希望购买到一定品牌、一定款式、合理价格、一定质量的空调,同时,他还希望企业(或商场)能免费上门安装,同时定期给予检测。

近年来,菲利普·科特勒等学者更倾向于使用五个层次来表述产品的整体概念,认为这五层次论能够更加深刻而准确地表述产品的整体含义。产品整体概念的五个基本层次分别是:核心产品、形式产品、期望产品、延伸产品和潜在产品,如图7-1所示。

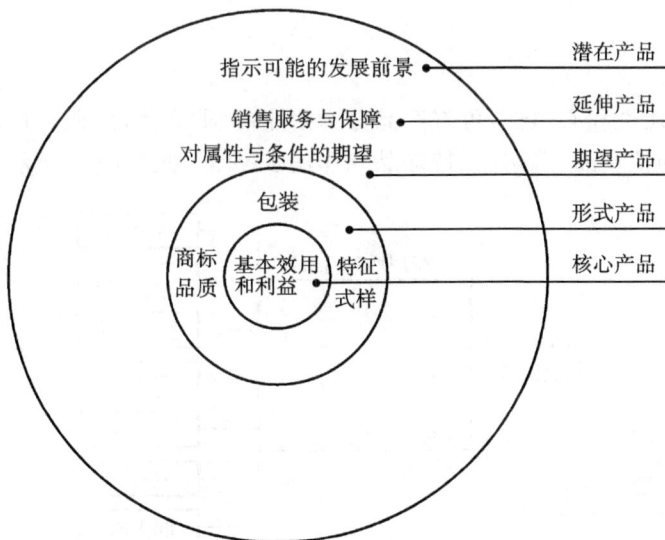

图7-1 整体产品的五层次图

1.核心产品
核心产品是指向顾客提供产品的基本效用和利益。从根本上讲,每个产品实质上都是为解决问题而提供的服务。例如,消费者购买自行车是为了代步;买汉堡是为了充饥;买化妆品是希望美丽、体现气质、增加魅力等。因此,企业在开发产品、宣传产品时应明确地确定产品能提供的利益,产品才具有吸引力。

2. 形式产品

形式产品是核心产品借以实现的形式或目标市场对需求的特定满足形式。形式产品一般由五个特征构成,即品质、式样、特征、商标及包装。核心产品必须通过形式产品才能实现。

3. 期望产品

期望产品是指购买者在购买产品时期望得到的与产品密切相关的一整套属性和条件。旅馆的客人期望得到清洁的床位、洗浴香波、浴巾、电视等服务。

4. 延伸产品

延伸产品是指顾客购买形式产品和期望产品时,附带获得的各种利益的总和,包括说明书、保证、安装、维修、送货、技术培训等。随着市场竞争的日趋激烈和用户要求不断提高,附加产品将成为竞争获胜的重要手段。

5. 潜在产品

潜在产品是指现有产品包括所有附加产品在内的,可能发展成为未来最终产品的潜在状态的产品。潜在产品指出了现有产品可能的演变趋势和前景。

产品整体概念的五个层次,十分清晰地体现了以顾客为中心的现代营销理念。这一概念的内涵和外延皆以消费者的需求为标准。

营销思考 7-1

产品整体概念包括哪些层次?

二、产品的分类

按照产品的耐用性和有形性,可将产品分为耐用品、非耐用品、服务产品;按照产品的购买习惯,可将产品分为便利品、选购品、特殊品和非渴求品等,如图 7-2 所示。

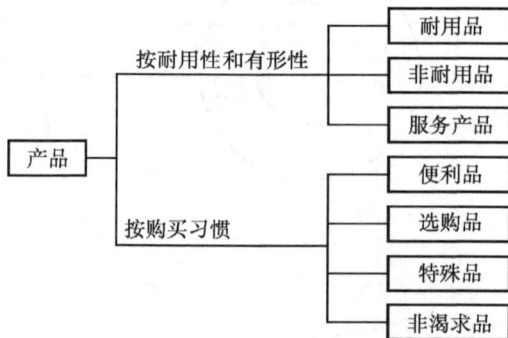

图 7-2　产品的分类

（一）按照产品的耐用性和有形性把产品分为耐用品、非耐用品和服务产品

耐用品是指使用时间较长，至少在一年以上的物品，如电冰箱、汽车、电视机、机械设备等。耐用品单位价值较高，购买频率较低，需要许多的人员推销和服务，利润较大。

非耐用品是指在正常情况下一次或几次使用就被消费掉的有形物品。这类产品单位价值较低、消耗快，消费者往往经常购买、反复购买，大量使用，绝大部分日常生活用品都属于此类。

服务产品属于无形产品，它是指提供销售的活动、利益或满足等。服务不以实物形式而以提供活劳动的形式满足他人某种特殊需要。

（二）按照消费者的购买习惯把产品分为便利品、选购品、特殊品和非渴求品

1.便利品

便利品通常是指消费者经常只肯花最少的时间和精力去购买的物品，如日用小百货商品。便利品需广泛地开辟销售渠道，将商店设置在住宅区、街头巷尾、车站码头或公路两旁等，以便吸引顾客，增加销售量。便利品可分为三类：日用品、冲动品和应急品。其特点是便利品都是非耐用品，且多为消费者日常生活必需品；只花较少的时间与精力去购买。

2.选购品

选购品是指顾客对使用性、质量、价格和式样等基本方面要作认真权衡比较的产品。对选购品来说，并不要求销售网点越多越好，也用不着一定要在居民住宅区附近开设网点。在一些有名的商业中心或者声誉卓著的商店内设立销售点就能获得比较理想的销售效果，因为消费者愿意花时间去寻找这些商品。选购品可分为两种：一是同质品，是指消费者认为在有关的产品属性上，如质量、外观等方面没有什么差别的产品。对这类产品的选购，营销商往往可利用价格作为有效的营销工具。二是异质品，即消费者认为在有关的产品属性上，具有差别的产品。异质品对于消费者来说，产品的差异比产品的价格显得更为重要。经营异质品的营销者，一般需要更重视产品的花色品种，更重视产品的特色和质量，以满足消费者选购产品时所重点关心的或注意的因素。

3.特殊品

特殊品是指那些具有独特的品质、特色或拥有著名商标的产品。消费者对这类产品注重的是商标与信誉，而不注重它的价格，在购买时，愿意努力去寻找。特殊品的一般特点是：价格比较高，使用时间比较长；消费者对某些品牌与商标有一定的选择偏好和忠实性，从而愿意多花时间与精力去购买；很多消费者可能不愿接受其他代用品。

特殊品的上述特点要求营销管理人员采用更集中的经营方式，如通过专营商店和直接与零售商建立联系等来扩大产品的销售。

营销思考 7-2

特殊品有哪些特点？

4.非渴求品

非渴求品通常是指消费者不了解或即使了解也不想购买的产品。非渴求品的特征表现为：①非渴求品的设计是着眼于广大消费者的，而不像特殊品仅为某些特殊爱好者或特定需求所设计；②消费者对非渴求产品不熟悉，又缺少去熟悉或认识的动力；③即使消费者对非渴求品比较熟悉,但需求动机不强烈,一般缺少主动购买的习惯。

营销思考 7-3

对于便利品、选购品、特殊品和非渴求品的营销网点布局有什么不同的要求?

三、产品组合

(一)产品组合及其相关概念

1.产品组合的概念

产品组合是指一个企业生产或经营的全部产品的结构或经营范围,即全部产品线和产品项目的组合方式。

2.产品线

产品线是指产品组合中功能相似,能满足顾客同类需求的一组密切相关的产品,也称为产品大类、产品系列。这类产品可能销售给同一顾客群,经过相同的销售途径,或者在同一价格范围内。例如对于一个家电生产企业来说,可以有电视机生产线、电冰箱生产线;某办公设备企业生产的产品,如电脑、传真机、打印机、扫描仪等就构成了办公设备产品线。

3.产品项目

产品项目指在同一产品线或产品系列下不同型号、规格、款式、质地、颜色或品牌的产品。如海尔公司众多规格型号的洗衣机中,"小神童"就是其中的洗衣机产品线中的一个产品项目。

产品线和产品项目的关系如图 7-3 所示。

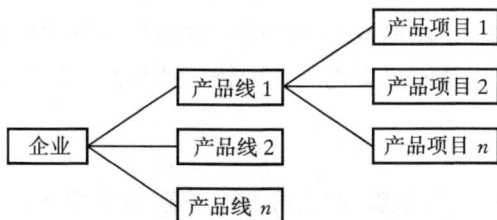

```
                                  ┌──────────┐
                              ┌──▶│ 产品项目 1 │
                  ┌────────┐  │   └──────────┘
              ┌──▶│ 产品线 1 │──┤   ┌──────────┐
              │   └────────┘  ├──▶│ 产品项目 2 │
  ┌──────┐    │   ┌────────┐  │   └──────────┘
  │ 企业 │────┼──▶│ 产品线 2 │  │   ┌──────────┐
  └──────┘    │   └────────┘  └──▶│ 产品项目 n │
              │   ┌────────┐      └──────────┘
              └──▶│ 产品线 n │
                  └────────┘
```

图 7-3　产品线和产品项目的关系图

4.产品组合的宽度

产品组合的宽度指企业拥有的产品线总数。它说明了企业的经营产品多少、经营范围大小、跨行业经营,甚至实行多角化经营程度。增加产品组合的宽度,可以充分发挥企业的特长,使企业的资源得到充分利用,提高经营效益。此外,多角化经营还可以降低风险。

5.产品组合的长度

产品组合的长度指一个企业的产品项目总数。通常,每一产品线中包括多个产品项目,企业各产品线的产品项目总数就是企业产品组合的长度。

平均长度＝产品项目总数÷产品线的数目

6.产品组合的深度

产品组合的深度是指产品线中每一产品有多少品种,它反映了企业满足各个不同细分子市场的程度。增加产品项目,增加产品的规格、型号、式样、花色,可以迎合不同细分市场消费者的不同需要和爱好,吸引更多顾客。例如佳洁士牌牙膏有三种规格和两种配方(普通味和薄荷味),佳洁士牌牙膏的深度就是6。

7.产品组合的关联度

产品组合的关联度指一个企业的各产品线在最终用途、生产条件、分销渠道等方面的相关联程度。较高的产品关联性能带来企业的规模效益和企业的范围效益,提高企业在某一地区、行业的声誉。

营销案例 7-1

宝洁公司的产品组合

美国宝洁公司有六个产品大类,即洗发水、牙膏、香皂、纸巾、纸尿布、洗衣粉,如表7-1所示。

表7-1 宝洁公司的产品组合

洗发水	牙膏	香皂	纸巾	纸尿布	洗衣粉
飘柔	佳洁士	舒肤佳	得宝	帮宝适	汰渍
潘婷	浪峰	玉兰油			碧浪
海飞丝					洗好
伊卡璐					欧喜朵
沙宣					波特
润妍					世纪

从表7-1可以看出,宝洁公司产品组合的宽度为6。宝洁公司的产品组合中共有产品项目18个。用企业的产品项目总数除总长度,就可求得一个产品组合的平均长度。宝洁公司产品组合的平均长度为3(=18÷6)。宝洁公司的浪峰牌牙膏,假设有三种规格和两种配方,因此浪峰牌牙膏的深度为6。宝洁所生产经营的产品都是消费品,而且都是通过相同的渠道分销,就产品的最终使用和分销渠道而言,这家公司的产品组合的关联性大;但是,宝洁公司的产品有不同的功能,就这点而言,宝洁公司的产品组合的关联性小。

资料来源:产品整体概念与产品组合策略[EB/OL]. http://blog.163.com/wwwchcgscom@126/blog/static/13615233820104314141311.

(二)产品组合策略

1.扩大产品组合策略

扩大产品组合策略是开拓产品组合的宽度和加强产品组合的深度。开拓产品组合宽度是指增添一条或几条产品线,扩展产品经营范围;加强产品组合深度是指在原有的产品线内增加新的产品项目。

(1)扩大产品组合的优点有:满足不同偏好的消费者的多方面需求,提高产品的市场占有率;充分利用企业信誉和商标知名度,完善产品系列,扩大经营规模;充分利用企业资源和剩余生产能力,提高经济效益;减小市场需求变动性的影响,分散市场风险,降低损失程度。

(2)具体方式:在维持原产品品质和价格的前提下,增加同一产品的规格、型号和款式;增加不同品质和不同价格的同一种产品;增加与原产品相类似的产品;增加与原产品毫不相关的产品。

（3）企业在实施扩大产品组合策略时应该注意的问题：产品线中的项目不可过多，否则会使线上的产品相互冲突，使消费者无所适从；要准确把握消费者的需求，不能为增加产品线而增加；对新增的产品项目进行合理定价，以适应市场情况。

2. 缩减产品组合策略

缩减产品组合策略是削减产品线或产品项目，特别是要取消那些获利小的产品，以便集中力量经营获利大的产品线和产品项目。

（1）缩减产品组合的优点有：集中资源和技术力量改进保留产品的品质，提高产品商标的知名度；生产经营专业化，提高生产效率，降低生产成本；有利于企业向市场的纵深发展，寻求合适的目标市场；减少资金占用，加速资金周转。

（2）缩减产品组合的方式有：减少产品线数量，实现专业化生产经营；保留原产品线，削减产品项目，停止生产某类产品，外购同类产品继续销售。

（3）缩减产品组合策略时应注意的问题：当市场不景气或原料、能源供应紧张时，取消一些需求疲软或营销能力不足的产品线或产品项目；为了保证企业的利润长期稳定，应果断剔除产品线中趋于衰退的产品；当企业生产能力不足时，应取消一些关联性小的产品线或产品项目，集中精力抓盈利能力高的产品。

3. 产品线延伸策略

产品线延伸策略指的是全部或部分地改变公司原有产品的市场定位。具体有向上延伸、向下延伸和双向延伸三种形式。

（1）向上延伸策略。向上延伸策略是在原有的产品线内增加高档次、高价格的产品项目。其益处是：高档产品的生产经营容易为企业带来丰厚的利润；可以提高企业现有产品声望，提高企业产品的市场地位；有利于带动企业生产技术水平和管理水平的提高。

采用这一策略的企业也要承担一定风险，表现为企业惯以生产廉价产品的形象在消费者心目中不可能立即转变，使得高档产品不容易很快打开销路，从而影响新产品项目研制费用的迅速收回。

🐟 营销案例 7-2

奇瑞车型的高端趋向

时至今日，QQ 仍是奇瑞最拿得出手的车型，慢热的 A3 销量逐渐有了起色，但 4000 辆左右的月销量只能算中流水平。"多生孩子打群架"的策略，保证了奇瑞前十名乘用车企业的座次，但在品牌向上的过程中，奇瑞的进步却是有限的。

奇瑞总经理助理金弋波说，过去奇瑞的低端产品使其在消费者心中形成了固有的偏见。因此，通过品牌特征区隔旗下众多产品显得非常必要。在金弋波看来，此前奇瑞推出 A3，就是一次向中高端市场发力的尝试，瑞麒 G5 也像当初 A3 一样，是奇瑞发展史上一款划时代的车型。

A3 精良的品质和 G5 的高端设计的确为奇瑞加了分，但它们并没为奇瑞贡献多少销量。QQ 过于火爆的销售一直困扰着奇瑞，因为它为奇瑞贡献的利润不值一提。从某种程度上讲，奇瑞对全年销售目标的信心，主要来自对低端产品冲量和多款产品协同作战的信心，与几年前别无二致。

尹同跃在接受记者采访时曾表示,大众最开始的代表作就是甲壳虫,后来做成了一系列产品,从甲壳虫到高尔夫,再到帕萨特,之后又收了奥迪。他希望奇瑞也走这条路,从平民化向上延伸,把品牌定位拉开。在品牌分布上,奇瑞、瑞麒和开瑞就好比丰田、雷克萨斯和大发,每个品牌有不同的个性,在不同的细分市场面向不同的群体。

资料来源:王超.奇瑞车型的高端趋向[N].中国青年报,2009-09-17.

(2)向下延伸策略。向下延伸策略就是在原有的产品线中增加低档次、低价格的产品项目。实行低档产品策略的好处是:借高档名牌产品的声誉,吸引消费水平较低的顾客慕名购买该产品线中的低档廉价产品;充分利用企业现有生产能力,补充产品项目空白,形成产品系列;增加销售总额,扩大市场占有率。

与向上延伸策略一样,向下延伸策略的实行能够迅速为企业寻求新的市场机会,同时也会带来一定的风险。如果处理不当,可能会影响企业原有产品的市场声誉和名牌产品的市场形象。此外,这一策略的实施需要有一套相应的营销系统和促销手段与之配合,这些必然会加大企业营销费用的支出。比如,上海通用别克"君威"向下生产"赛欧",广州本田"雅阁"向下生产"飞度","红旗"轿车从高端到低端的定位。

(3)双向延伸策略。双向延伸策略指原定位于中档产品市场的企业在掌握了市场优势之后,决定向产品线的上下两个方向延伸,一方面增加高档产品,另一方面增加低档产品,以扩大市场覆盖面。比如,原来生产中档车的企业,同时增加了对高档车和低档车的生产。采用这种策略,有利于企业扩大规模和市场占有率,但企业的产品同时向两端发展,容易使消费者对企业的产品评价产生矛盾,不利于企业形象的树立。

第二节 产品生命周期理论

一、产品生命周期概念

产品生命周期(product life cycle,PLC)是指产品从投入市场开始到最终被淘汰退出市场为止所经历的时间间隔。产品的生命周期一般可分为四个阶段:投入期、成长期、成熟期和衰退期。典型的产品生命周期曲线如图7-4所示,其各阶段的特征主要是:

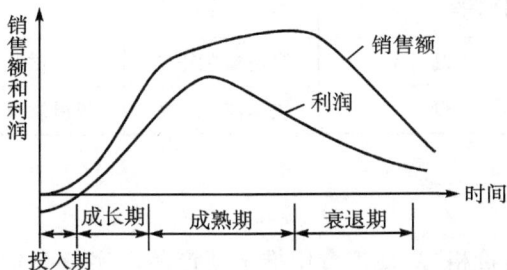

图7-4 产品生命周期曲线图

1.投入期

新产品刚进入市场,便进入投入期。此时,顾客对产品还不了解,只有少数追求新奇的顾客可能购买,销售量很低。为了扩展销路,需要大量的促销费用,对产品进行宣传。在这一阶段,由于技术方面的原因,产品不能大批量生产,因而成本高,销售额增长缓慢,企业不但得不到利润,反而可能亏损,产品也有待进一步完善。

2.成长期

这时顾客对产品已经熟悉,大量的新顾客开始购买,市场逐步扩大。产品大批量生产,生产成本相对降低,企业的销售额迅速上升,利润也迅速增长。竞争者看到有利可图,将纷纷进入市场参与竞争,使同类产品供给量增加,价格随之下降,企业利润增长速度逐步减慢。

3.成熟期

市场需求趋向饱和,潜在的顾客已经很少,销售额增长缓慢直至转而下降,标志着产品进入了成熟期。在这一阶段,竞争逐渐加剧,产品售价降低,促销费用增加,企业利润下降。

4.衰退期

随着科学技术的发展,新产品或新的代用品出现,将使顾客的消费习惯发生改变,转向其他产品,从而使原来产品的销售额和利润额迅速下降,产品进入了衰退期。

营销思考 7-4

试举例说明如何延长产品的市场生命周期?

二、产品生命周期各阶段的营销策略

(一)投入期的营销策略

根据投入期这一阶段的特点,企业应努力做到:投入市场的产品要有针对性;进入市场的时机要合适;设法把销售力量直接投向最有可能的购买者,使市场尽快接受该产品,以缩短投入期,更快地进入成长期。在产品的投入期,一般可以由产品、分销、价格、促销四个基本要素组合成各种不同的市场营销策略。仅将价格高低与促销费用高低结合起来考虑,就有下面四种策略,如表7-2所示。

表 7-2　产品投入期的营销策略

促销费用 价格水平	高	低
高	快速撇脂策略	缓慢撇脂策略
低	快速渗透策略	缓慢渗透策略

1.快速撇脂策略

快速撇脂策略即以高价格、高促销费用推出新产品。实行高价策略可在每单位销售额中获取最大利润,尽快收回投资;高促销费用能够快速建立知名度,占领市场。实施这一策略须具备以下条件:产品有较大的需求潜力;目标顾客求新心理强,急于购买新产品;企业面临潜在竞争者的威胁,需要及早树立品牌形象。一般而言,在产品投入阶段,只要新产品比替代的产品有明显的优势,市场对其价格就不会那么计较。

2.缓慢撇脂策略

缓慢撇脂策略即以高价格、低促销费用推出新产品,目的是以尽可能低的费用开支求得更多的利润。实施这一策略的条件是:市场规模较小;产品已有一定的知名度;目标顾客愿意支付高价;潜在竞争的威胁不大。

3.快速渗透策略

快速渗透策略即以低价格、高促销费用推出新产品,目的在于先发制人,以最快的速度打入市场,取得尽可能大的市场占有率,然后再随着销量和产量的扩大,使单位成本降低,取得规模效益。实施这一策略的条件是:该产品市场容量相当大;潜在消费者对产品不了解,且对价格十分敏感;潜在竞争较为激烈;产品的单位制造成本可随生产规模和销售量的扩大迅速降低。

4.缓慢渗透策略

缓慢渗透策略即以低价格、低促销费用推出新产品。低价可扩大销售,低促销费用可降低营销成本,增加利润。这种策略的适用条件是:市场容量很大;市场上该产品的知名度较高;市场对价格十分敏感;存在某些潜在的竞争者,但威胁不大。

(二)成长期的营销策略

企业为维持市场的继续成长,需要保持或增加促销费用,但由于销量增加,平均促销费用有所下降。针对成长期的特点,企业可以采取下面几种策略:

1.改善产品品质

如增加新的功能、改变产品款式、发展新的型号、开发新的用途等。对产品进行改进,可以提高产品的竞争能力,满足顾客更广泛的需求,吸引更多的顾客。

2.寻找新的细分市场

通过市场细分,找到新的尚未满足的细分市场,根据其需要组织生产,迅速进入这一新的市场。

3.改变广告宣传的重点

把广告宣传的重心从介绍产品转到建立产品形象上来,树立产品名牌,维系老顾客,吸引新顾客。

4.适时降价

在适当的时机,可以采取降价策略,以激发那些对价格比较敏感的消费者产生购买动机和采取购买行动。

(三)成熟期的营销策略

对成熟期的产品,宜采取主动出击的策略,使成熟期延长,利润达到最大化,努力使产品生命周期出现再循环。为此,可以采取以下三种策略:

1.市场调整

这种策略不是要调整产品本身,而是发现产品的新用途、寻求新的用户或改变推销方式等,以使产品销售量得以扩大。

2.产品调整

这种策略是通过产品自身的调整来满足顾客的不同需要,吸引有不同需求的顾客。整体产品概念的任何一层次的调整都可视为产品的再推出。

3.市场营销组合调整

这种策略是通过对产品、定价、渠道、促销四个市场营销组合因素加以综合调整,刺激销售量的回升。常用的方法包括降价、提高促销水平、扩展分销渠道和提高服务质量等。

(四)衰退期的营销策略

面对处于衰退期的产品,企业需要进行认真的研究分析,决定采取什么策略,在什么时间退出市场。通常有以下几种策略可供选择:

1.继续策略

继续沿用过去的策略,仍按照原来的细分市场,使用相同的分销渠道、定价及促销方式,直到这种产品完全退出市场为止。

2.集中策略

把企业能力和资源集中在最有利的细分市场和分销渠道上,从中获取利润。这样有利于缩短产品退出市场的时间,同时又能为企业创造更多的利润。

3.收缩策略

抛弃无希望的顾客群体,大幅度降低促销强度,尽量减少促销费用,以增加目前的利润。这样可能导致产品在市场上的衰退加速,但也能从忠实于这种产品的顾客中得到利润。

4.放弃策略

对于衰退比较迅速的产品,应该当机立断,放弃经营。可以采取完全放弃的形式,如把产品完全转移出去或立即停止生产;也可采取逐步放弃的方式,使其所占用的资源逐步转向其他产品。

营销思考 7-5

手机、电脑、电冰箱分别处于其产品生命周期的哪个阶段? 分别有何特征? 企业的营销策略重点是什么?

第三节　新产品开发

一、新产品的含义及开发意义

在营销学中,新产品不局限于纯技术的创新,只要产品在功能或形态上有改进,与原有产品有差异,并为顾客带来新的利益,就可视为新产品。新产品开发的意义是:

1.新产品开发是企业稳定其利润水平的重要前提

企业在某些产品处在成熟期时,另一些新产品已开始向市场推出,当某些产品开始出现衰退时,另一些产品则进入快速成长期。这样,就能使企业的市场份额和总利润始终保持上升的势头。

2.新产品开发是企业保持其市场竞争优势的重要条件

企业的市场竞争力往往体现在其产品满足消费需求的程度和领先性上。消费需求的发展变化要求不断有新的产品予以满足,企业若不能对自己的产品进行开发和更新,就有可能失去现有的市场,更难以去开发新的市场。

3.新产品开发可以使企业的资源得到充分的利用

企业在生产主体产品的同时,往往会有许多剩余资源得不到充分的利用,若能从这些资源利用的角度去开发一些新的产品,就能在很大程度上降低企业的生产成本。

二、新产品的类型

1.完全新产品

完全新产品是指全部采用新原理、新材料及新技术制成的具有全新功能的产品,与现有的产品基本上无雷同之处。这些新产品的诞生都是某种科学技术的新创造和新发明,因而极为难得,这也不是一般的企业能够胜任的。因为一个完全新产品的出现,从理论到应用,从实验室试制到大批量生产不仅要很长的时间,而且要耗费大量的人力、物力及财力。

2.换代新产品

换代新产品是指对产品的性能有重大突破性改进的产品。由于各个时期的换代新产品在原理、技术和材料上有一定的延续性,所以企业开发换代新产品比开发完全新产品要容易得多,开发成本也比较低。

3.改良新产品

改良新产品是指在产品的材料、结构、性能、造型、颜色、包装等方面作出局部改进的产品,改良新产品一般对产品的基本功能并无本质上的改进。由于改良新产品对于科技开发的要求并不很高,所以企业依靠自身力量比较容易开发,在新产品的开发中,属于此类型的新产品要占绝大多数。

4.模仿新产品

模仿新产品又称为企业新产品或地域性新产品,是指市场上已经存在而企业没有生产过的产品,或其他地区已经存在而在本地是第一次生产的产品。由于这些产品的开发与生产都是对已有产品的一种模仿,所以叫模仿新产品。模仿新产品能在一定的范围内满足消费者的消费需求,有利于企业技术水平的提高,增强企业的竞争意识,扩大企业的销售收入。

营销思考 7-6

电脑从台式机变为笔记本电脑,属于新产品中的哪一种?

三、新产品开发的主要障碍

(一)缺乏有效的新产品构思

构思是新产品开发的首要前提,但构思的产生,并能达到新颖性、实用性和可操作性的要求却是不容易的。特别对于一些比较成熟的产品来讲,构思和创意的余地已经相当狭窄,这往往成为新产品开发的一大障碍。

(二)资金短缺

资金的问题也已成为新产品开发的一大制约。一些好的产品构思往往需要很多开发资金的投入,即使将来有很好市场前途的产品,只要企业发生资金上的困难,也就难以将其投入开发。

(三)市场难以达到必要的规模

市场竞争促使企业将目标市场划的越来越细,而过细的市场划分就会使企业面对一个过于狭小的市场,从而使产品的预期销量达不到必要的经济规模,企业将不得不放弃对新产品的开发。

(四)竞争导致市场风险增大

市场竞争有可能导致多家企业同时开发某一新产品,从而使产品一进入市场就面临激烈的竞争,不仅使企业的市场进入成本大大增加,而且有可能很快被挤出市场,新产品开发的风险也会越来越大。

(五)仿冒产品的巨大威胁

一些新产品刚刚进入市场,就马上会有大量仿制、假冒产品紧紧跟上,结果,还未等企业来得及回收投资,产品市场就已经饱和,这也使企业不敢轻易开发新产品。

四、新产品开发的程序

企业开发新产品要承担很大的风险,为了减少风险,新产品的开发就必须按照一定的科学程序来进行。这一程序一般可以分成构思、筛选、产品概念、商业分析、市场分析、产品试制、市场试销和批量上市等八个阶段,见图7-5。在这八个阶段中直接与产品有关的是构思、产品概念、产品试制和批量上市等四个阶段,构成了从设想—设计—实体—商品几个主要节点。而能否由一个节点发展到另一个节点则必须通过筛选、商业分析、市场分析和市场试销等主要环节,这样才能最大程度地避免因盲目开发而形成的风险。

构思 → 筛选 → 产品概念 → 商业分析 → 市场分析 → 产品试制 → 市场试销 → 批量上市

图7-5 新产品开发的程序

(一)构思

构思是对潜在新产品的基本轮廓结构的设想,是发展新产品的基础与起点。新产品的构思主要来源于对市场上尚未满足的消费需求的研究,通常可通过顾客、竞争对手、中间商、科技人员、企业营销人员与管理人员等渠道获得产品的构思。构思的方法主要有传统思维法、破格思维法、联想思维法、头脑风暴法等,具体方法企业可根据实际情况进行选择。

(二)筛选

筛选的主要目的是在尽可能早的时间内发现和排除不合理的构思。所谓"不合理"的构思一方面是指缺乏科学依据和可操作性的构思,另一方面是指同企业的基本目标不相吻合或企业一时无能力进行开发的构思。构思的筛选,一般先是由企业自己进行初选,淘汰那些明显不合理的构思,然后再对剩余构思进行认真的评价和筛选。

(三)产品概念

产品概念是对于产品构思的具体化,是对于产品的功能、形态、结构以及基本特征的详细描述,是可立即照其进行生产的具体设计方案。一个构思有可能转化成多个产品概念,企业要尽可能把各种产品概念的设计方案列出来,然后对产品概念进行定位,以确定最终的产品发展方向。消费者不会考虑购买产品的构思,却会对具体的产品概念产生兴趣。

(四)商业分析

商业分析就是产品开发的效益分析,通过分析来确定新产品的开发价值。新产品的开发归根结底是为了给企业带来好的经济效益,如果一件新产品的投资开发最终要亏本或无利可图,那么这件新产品是不值得去开发的。所以企业在产品概念形成后必须要对新产品的投资效益和开发价值进行认真的分析。

(五)市场分析

商业分析之后并不能马上进入产品的开发和试制,因为还必须对产品的市场前景作一番分析。只有对那些市场前景比较好、营销渠道比较通畅的产品才能积极地加以开发。对新产品的市场分析一般涉及产品市场容量、消费者的购买能力和可能接受的价位、销售渠道、控制能力以及物流条件等方面,这些都影响着新产品开发的成功概率及企业的经济效益,是在产品正式开发之前必须搞清楚的。

(六)产品试制

经过商业分析和市场分析的新产品,就可以进入到具体的开发试制阶段。产品试制就是要把新产品的构思设想转变成一件顾客真正能够消费的实体产品。产品试制阶段必须要注意的问题是所生产出来的试制产品应当具有很强的普及意义。同时,新产品的开发试制应由企业的多部门共同参与,使新产品的开发试制顺利完成。

(七)市场试销

很多产品试制出来后仍然会遇到被市场淘汰的命运,为了把这种可能性降到最低,避免批量生产后造成过大损失,企业就要对试制出来的新产品进行试销。通过试销,一方面可以进一步改进新产品的品质,另一方面可以帮助企业制定出有效的营销组合方案。试销中必须注意竞争者有可能进行仿制,因此要加强专利或商业机密的保护,维护自身利益。

(八)批量上市

产品的批量上市并不意味着新产品开发已经完全取得成功,因为此时正是产品能否真正被市场接受的关键时刻。如果策略不当,产品仍然可能存在销售不出去的危险。企业必须在批量上市的时间、地点、渠道、方式上正确决策,进行合理的营销组合。批量上市意味着将产品成批地投放市场,新产品进入这一阶段意味着产品生命周期的开始。

营销案例 7-3

诺基亚的成功之道

诺基亚一贯认为,在激烈的市场竞争中生存下去,唯一的途径就是永远走在别人前面。为此,诺基亚打破了每两年发布一个新产品的业界规律,而是平均一个多月就有一个新品种问世。为了确保技术的领先,诺基亚公司十分重视技术开发投入,不惜花费巨额研制经费开发新产品。在诺基亚全球 5.5 万名雇员中,从事技术研发的人员超过 1.7 万名,达到 31%。1999 年公司用于研究和开发新产品的经费达 17.55 亿欧元,占总营业额的 9%,约占芬兰全国工业产品研制总费用的 1/4。它在包括中国在内的全球 12 个国家建立了 44 个研究与开发中心,其中在美国集中建立了 6 个研究发展中心。遍布世界各地的研究发展中心形成了一个全球合作网络。借助这个网络,诺基亚可以对技术发展作出快速响应,确保了在技术上的领先地位。

资料来源:诺基亚的成功之道[EB/OL]. http://www.chinacpx.com/zixun/106566.html.

五、新产品市场进入方式

(一)根据产品在市场中的形象目标不同,市场进入方式可分为高位型进入和低位型进入

1. 高位型进入

高位型进入即产品以高质、高价、高品位的姿态进入市场,以期建立起高档产品的形象。在满足消费者对产品基本需求的同时,进一步满足其声望及炫耀的需求。在市场进入策略上,其一是要注重产品的外观与包装,给人一种品位高雅的感觉。其二是产品的价位不能低于同类同质产品,可略高一些,以体现高档产品的身价。其三是在最初阶段销售渠道的选择上,应适当采用"惜售"的策略,不要把面铺得太开。应选择一些品位和档次较高的商店进行销售,给人造成一种物以稀为贵的印象。其四是广告的设计在视觉和情调上应当高雅脱俗,给人留下不同凡响的感觉。高位进入的策略主要是为了吸引消费层次较高的目标市场群体,同时也是为了提高单位产品的销售利润以获得较好的经济效益。当然,采取高位型策略应有两个基本前提:第一,产品的质量必须优质可靠,且在同类产品中居于领先地位。第二,确实存在着一定规模的消费层次较高的消费群体。

2. 低位型进入

低位型进入即产品以大众化、实惠型、价廉物美的姿态进入市场,以适应大多数普通消费者的需求,以期迅速打开市场,扩大销售。低位型策略的实施,应当特别注意的是不能使消费者将低位与低质的概念混为一谈,应主要强调其在效用上的适当性、实惠性;在产品设计上应突出其基本效用的稳定可靠性,尽量减少不必要的修饰与包装;在价格上不可过高,突出与其同类产品相比的相对低廉性;在销售渠道方面应通过分布广泛的销售网络使销售量得以迅速扩展。低位策略适用于使用面较广的日用消费品,在面临市场竞争相当激烈的情况下尤为有效。

(二)根据产品进入市场时的宣传推广方式不同,市场进入方式可分为造势型进入和渐进型进入

1. 造势型进入

造势型进入即以大张旗鼓的宣传和推广活动,很快地提高产品在目标市场的知名度,使消费者能够慕名购买,从而打开市场。在商品供应极其丰富的现代市场上,企业的产品能否引起消费者的注意,是其能否迅速打开市场的重要前提。

2. 渐进型进入

渐进型进入即在产品进入市场时,不是大张旗鼓地进行宣传,而是以优质的产品为基础,

采取多渠道广泛渗透的方法,进行推销宣传和销售现场宣传,让消费者在直接接触产品和推销人员的情况下,逐步增加对产品的了解,并进行进一步的市场扩散。在广告宣传方面,不求声势强大,但求持久深入。由于渐进型策略针对性强、效率高,所以对于某些类型的产品来说,效果甚至比造势型策略还好,不失为企业开发市场的有效策略。

（三）根据产品在品牌延续关系上的不同,市场进入方式可分为创牌型进入、传牌型进入和改牌型进入

1.创牌型进入

创牌型进入即企业在无人知晓其品牌的情况下,树立新的品牌,进入目标市场。品牌是产品的识别标志,再好的产品若无为人熟知的品牌,也会淹没于商品的汪洋大海之中,难以为消费者所接受,消费者也无法在其需要的时候进行指名购买。所以选择一个好的品牌,并使它能被消费者熟记和接受,对于产品进入市场是十分重要的。品牌的创立首先在于选择一个好的品牌,而好的品牌的基本标准一般应当是简洁、鲜明、易于记忆和传播,在可能的情况下,使其尽可能反映产品的特点、优势,或赋予较强的寓意。以创牌为目的的市场进入策略,就必须以提高品牌的知名度为主要手段,以确立品牌在目标市场消费者心目中的地位为主要目的。

2.传牌型进入

传牌型进入即企业在推出新产品时沿用已有的知名品牌。其原因在于,如果原有的品牌在市场中知名度很高,牌誉很好,那么沿用该品牌进入市场就会减少很多阻力,降低市场进入成本。一般情况下,本企业的产品都可以沿用已有的著名品牌进入市场。采用传牌型的市场进入策略时,应当在宣传中突出新产品和老品牌的相互关系,可强调是"××（品牌）技术的新贡献","××家庭的新成员"等等,以使消费者因对该品牌的偏好而产生对新产品的偏好。采取这一策略的关键在于保持新产品的良好品质,否则,若在新产品中出现品质低劣的现象,其毁掉的不仅是一个商品的声誉,而是整个品牌的声誉。

3.改牌型进入

改牌型进入即在新产品进入市场时（甚至是同类产品）,不用原有的品牌,而采用新的品牌。采用这种策略的理由有两个,一是为了体现企业产品的多样性,对于一些新的产品,可采用不同的品牌。如丰田汽车公司的汽车就有"丰田"、"皇冠"、"花冠"等各种品牌。二是因为原有的品牌牌誉不佳,或在品质上同新产品有较大差距,沿用原有品牌,不利于新产品的销售。当然,采用改牌型的市场进入策略并不都是在原有品牌声誉不佳的情况下,有时为了体现产品不同的档次,也会对新的非同一档次的品牌采用改品牌的策略。如原生产中档女皮鞋的企业在推出高档女皮鞋时就应当改用新的品牌,以显示不同的档次;原生产高档女皮鞋的企业在推出低档鞋时也应改用新的品牌,以防影响原高档品牌的牌誉。

营销思考 7-7

对于普通消费品,新产品应该采用哪种方式进入市场?

第四节 品牌和包装策略

一、品牌策略

(一)品牌的概念与功能

1.品牌和商标

品牌是一种名称、术语、标记、符号或设计,或是它们的组合运用,其目的是借以辨认某个销售者或某群销售者的产品或服务,并使之同竞争对手的产品或服务区别开来。完整的品牌包括品牌名称和品牌标记两部分。品牌名称指品牌中可以用语言称谓表达的部分,如"金鱼"、"长虹"、"海尔"、"五粮液"等。品牌标记是指品牌中可以被识别、认识,但不能用语言称谓表达的部分,如独特的符号、图案、色彩或字体造型等。例如,三叉星圆环和相连着的四环分别是奔驰和奥迪的品牌标志。品牌就其实质来说,代表着卖方交付给买方的产品特征、利益和服务的一贯性的特点。

商品的品牌经过政府有关部门的审核,获准登记注册则成为商标。商标实行法律管理,企业因此拥有该品牌的专用权,并受法律保护。因此,商标是一种法律术语,也就是享有法律保护的某个品牌。商标是企业产权的组成部分,驰名商标更是企业的巨大财富。企业必须增强商标意识,妥善运用这一有价值的无形资产,使之更好地为企业经营服务。商标的特征主要有:①合法性。这是指商标的设计与使用要符合法律的有关要求与规定。例如,法律规定禁止将我国或外国的国旗、军旗等标志作为商标图案。厂商及商标设计者不应采用这些图案作为商标。②新颖性。商标设计应具有独特的构思,新商标与原有商标比较有明显的区别与差异。新颖性是体现商标说明商品来源这一本质特征的必要条件。③表现性。商标只有通过一定的形式才能得到表现。最常见的是平面商标,即商品的平面区别性商标,在数量上居于首位。

营销思考 7-8

品牌和商标有什么区别?

2.品牌的主要功能

(1)便于消费者选购商品。市场上商品种类日益增加,花色品种也越来越复杂,这在客观上给消费者带来了选购上的困难。如何才能很快地在众多类似的商品中寻找到所需要的商品?品牌为此提供了导购作用。品牌是商品的脸谱,消费者凭借品牌可以区别商品的不同来源,准确地识别与挑选商品,这是品牌最本质的、最重要的功能。

(2)表明商品的特征。①品牌能够说明商品的质量。对于同一种商品,商品生产者或经营者可以运用不同品牌代表不同等级的商品质量,因而赋予了品牌说明商品质量的功能。例如,一提"五粮液"白酒,则代表了高质量的白酒。因此,品牌的这一功能,可以明确企业的责任,监督商品质量,帮助企业不断提升产品质量。②品牌代表一种商品的历史。对于历史悠久的企业品牌,消费者可凭借自己的价值观去选择购买,它本身包含了消费者对该种商品的信赖。

③品牌代表商品的价格。品牌能够给消费者提供较为稳定的价格印象,因此,消费者可以根据品牌判断商品的定价是否合理,并据此作出购买与否的决策。如名牌商品价格高,非名牌商品价格低。

(3)装饰美化商品。品牌也是工艺美术作品,一般都由精美的图案、流畅的线条构成五彩缤纷、各具特色的图案,可对商品起到很好的装饰作用。一个好的品牌设计,可以增强商品的美感,给人以赏心悦目的感受,从而提高商品身价,扩大商品销路。

(4)宣传促销商品。在市场营销过程中,企业可以通过品牌独特的名称、优美的图案、鲜明的色彩、生动的形象来吸引顾客,刺激购买。由于品牌代表着商品的质量与企业信誉,宣传品牌容易获得消费者的信任,增加消费者购买的安全感。尤其是使用注册商标的商品,因为受到国家法律保护,又达到一定质量标准,能很快为消费者接受与承认。

(5)维护生产经营者的利益。一些优质名牌商品,由于深受广大消费者欢迎,具有较强的竞争力,往往容易被不法厂商所仿制,鱼目混珠,以假乱真。品牌注册后,受法律保护,具有排他性,可以有效地防止这种现象的发生,保护企业的正当权益不受侵害。

(二)品牌设计的要求

1. 美观新颖,简单鲜明

品牌美观大方,构思新颖,别致有趣,不落俗套,才能引人注目,在消费者心目中树立良好的企业形象和商品形象,激发购买欲望。简单鲜明,构思流畅,色彩明快,才便于顾客记忆和识别,留下深刻的印象。

2. 体现商品的特色

品牌应能充分体现商品的性质、特点和风格,表现商品的特色,这是品牌成功设计的基础。这一特色可通过商品的结构和形状来反映,也可以间接地以他物为象征加以表达,还可以借用某种机智趣味的形象来描述。如"雪花"(冰箱)、"洁银"(牙膏)、"可口可乐"(饮料)等品牌,都是较好地体现了商品特色的传神品牌,极富感染力。

3. 与目标市场相适应

企业的一切活动包括品牌设计在内,都是围绕目标市场运作的。因此,品牌必须与企业的目标市场相适应,包括商品的名称、图案、色彩、发音等都要考虑目标市场的风俗习惯、审美观点、语言等方面的要求。这样设计出的品牌,才能为消费者所接受,达到预期目的。

4. 避免雷同和过分夸张

对设计巧妙的品牌是应该学习和借鉴的,但不能盲目效仿,以致造成雷同。这不但会失去自己品牌的特点,给人们以似曾相识的感觉,还会引起顾客心理上的反感和企业间的法律纠纷。品牌设计运用一定的艺术是必要的,但不能过分夸张,脱离生活实际,给人以莫名其妙的感觉,带来不良效果。

5. 符合法律规范

国家制定的商标法,是进行品牌设计的重要依据。如《中华人民共和国商标法》规定:商标不能使用与国家和国际组织的名称、国旗、国徽、军旗、勋章等相同或类似的文字、图形;不能使用在政治上有不良影响的文字、图案;要尊重民族风俗习惯,内容文明、健康等,都是品牌设计所必须遵循的。

(三)品牌的具体策略

1.使用品牌与不使用品牌策略

在市场上,大部分商品都有品牌,这是因为使用品牌无论是对企业还是对消费者都有很多好处。但是,这并不意味着所有的商品都必须使用品牌。一些商品也可以不使用品牌,其主要原因是从商品本身的性质来看,有些商品不可能在生产过程中形成一定的特性而与其他商品相区别,如一些蔬菜、水果和电力等,可不使用品牌。现实生活中,市场上流通的商品大部分都有品牌,无品牌的商品比重很小。这是由于一些企业在营销实践中逐步感到,仅用厂名等代表商品的质量和信誉有很大的局限性,不利于竞争能力的发挥。在一些发达国家,市场上的商品几乎无一例外地使用品牌,像蔬菜这样历史上从未使用过品牌的商品,也通过塑料袋等特别包装贴上品牌标志。

2.统一品牌与个别品牌策略

统一品牌策略,是指企业生产经营的所有商品均使用同一品牌。实行统一品牌策略的优点是在推广新商品时,可节省品牌设计费、注册费、续展费等有关费用;一次性广告宣传,能使所有的商品受惠;若老商品在消费者中具有较高的信誉,则可带动新商品很快打开销路。采用统一品牌策略,其商品必须是同类或类似,且档次基本一致。否则,不宜使用。

个别品牌策略,是指企业根据商品的不同情况而采用不同的品牌。它主要适用于四种商品,一是不同类别的商品;二是不同档次的商品;三是不同品种的商品;四是新商品。使用个别品牌策略,可使企业的整体声誉不受个别商品声誉降低的影响,分散品牌使用过程中对企业的风险威胁,有利于提高生产经营的灵活性。

营销思考 7-9

试比较统一品牌与个别品牌策略的优缺点。

3.单一品牌与多种品牌策略

单一品牌策略就是商品只使用一种品牌。它的好处是成本费用低,便于管理。

多种品牌策略就是同一种商品使用两种以上的品牌。企业采用多种品牌策略的目的在于两种品牌彼此比较,自我构成一种竞争态势,以吸引消费者注意。如一家化工厂生产的洗衣粉,先以"美佳"品牌投放市场,之后又以"快乐"品牌同时投放。结果,虽然"快乐"抢走了"美佳"的一部分市场,但洗衣粉总的销售量大大提高。

4.保留品牌与更换品牌策略

一般来说只要品牌在市场上还有一定声誉,还能使商品销售获得满意的经济效益,就应保留继续使用,采用保留品牌策略。

当品牌或由于设计上的原因、或由于管理上的原因、或由于消费者爱好转移等在消费者心目中形象不佳,声誉受损,致使商品销路受到严重影响时,可考虑采用更换品牌策略。更换品牌有两种途径:一是骤然改变,即重新设计,以收到令人耳目一新的效果。二是缓慢改变,即新品牌在一定时间内保留旧品牌的某些特点,随着时间的推移,逐步过渡到新品牌上来。这一途径费用低、风险小,但效果不如前一种显著。

营销案例 7-4

阿迪达斯的品牌策略

　　阿迪达斯公司初创时,虽然还只是一个作坊式的小企业,但其眼光已瞄准了世界大市场。所以,在公司发展早期,阿迪达斯就将产品技术创新作为开拓市场、提高品牌知名度的动力。"功能第一"、"给运动员最好的"是公司品牌发展的原则。

　　阿迪达斯品牌扬名世界始于1936年在其本土德国柏林举行的奥运会上。此届奥运会前夕,阿迪达斯找到极有希望夺冠的美国短跑运动员杰西·欧文斯,并向他保证钉鞋对其比赛肯定大有帮助,但当时被欧文斯拒绝了。于是阿迪达斯又建议他可以在赛前训练中试穿。结果,使用效果使欧文斯如获至宝,并在正式比赛中使用了阿迪达斯的钉鞋,结果他连夺四枚金牌震惊了世界。虽然欧文斯本身的实力是毋庸置疑的,但他毕竟在众多跑鞋中选择了阿迪达斯跑鞋参赛。在确立世界知名体育用品品牌之后,阿迪达斯的品牌发展仍与技术革新保持着紧密的联系。1956年墨尔本奥运会上,阿迪达斯推出了一个附属品牌"墨尔本",这个品牌用来命名阿迪达斯新研制的改进型多钉扣型运动鞋。在那届奥运会上,穿阿迪达斯运动鞋的选手共获得72枚金牌,从而使阿迪达斯品牌知名度得到了更大的提高。

　　阿迪达斯与奥运选手和比赛的长期合作,使阿迪达斯得以与奥林匹克运动建立了坚实的联系,而其他与体育无关或间歇赞助奥运会的品牌要发展这种关系是十分困难的。

　　在公司发展过程中,阿迪达斯采取的是金字塔型的品牌推广模式,在三个层次产生影响。首先,该品牌吸引了许多想出成绩的运动员,这不仅是出于他们对高性能运动装备的需要,更在于阿迪达斯的不断革新,为选手们发挥高水平给予了技术上实质的支持。其次,阿迪达斯品牌在那些登上重大比赛领奖台的运动员身上频频出现,激发了更多潜在消费者、周末探险者和业余运动员的需要。在这个层次上,真正能满足需求的产品和口碑传播起了关键作用。第三,上述运动员的品牌偏好逐渐渗透到一般普通健身者群中,而这却是一个最大的消费群体。通过这种品牌推广方式,加之阿迪达斯已具有的强大市场基础,其品牌的影响力迅速延伸至与体育运动相关的各个层面。

　　阿迪达斯品牌通过产品技术上不断创新,成功地借助奥运会和著名运动员广告效应以及金字塔型的品牌推广模式等品牌发展策略,到20世纪60年代和70年代,阿迪达斯已在体育用品市场具有无可匹敌的优势,成为世界体育用品一流品牌。

　　资料来源:阿迪达斯的品牌策略[N/OL].中国体育报.2004-07-14.http://sports.sina.com.cn/s/2004-07-14/1021303729s.shtml.

二、包装策略

(一)包装的概念与作用

1.包装的概念

　　包装是指设计并生产容器或包扎物的一系列活动。包装包括三个层次:第一层次的包装是指直接包装,它是最接近产品的容器,如装有洗面奶的瓶子等。第二层次的包装是指间接包装,它是保护第一层次包装的材料,当产品使用时,它即被丢弃。用来包装瓶装的洗面奶的硬纸板盒就属于第二层次的包装,它为产品提供了进一步的保护和促销机会。第三层次的包装是指产品储存、辨认和运输时所必需的包装,即运输包装。如装有六打洗面奶的波纹盒就是运输包装。此外,标签化亦是包装化的一个组成部分,它是由表明该产品的印制好的信息所构成,出现在包装物上面或和包装物合为一体。

营销思考 7-10

现在中秋节月饼的包装越来越豪华,对此你有何看法?

2.包装的作用

(1)包装能保护商品,便于储运。产品包装最基本的功能便是保护商品,便于储运。有效的产品包装可以起到防潮、防热、防冷、防挥发、防污染、保鲜、防易碎、防变形等系列保护产品的作用。因此,在产品包装时,要注意对产品包装材料的选择以及包装的技术控制。

(2)包装能吸引注意力。良好的包装能表明产品的特色,给消费者以信心,形成一个有利的总体印象,消费者也愿意为良好包装带来的方便、可靠性和声望多付些钱。企业已经意识到设计良好的包装的巨大作用,它有助于消费者迅速辨认出哪家公司或哪一品牌,吸引顾客的注意力,增强企业的市场竞争力。

(3)包装还能提供创新的机会。目前,包装已成为强有力的营销手段。设计良好的包装能为消费者创造方便价值,为生产者创造促销价值。由于越来越多的产品在超级市场和折扣商店里以自助的形式出售,包装必须执行相当多的推销任务。

(二)包装的具体策略

1.系列包装

系列包装即一个企业对其生产的各种品质相近的产品,在包装上采用相同或相似的图案、色彩及其他共同特征。系列包装可给人一个统一的印象,使人一看便知是该企业的产品,进而由产品形象识别变为企业形象识别。

2.差异包装

差异包装即企业对其生产的各种产品,通过设计不同的风格、色彩、材料及容器以使各种产品加以区别,这样,就可以防止因某一种商品营销失败而影响其他商品。

3.配套包装

配套包装即把有关联的若干商品,组合在同一容器内,这不仅可以给消费者带来方便,而且可以带动多种商品的销售,如绘图仪器、文房四宝、工具包、医用药箱等。

4.变化包装

变化包装即对商品包装的外形和色彩加以变化。尤其是在产品成熟期的时候,各家产品品质相差无几,消费者对老面孔的包装亦感到厌倦。此时,如果对商品包装加以变化,就会给人以常用常新的感觉。

5.错觉包装

错觉包装即巧妙地利用人们固有的错觉现象设计的包装。如黑色较其他颜色更能显示仪器的精密,而笨重的物体用浅色包装则会显得比较轻巧。再如同容量的罐头包装,扁形的看起来要比圆柱形的容积要大些。

6.附赠品包装

附赠品包装即在包装容器中附赠一些其他物品,以引起消费者的兴趣,导致重复购买。如在儿童用品的包装物中附赠玩具、连环画、名人诗词卡片等,这对儿童有很大吸引力。

7.分档包装

分档包装即根据商品本身的市场定位或消费者的心理需求,分不同档次进行包装。如珠宝、首饰、人参、艺术品、化妆品等的包装要能烘托出商品的高贵、典雅;而对中低档商品,包装则可以简朴些。作礼品用,包装要精致优良;若是自用,则简单包装即可。

8.多用途包装

多用途包装即包装除了保护和美化商品之外,还可作为他用。如装食品的盆、罐、瓶等,用完后可改作生活日用品。有时,顾客甚至会为了得到包装容器而去购买商品。

9.习惯用量包装

习惯用量包装即根据大多数消费者使用习惯,而采用不同容量的包装。如食用油、洗衣粉可采用较大的包装;而茶叶、咖啡等,则可采用一次性使用的小包装。

营销案例 7-5

北京奥美为伊利大果粒打造世博纪念装

日前,作为 2010 上海世博会唯一指定乳制品赞助商,伊利集团酸奶事业部以世博大事件为契机,通过其广告代理商奥美为其大果粒品牌打造了 6 个代表世界不同地区的卡通女孩的世博纪念包装。此包装自 2010 年 4 月底推出以来,好评如潮。系列概念包装刺激了大果粒 390 克规格的销售成长,并加强了与消费者的情感联结。

中国的水果酸奶市场已经饱和,有许多大相径庭的产品。奥美发现消费者往往以价格和口味作为购买依据。为了使伊利大果粒从同类产品中脱颖而出,奥美选择通过一个强大的创意理念,以独特的方式吸引消费者,并在他们的心目中树立一个强大的品牌形象。

研究表明,伊利大果粒的主要消费者是 18~25 岁之间的大学女生和白领女性。她们钟爱可爱的设计。为了吸引这一核心群体,奥美设计了 6 个卡通人物,象征着世界不同的地区,包括非洲、中国、欧洲、夏威夷、印度和北美。这个想法与世博足不出户便能体验世界多样文化的理念遥相呼应。伊利大果粒更是希望通过像玉米、无花果加葡萄干这些口味为消费者营造别样风情。

由于 6 个卡通女孩广受消费者喜爱,伊利将进一步开发这几个卡通人物,并为大果粒 260 克规格设计新的纪念包装。

该活动还运用了销售点展示空间视觉设计,使消费者一进入卖场便能迅速被产品吸引。伊利将继续投放此次纪念版包装直至 2010 年秋天。

资料来源:北京奥美为伊利大果粒打造世博纪念装[EB/OL]. 2010 - 10 - 08. http://www.cnad.com/html/Article/2010/1008/20101008141715647.shtml.

本章小结

产品策略是市场营销组合的战略基石,是价格策略、渠道策略和促销策略研究的出发点。本章内容主要包括:

1.产品及产品组合

市场营销学所指的产品是个整体产品概念,包括五个层次,即核心产品、形式产品、期望产品、延伸产品、潜在产品。产品根据不同的标准可以划分为不同的产品类别。产品组合的相关概念包括产品组合、产品线、产品项目以及产品组合的宽度、长度、深度和关联度。产品组合策略包括扩大产品组合策略、缩减产品组合策略和产品线延伸策略。

2.产品生命周期理论

产品生命周期是指产品从投入市场开始到最终被市场淘汰退出市场为止所经历的时间间隔。一个完整的产品生命周期包括投入期、成长期、成熟期、衰退期四个阶段,各个阶段产品具有不同的特点,企业在产品生命周期的各阶段应该采取相对应的营销策略。

3.新产品开发

企业为了生存和赢得竞争就必须不断适应市场,开发新产品,新产品的开发要遵循一定的程序,包括构思、筛选、产品概念、商业分析、市场分析、产品试制、市场试销、批量上市。新产品进入市场要选择适当的进入方式。

4.品牌和包装策略

品牌与商标是有区别的。品牌策略是根据商品特点、市场状况、企业自身条件而制定的品牌工作与方式方法。品牌具有特定的功能和价值,而且在设计的时候具有一定的要求。品牌策略包括使用品牌与不使用品牌策略、统一品牌与个别品牌策略、单一品牌与多种品牌策略、保留品牌与更换品牌策略等。包装具有很重要的作用。包装策略主要有系列包装、差异包装、配套包装、变化包装、错觉包装、附赠品包装、分档包装、多用途包装、习惯用量包装等。

关键术语与概念

产品　产品整体概念　产品组合　产品线　产品项目
产品组合的宽度、长度、深度、关联度　产品生命周期　新产品　商标　包装

复习与思考

1.什么是产品和产品的整体概念?

2.什么是产品组合?产品组合的宽度、长度、深度和关联度对企业营销有什么意义?

3.产品组合策略有哪几种?

4.产品生命周期各阶段的特征和营销策略是什么?

5.新产品有哪些类型?

6.新产品研制包括哪些程序?

7.新产品如何进入市场?

8.商标策略有哪些?

9.包装策略有哪些?

案例分析

案例一:苹果 iPod,引领数码随身听时代的潮流

iPod 是苹果公司推出的一种大容量 MP3 播放器,采用 Toshiba 出品的 1.8 英寸盘片硬盘作为存储介质,高达 10～40 GB 的容量,可存放 2500～10000 首 CD 质量的 MP3 音乐,它还有

完善的管理程序和创新的操作方式,外观也独具创意,是苹果公司少数能横跨 PC 和 Mac 平台的硬件产品之一。除了 MP3 播放,iPod 还可以作为高速移动硬盘使用,可以显示联系人、日历、任务以及阅读纯文本电子书和聆听 Audible 的有声电子书。

在过去数年里,苹果 iPod 凭借着唯美的工业设计、独树一帜的商业模式,不断引领着数码随身听时代的潮流。

虽然苹果 iPod 的销量早早就突破了 1 亿台,但显然,如果只是单纯地把产品做好、做漂亮,只图卖个好销量,而没有其他发展模式,那么 iPod 多半不会有如今这般成功。而聪明的苹果公司总裁乔布斯在这一方面的做法绝对独到——他打造出了"iPod 周边产业链"。

顾名思义,所谓"iPod 周边产业链",是指那些非苹果公司生产的 iPod 配件,如唯美音响、精致皮套,甚至还有专门为 iPod 设计的衣服。所有这些,都是冲着巨大的 iPod 用户市场而来的,而他们在赚到钱的同时,是要给苹果公司提供利润分成——因为苹果 iPod 的存在,势小的他们才有饭吃。这样一种"周边产业链"模式,手机和笔记本是没有办法做到的,无论是手机老大诺基亚,还是强大的 ThinkPad 笔记本,从来都没出现过类似的模式。

除了"周边产业链"之外,唱片公司也从苹果公司的 iTunes 音乐下载、视频下载项目受益:凭借着巨大的 iPod 用户平台,苹果打造出了 iTunes+iPod 的盈利模式。在这种盈利模式中,唱片公司向 iTunes 提供音乐,得到一定的分成,与苹果公司双赢。而这种网络时代的视频销售模式,依然给传统唱片行业带来了巨大的冲击。

问题:

(1)请利用"产品整体层次概念"理论分析苹果 iPod 是如何进行产品组合创新的?

(2)你认为苹果 iPod 还可以怎样拓展产品的组合,从而增加顾客的使用价值?

资料来源:苹果的成功之谜[EB/OL]. 2008 - 04 - 12. http://hi. baidu. com/fg5888/blog/item/21cb66af6f61afc97dd92adb. html.

案例二:可口可乐的口味调整

1985 年 4 月 23 日,可口可乐董事长罗伯特作出一项重大决定。在经历了 99 年的风风雨雨之后,为了适应消费者对甜味更加偏好的变化,可口可乐公司决定放弃原来的配方,推出一种名为"新可口可乐"的产品。这项决定的背景是 20 世纪 70 年代以来百事可乐的咄咄逼人的竞争态势,而可口可乐公司却一直踌躇不前,其市场地位相对于百事可乐日益缩小。更使可口可乐感到烦恼和灰心的是它的广告支出费用比百事可乐多数亿美元,它拥有两倍于百事的售货机以及更具有竞争力的价格,却仍然不断地丧失自己的市场份额。因此,公司开始将注意力转移到调查研究产品本身的问题上来。调查资料日益明显地表明,味道是导致可口可乐衰落的唯一重要因素。也许原来的配方要被淘汰了,所以公司开发了新口味的可乐,并通过无标记测试证实新口味的可口可乐胜过了百事可乐。公司高层管理者反复考虑后一致同意改变可口可乐的味道,把旧的可口可乐淘汰掉。然而,人们却纷纷指责可口可乐作为美国的一个象征和一个老朋友,突然之间就背叛了他们。在公众的压力下,公司最终还是在传统的可口可乐商标下,恢复了老可乐的生产,同时公司保留新口味的可乐,并称之为"新可口可乐"。

问题:

(1)根据产品生命周期理论来分析可口可乐公司的两种可乐处于哪个阶段?

(2)你认为可口可乐公司应采取什么样的产品生命周期决策?

(3)在进行新产品策划时,简要回答新产品选择应考虑哪些因素?

资料来源:http://zhidao.baidu.com/question/25406159.html.

营销实训项目

1.产品的包装策略有哪些

【目的】

让学生通过实地调研和观察了解产品包装的策略,能够总结出适用不同产品的最优包装策略,了解包装的特点及其所承载的具体营销策略,为以后的学习和工作打下基础。

【方案】

(1)把学生分成若干组,每组3~5人,每组指定一名组长。

(2)选择当地某个实际的市场(主要是超市),对消费品进行调研,收集不同产品的包装(至少5种),把最喜欢的包装和最不喜欢的包装拿到课堂上进行展示,并说明喜欢和不喜欢的理由。

【规则】

(1)每个小组组长依次发言,阐述本组对市场的调研状况及产品的包装策略和营销策略,小组其他成员可以进行补充。发言时间不超过5分钟。

(2)各小组分析不同产品包装策略的共性及差异性。

(3)各小组用实例支持自己的观点。

(4)形成总结报告。

【方式】

在先期调研的基础上进行课堂讨论。

2.新产品开发专题讲座

【目的】

理论结合实践,通过与企业营销负责人进行面对面的沟通,帮助学生深刻理解新产品的开发对企业的重要性。

【方案】

(1)邀请当地相关知名企业的负责人就新产品开发中的问题以及营销中的其他问题进行专题讲座。

(2)学生与报告人进行沟通。

【规则】

在学生对产品策略理论有了一定了解的基础上开展此项活动。

【方式】

专题讲座。

营销实践练习

1.结合不同的产品,如洗面奶、数码相机、冰箱、高档西服、书籍等,试用产品整体概念分析这些产品的五个层次概念各是什么?

2.结合你所熟悉的企业,分析该企业产品组合的宽度、长度、深度和关联度。

3.找出现实生活中新产品开发成功或失败的个案,作简要分析。

4.根据你所熟悉的产品来分析该产品处于产品生命周期的哪个阶段,应该采用什么样的营销策略?

5.请分析你熟悉的某企业的商标策略。

6.举例说明包装策略使用得当或不得当的情形。

营销模版

新产品的可行性分析报告

1.企业产品/服务现状综述

对于企业目前的市场占有率、销售额、产品组合、产品生命周期等情况进行分析描述,从而找出企业的弱点和有发展机会的点。

2.新产品/服务描述

根据新产品开发前阶段的产品构思、产品概念形成等对将要开发的新产品/服务进行描述。主要描述新产品/服务的创新要点、形式、相关因素。

3.市场分析

市场分析的主要内容有:人口基数、技术满足消费者的情况、消费者对该种产品/服务的了解程度、产品/服务的可获得性、潜在消费者中购买拟投产产品/服务的意向、竞争者以前的业绩估计、市场容量及产品/服务进入市场的运作情况、根据互补产品的销售情况预测未来销售情况、竞争对手及产品定位的详细分析等。

4.技术分析

该部分主要包含两部分内容:新技术与原技术的相容性分析情况和狭义上的技术可行性分析情况。狭义上的技术可行性分析又包含:研究新产品/服务开发的各种技术问题是否可行和研究新产品/服务开发中是否能够保证质量。技术分析的核心在于新技术与原技术匹配程度如何,技术上是否可以实现新产品/服务的正常推出。

5.经济分析

经济分析包含商业价值预测和财务分析两部分。商业价值预测在于对新产品/服务的未来销售情况及利润空间进行理性预测;财务分析在于对新产品/服务的各项投入进行合理评估及财务预算。经济分析的核心就在于从财务角度理性地分析该新产品/服务的经济可行性,即它的推出是否能够为企业带来足够的净利润及确定未来的经济发展空间。

6.负面效果评价

新产品/服务的开发必然要带来一些负面效应。从企业角度来看,主要是对原有组织架构的影响、或是对原有资源技术的影响、或是对原有市场渠道的影响等。在可行性分析报告中必不可少这一部分,通过对前面的分析预测可能存在的负面效应进行评估,用辩证的观点最终确定该新产品/服务是否具有推出的可行性。

网站资料访问

1.产品整体概念

　http://www.study365.cn/baike/2875.html

2.产品组合策略

http://cio.it168.com/e/2008 - 02 - 29/200802291028158.shtml

3. 消费品市场及其分类

http://bbs.vsharing.com/Article.aspx? aid＝647172

4. 产品生命周期图

http://baike.baidu.com/view/9674.htm

5. 产品生命周期理论

http://blog.sina.com.cn/s/blog_473dd9110100c0aa.html

6. 新产品开发

http://www.cawe.org.cn

7. 新产品开发策略

http://info.yidaba.com/newscenter/1519213.shtml

8. 商标策略

http://wiki.mbalib.com/wiki

9. 品牌策略

http://baike.baidu.com/view/514318.htm

10. 包装策略

http://www.yewuyuan.com/article/200811/200811300052.shtml

第八章
价格策略

学习要点

1. 了解价格的含义和定价目标
2. 熟悉和掌握企业的定价方法
3. 掌握企业定价的基本策略
4. 了解企业价格变动的原因及应对策略

引导案例

"价格杀手"——国美的真面目

在市场竞争异常激烈的今天,国美何以能够急剧膨胀,四处扩张,越做越大,其实国美的秘密武器十分简单,这就是低价营销。为此,国美有了个"价格杀手"的称谓。

同样经营家电,国美怎么能把价格压到最低,这主要归功于国美独特的供销模式。从创业初始,国美就把薄利多销当做立身之本,并率先采用新的供销模式,即摆脱一切中间商,直接与家电生产厂家进行合作,把市场营销的主动权牢牢控制在自己手中。近年来,国美与多家生产厂家达成协议,厂商给国美最优惠的政策和价格,国美则承担其产品的经销责任,保证最大的销售量。而向生产商订的货越多,拿到的价格就越低;拿到的价格越低,国美向消费者推出的售价就越便宜;售价越便宜,来买货的消费者就越多;销量越大,向厂商订的货就越多……这种令供需双方相得益彰的良性循环模式,给国美带来了无与匹敌的强大竞争力。反映到市场上,就是国美家电产品的价格普遍比其他零售商低出几十元、几百元,甚至上千元,从而使其始终掌握着市场的主动权。

此外,国美还在经营上尽可能地节约成本,如商城选址一般避免商业繁华地区,场地一般都是 3000～5000 平方米的适度规模,租期在 5 年以上、10 年以下,租金自然也可以压得很低。如此运作经营,使国美每到一处都能傲视群雄,超然胜出。

国美电器有限公司副董事长张志铭曾经说:"勤进快销,以销定进,注意库存的合理性,以明天能卖多少或到后天中午能卖多少,来决定今天的进货量,只有这样快速周转,才能一直站在市场的最前沿。"

问题:

1. 国美成功的关键是什么?
2. 国美对价格策略是如何应用的?

资料来源:"价格杀手"——国美的真面目[EB/OL]. http://tieba.baidu.com/f?kz=266318792.

价格是市场竞争的焦点,价格策略是企业市场营销策略中重要组成部分,在很大程度上影响着市场需求与购买者的行为。因此,企业定价要从实现企业战略目标出发,选择恰当的定价目标,综合分析产品成本、竞争能力、市场需求等因素,运用科学实验的方法,去制定顾客能接受的价格,从而不断巩固扩大自己的市场,增强产品的竞争力。

第一节 定价及影响企业定价的因素

一、价格及定价目标

(一)价格的概念

价值是价格的基础,价格是价值的表现形式。在现代市场营销活动中,价格有许多表现形式,如车费、电话费、入场费、学费、书费、房租、薪金、佣金、会员费、广告费,等等。价格可能以各种不同名目出现,价格无处不在。

营销资料 8-1

汽车市场的八个价格点

顶级	劳斯莱斯
黄金标准	梅赛德斯—奔驰
豪华	奥迪
特定需要	沃尔沃
中档	别克
便利	福特雅士
类似品,但较便宜	现代
价格导向	起亚

资料来源:菲利普·科特勒,凯文·莱恩·凯勒.营销管理[M].梅清豪,译.12版.上海:上海人民出版社,2006.

价格对生产者和消费者的含义是不同的。从生产者的角度看,利润取决于收入与成本的差额,而收入等于单位售价乘以销售量,所以价格与成本一起影响着企业的盈利水平。从消费者的角度看,价格是人们为了获取所期望的某一产品或服务而必须付出的相应的货币量,以得到它所能提供的某种利益或价值。对于收入一定的消费者来说,价格的高低影响着消费者购买商品的能力。

一般说来,价格的决定权在买卖双方。从宏观上看,供不应求,价格就会被抬高;供过于求,价格就会下降。从微观上看,价格过低,卖方无利可图;价格过高,买方转而选择竞争产品或替代品。所以,价格具有买卖双方双向决策的基本特征。而最终价格的确定,则要看顾客对产品或服务的需要迫切程度以及买卖双方的交易技巧,但生产者具有决定价格的主动权。

价格的灵活性非常强,能对市场变化作出灵敏的反应,价格策略能够根据市场需求的变化、竞争者营销策略的变化进行随机应变的调整。价格竞争十分有效,但又不可避免地会产生负面作用。

营销思考 8-1

价格是如何决定的？

（二）定价目标

定价目标是指企业在对其生产或经营的产品制定价格时,有意识地要求达到的目的。定价目标是整个价格策略的灵魂,既要服务于产品营销目标和企业经营战略,还是定价方法和定价策略的依据。因此,企业在定价之前,要考虑一个和企业总体目标相一致的定价目标,作为定价的依据,这样才能制定出理性的价格策略。

1.利润目标

(1)预期收益目标。预期收益目标是指在一定时期内企业将收回投资并能获取预期的投资报酬作为一种定价目标。采用这种定价目标的企业,把它的预期收益水平,规定为投资额或销售额的一定百分比,叫投资收益率或销售收益率,在此基础上加上产品成本作为销售价格。使用这种方法时必须注意两个问题:第一,要确定适度的投资收益率。一般来说,投资收益率应该高于同期的银行存款利息率,但不可过高,能让消费者所接受。第二,企业生产经营的产品最好为新产品、独家产品或者是低价高质的产品,与竞争对手相比,产品具有明显的优势。

(2)最大利润目标。最大利润目标是指在一定时期内企业追求获得最大限度的销售利润或者投资收益的定价目标。追求最大利润的定价目标并不意味着企业要制定最高单价。价格过高,会引起竞争者的进入,造成供大于求,或者引起代用品进入市场,也可导致消费者对高价商品的需求减少;价格过高甚至会遭到消费者的反抗或者是政府的干预。有远见的企业经营者,都着眼于追求长期利润的最大化,虽然放弃了眼前利益,但是可细水长流;当然并不排除在某种特定时期及情况下,对其产品制定高价以获取短期最大利润。

(3)适当利润目标。适当利润目标是指企业为避免不必要的价格竞争,为保全自己、减少风险,或者是限于力量不足,不能采取最大利润或预期收益目标,而以适中、稳定的价格获得长期利润的一种定价目标。采用这种定价目标的企业,只能在补偿正常情况下的平均成本的基础上,加上适当利润作为产品价格。比如按成本加成决定价格,以适当利润作为定价目标,其条件是企业必须拥有充分的后备资源,并打算长期经营,而临时性的企业一般不宜采用这种定价目标。

2.竞争目标

(1)稳定价格目标。稳定价格目标是以保持价格相对稳定,避免正面价格竞争为目标的定价。这种定价目标适用于当企业准备在一个行业中长期经营,或某行业经常发生市场供求变化与价格波动而需要有一个稳定的价格来稳定市场时,该行业中的大企业或占主导地位的企业率先制定一个较长期的稳定价格,其他企业的价格与之保持一定的比例。这样,对于大企业是稳妥的,中小企业也可避免遭受由于大企业的随时随意提价而带来的打击。

(2)追随定价目标。追随定价目标是指企业有意识地通过给产品定价主动应付和避免市场竞争。这时企业价格的制定,主要以对市场价格有影响的竞争者的价格为依据,根据具体产品的情况稍高或稍低于竞争者。如果竞争者的价格不变,实行此目标的企业也维持原价,竞争者的价格或涨或落,此类企业也相应地参照调整价格。一般情况下,中小企业的产品价格应略低于行业中占主导地位的企业的价格。

（3）挑战定价目标。挑战定价目标一般适用于具备强大的实力和特殊优越的条件的企业，在这种情况下企业可以主动出击，挑战竞争对手，获取更大的市场份额。一般常用的方法有：①打击定价，即一些实力较强的企业采用低于竞争者的价格出售产品，希望把竞争对手赶出市场。②特色定价，即实力雄厚并拥有特殊技术或者能为消费者提供更多服务的企业，采用高价格出售产品，不需要随波逐流降低价格。③阻截定价，即为了防止其他竞争者加入同类产品的竞争行列，往往采用低价入市策略，迫使弱小企业无利可图而退出市场，或者令竞争对手望而却步，止步于市场之外。

3. 市场占有率目标

（1）低价占领市场目标。以低价占领市场，就是在保证产品质量和降低成本的前提下，企业入市产品的定价低于市场上主要竞争者的价格，以低价争取更多的消费者，打开产品销路，抢占市场，提高企业产品的市场占有率。一般来说，等企业成功占领市场后，再通过增加产品的某些功能，或提高产品的质量等措施来逐步提高产品的价格，其目的是在维持一定市场占有率的同时获取更多的利润。

（2）高价占领市场目标。以高价占领市场，就是企业入市产品的定价高于市场上主要竞争者的价格，在产品上市初期，竞争还不是很激烈，利用消费者的求新心理，从而在短期内获取较高利润。等市场竞争激烈时，企业适当调低价格，从而扩大销售赢得主动，提高市场占有率。

二、影响企业定价的因素

（一）市场需求

企业制定价格必须了解价格变动对市场需求的影响程度，通常用价格需求弹性系数来衡量需求与价格之间的关系。所谓价格需求弹性系数，是指由于价格的相对变动，而引起的需求相对变动的程度。通常可用下式表示：

$$需求弹性系数＝需求量变动百分比÷价格变动百分比$$

需求弹性系数的几种情况如表 8-1 所示。

表 8-1　需求弹性系数的各种情况

需求弹性系数	需求量变动情况	相关商品
等于零	需求量不会随价格变化而变动	性命攸关的药
0～1	需求量受价格变化影响不大	米、面等生活必需品
等于1	需求量变动与价格变动紧密联系	非常少见
大于1	需求量受价格变动影响很大	金银首饰
无限大	需求量受价格变动影响无穷大	没有这种商品

1. 需求弹性系数等于零

如果需求弹性系数等于零，就明该商品对消费者非常重要，无论价格如何变化，消费者对该商品的需求量也不会随之变动。

2. 需求弹性的系数在 0～1 之间

价格的变动对需求量的变动有影响但影响不大，价格下降一倍而需求量增加不到一倍，甚至只变化一点点,反之亦然。这种情况说明商品缺乏需求弹性,比如一些生活必需品,基本不会随着价格变化而变化。

3.需求弹性系数等于1

如果系数等于1,说明价格变动与需求量的变动是紧密联系的,价格变动通常会影响需求量的变动,但这并不意味着价格变动的幅度与需求量变动的幅度完全相等。

4.需求弹性系数大于1

价格的变动对需求量的影响很大,说明该商品富有弹性。企业如果降低商品的销售价格,购买的消费者就会明显增多,反之亦然。一般来说,高档奢侈品比如珠宝之类属于这类商品。

5.需求弹性的系数为无限大

需求弹性的系数为无限大时,说明在价格既定的条件下需求量会无穷大。也就是说,价格变化为零时,需求量也会无限大变化。

营销思考 8-2

举例说明价格变动与需求量变动之间的关系。

(二)市场竞争

1.完全竞争

所谓完全竞争也称自由竞争,它是一种理想化了的极端情况。在完全竞争条件下,买者和卖者都大量存在,他们买卖的商品都是同质的,不存在质量与功能上的差异,企业自由地选择产品生产,生产要素在各行业之间有完全的流动性,买卖双方对市场信息尤其是市场价格变动的信息完全了解。在这种情况下,无论是买方还是卖方都不能对产品价格进行影响,企业只能按照市场价格出售产品。

2.不完全竞争

它介于完全竞争与完全垄断之间,是现实中存在的典型的市场竞争状况。不完全竞争条件下,有许多的买主和卖主,但各个卖主所提供的产品有差异,有些是质量、花色、式样和产品服务的差别,有些是品牌的差异,而且在这种市场条件下,少数买者或卖者对价格和交易数量起着较大的影响作用,并且买卖各方获得的市场信息是不充分的,它们的活动受到一定的限制,因此,它们之间存在着一定程度的竞争。在不完全竞争条件下,竞争的强度对企业的价格策略有重要影响。

3.完全垄断

它是完全竞争的反面,是指在一个行业中某种产品的生产和销售完全由一个卖主独家经营控制,形成独占市场。在完全垄断竞争情况下,交易的数量与价格由垄断者单方面决定,随着产品价格的涨落,产品销售随之减增。这种情况在现实中也很少见。

(三)产品成本

商品的价值是构成价格的基础。如果就制定价格时要考虑因素的重要性而言,成本无疑也是最重要的因素之一。因为价格如果过分高于成本会有失社会公平,价格过分低于成本,不可能长久维持。一般来说,产品的最高价格取决于市场需求,而最低价格取决于这种产品的成本费用。某种产品的销售价格都必须高于成本费用,因为产品价格只有高于成本,企业才能补偿生产上的耗费,从而获得一定盈利。但这并不排斥在一段时期在个别产品上,价格低于成本。

在实际工作中,产品的价格是按成本、利润和税金三部分来制定的。成本又可分解为固定成本和变动成本。产品的价格有时是由总成本决定的,有时又仅由变动成本决定。

企业定价时,不应将成本孤立地对待,而应同产量、销量、资金周转等因素综合起来考虑。成本因素还要与影响价格的其他因素结合起来考虑。如果我们将成本因素和需求因素综合起来考虑,并作出适当的假设,可形成下面的关于定价的理论模式。

例:某商品根据市场调查可获得需求函数为:$Q=800-4P$

式中,Q 表示总需求量,P 表示单价。

该企业此产品的成本函数为:$C=1200+50Q$

式中,C 为总成本。

如果该企业的目标是利润最大化,那么,价格应定为多少?

解:根据已知条件,可得销售收入为:$S=PQ$

利润:$Z=S-C$

将条件代入可得:$Z=-4P^2+1000P-41200$

解得当 $P=125$(元)时,利润有极大值,其为 $Z_{max}=21300$(元)。

(四)政府干预

企业在制定价格时,一定要重视企业所处的宏观环境。在现代市场经济条件下,政府虽然不能直接干预企业的经营管理,但市场经济的健康发展需要政府的宏观调控。事实上,政府为了维护经济秩序,或为了其他目的,总是要运用经济、法律和行政手段对经济运行进行调控,可能通过立法或者其他途径对企业的价格策略进行干预。这些政策和法规有监督性的,有保护性的、也有限制性的。政府的干预包括规定毛利率,规定最高、最低限价,限制价格的浮动幅度或者规定价格变动的审批手续,实行价格补贴等。

第二节　企业定价方法

一、成本导向定价法

成本导向定价法是以产品单位成本为基本依据,再加上预期利润来确定产品的价格,是企业最常用、最基本的定价方法。成本导向定价法的优点有:方法简单明了;价格制定比较公道。主要缺点有:没有考虑市场价格及需求变动的关系,缺乏灵活性;没有考虑市场的竞争问题;不利于企业降低产品成本。具体方法有:

(一)成本加成定价法

成本与售价之间的差额,即是加成。在这种定价方法下,把所有为生产某种产品而发生的耗费均计入成本的范围,计算单位产品的变动成本,合理分摊相应的固定成本,再按一定的目标利润率来决定价格。这种方法计算简单,有利于核算并补偿劳动耗费,正常情况下,可获得预期的利润,但是它只考虑到生产者的个别成本与产品的个别价值,缺乏弹性和敏感性,一旦产品销售不畅,无法进行调整,缺乏灵活性。成本加成定价法计算公式:

产品价格＝单位产品总成本×（1＋加成率）

例如：某企业全年生产某种产品 10 万件，产品的单位变动成本 10 元，总固定成本 50 万元，该企业要求的成本利润率 20％，则该产品的价格＝(5＋10)×(1＋20％)＝18(元)。

（二）目标收益定价法

目标收益定价法又称投资收益率定价法，是根据企业的投资总额、预期销量和投资回收期等因素来确定价格。其要点是使产品的售价能保证企业达到预期的目标利润率。目标收益定价法的优点是可以保证企业既定目标利润的实现。这种方法一般用于在市场上具有一定影响力的企业、市场占有率较高或具有垄断性质的企业。缺点是只从卖方的利益出发，没有考虑竞争因素和市场需求的情况，而且如果由于预期的销售业绩不佳而削减标准产量，按目标定价计算的商品的价格将会上涨。

目标收益定价法的计算公式为：

$$产品价格＝\frac{（单位变动成本＋单位固定成本）}{（1－销售税率）}＋\frac{目标利润}{预计销售量×（1－销售税率）}$$

其中：目标利润＝（单位变动成本＋单位固定成本）×预计销售量×成本利润率

因此公式调整为：

产品价格＝（单位变动成本＋单位固定成本）×（1＋成本利润率）/（1－销售税率）

例如：某产品预计销售量 2000 件，固定成本 200000 元，单位变动成本 40 元，目标利润 80 000 元，销售税率为 0.7％，试问该产品出厂价格应该定为多少？

产品出厂价格＝（40＋200000/2000）÷（1－0.7％）＋80000÷[2000×（1－0.7％）]
＝181.27(元)

目标收益定价法与成本加成定价法是有区别的。差别在于"成本加成定价法"公式中的成本只是制造成本，不包括期间费用；而"目标收益定价法"公式中的成本包括制造成本和期间费用。相应地，两个公式中的"成本利润率"也有所不同。

（三）变动成本加成定价法

变动成本加成定价法，即在定价时只计算变动成本，而不计算固定成本，在变动成本的基础上加上预期的边际贡献。由于边际贡献会小于、等于或大于变动成本，所以企业就会出现盈利、保本或亏损三种情况。这种定价方法一般在卖主竞争激烈时采用。因为这时如果采取总成本加成定价法，必然会因为价格太高影响销售，出现产品积压。采用变动成本加成定价法，一般价格要低于总成本加成法，所以容易迅速扩大市场。这种定价方法在产品必须降价出售时特别重要，因为只要售价不低于变动成本，说明生产可以维持；如果售价低于变动成本，就是生产越多亏本越多。

如何确定附加于成本基础上的加成百分比，是成本加成定价法的核心问题。无论是采用完全成本加成定价法还是采用变动成本加成定价法，所确定的加成数除了能提供所需的利润外，均还需包含一部分成本项目。

变动成本加成定价法加成百分比的计算公式为：

加成百分比＝[（投资额×期望的投资报酬率）＋固定成本]÷（产量×单位制造成本）

假设某公司投资 1000000 元，每年产销 A 产品 50000 件，其单位变动成本 25 元，固定性制造费用 750000 元，固定性销售与管理费用每年 500000 元。若该公司期望获得的报酬率为

20％,则采用变动成本加成定价法,其加成百分比计算如下:

加成百分比＝〔(1000000×20％)＋(750000＋500000)〕÷(50000×25)＝116％

按此加成百分比计算,A 产品的目标售价为 25×(1＋116％)＝54(元)

(四)盈亏平衡定价法

盈亏平衡点又称保本点,是指企业的销售收入刚好与同期发生的费用额相等,以收支相抵的销售量为基础来制定价格的方法就称为盈亏平衡定价法。这种价格的初衷并不是要获取盈利,而仅仅是为了保持企业能够正常运转,维持现状,所以采用这种定价的企业一般是在产品销售遇到较大困难或者市场竞争过于激烈的情况下,为避免更大损失而将保本经营作为定价目标时才使用的方法。盈亏平衡定价法的计算公式:

盈亏平衡点＝固定总成本/销售量＋单位变动成本

二、需求导向定价法

需求导向定价法是指企业在定价时不再以成本为基础,而是以消费者对产品价值的理解和需求强度为依据,其特点是随着需求的变化而变化。引起需求的因素有很多,如消费者价格心理的波动、收入水平的调整等。需求导向定价法包括理解价值定价法、需求差异定价法和反向定价法三种。

(一)理解价值定价法

理解价值定价法也称感受价值定价法,是企业以消费者对商品价值的感受及理解程度作为定价的基本依据。消费者购买商品时总会在同类商品之间就产品的性能、质量、服务、品牌、包装和价格等进行比较评价,选购那些既能满足其消费需要,又符合其支付标准的商品,而消费者对商品价值的理解和认知不同,就会形成不同的价格限度。当商品的价格水平与消费者对商品价值的理解水平大体一致时,消费者就会接受这个价格;反之,消费者不会接受这个价格。

在运用理解价值定价法时,应注意两点:一是企业为了加深消费者对产品价值的理解程度,从而提高其愿意支付的价格限度,就要获得消费者对产品认知价值的资料。这种资料的获得只能通过良好的市场调研来获得。二是企业并不一定要被动地完全接受消费者对产品的认知价值和判断。企业定价时首先要搞好产品的市场定位,拉开本企业产品与市场上同类产品的差异,突出产品的特征,并综合运用各种营销手段,加深消费者对产品的印象,使消费者感到购买这些产品能获得更多的相对利益,从而提高他们接受价格的限度,最后确定实际价格。

营销思考 8-3

运用理解价值定价法应注意哪些问题?

(二)需求差异定价法

需求差异定价法也称价格歧视,是差异化营销策略在价格制定中的一种体现,是一种较为灵活的定价方法。实行需求差异定价要具备以下条件:市场能够根据需求强度的不同进行细分;细分后的市场在一定时期内相对独立,互不干扰;高价市场中不能有低价竞争者;价格差异适度,不会引起消费者的反感。其主要形式有:

1.因地点而异

企业可以在不同的地区对相同的产品制定不同的价格。这些价格不同的原因一方面是由于产品销往不同地区运费不同引起的,另一方面是由于不同地区的需求强度和支付能力、收入情况所引起的。此外,在不同的环境中消费,人们的心理是不一样的。例如在一些娱乐场所、机场的商店和餐厅等地方,人们不惜花钱来显示自己的身份地位,商品价格会制定得高一些。

2.因时间而异

这种差别定价是按销售时间上的差别而制定不同的价格,适用于销售淡旺季明显的时令性商品。旺季时提高价格,反之降价销售。此外,过年过节时,由于消费者对某些商品的需求明显高于平日,企业在制定价格时也会明显高于平日。例如,中秋节时月饼定价一般会很高,而一过中秋节,便只能大幅度降价,有的甚至不得不半价或低于成本价销售。

3.因商品而异

企业对不同型号或形式的产品分别制定不同的价格,但是,不同型号或形式产品的价格之间的差额和成本费用之间的差额并不成比例。例如,在 2008 年北京奥运会举行期间,标有奥运会会徽或吉祥物的 T 恤及一些商品的价格,比其他同类商品的价格要高。

4.因顾客而异

企业在为产品制定价格时,要考虑消费者的具体情况,因职业、阶层、年龄等原因区别对待,根据顾客的需求制定不同的价格。在充分考虑这些因素的情况下,就可以更有效地利用价格策略。

营销资料 8-2

新经济时代的定价策略

许多营销人员认为,互联网将大大提高消费者的价格敏感度(price sensitivity),因为购物者只要轻按鼠标便可找到提供同类产品的供应商及各自的价格。然而,关于网络购书的一项近期研究却显示:一般的购书者在作出购买决策之前,只会比较1~2个网站。有趣的是,与最便宜的网络书商相比较,亚马逊书店的市场占有率仍在不断攀升。很显然,购物者未必会寻求最低的价格,对那些价格较低的物品而言更是如此。然而,在比较性网站出现后,比较价格则变得较为容易,所以,这种情况也许会有所改变。比如,价格守望者(Price Watch)网站会显示出各种不同电脑系统和周边设备的说明和价格,并且可链接到销售这些产品的网络商店。

从另一方面来看,具有一定特色或独特利益的网站能够提高消费者付费购买的意愿。举例来说,甲骨文公司便对其业务咨询的能力、为顾客量身定做的解决方案、在线的支援性信息及培训支援提供了广泛的信息,其目的是要证明甲骨文公司所提供的服务是物超所值的。这些特色都强调了公司独特的价值诉求,并且降低了顾客的价格敏感度。

资料来源:菲利普·科特勒.新经济时代的定价策略[EB/OL].2002-11-05.http://www.emkt.com.cn/article/85/8539.html.

(三)反向定价法

反向定价法也称倒算法,是指企业根据产品的市场需求状况和消费者能够接受的最终销售价格,通过价格预测和试销、评估,先确定消费者可以接受和理解的零售价格,然后倒推批发价格和出厂价格的定价方法。因其定价程序与一般成本定价法相反,故称反向定价法。另外,它是根据市场需求决定商品成本和确定出厂价格的,所以,它也是需求导向定价法的一种。

三、竞争导向定价法

竞争导向定价法是企业通过研究竞争对手的生产条件、服务状况、价格水平等因素,依据自身的竞争实力,并以市场上相互竞争的同类商品价格为定价依据来确定商品价格的方法。这种定价方法是随竞争状况的变化来确定和调整定价水平的。其主要方法有:

(一)随行就市定价法

在垄断竞争和完全竞争的市场条件下,任何一家企业都无法凭借自己的实力而在市场上取得绝对的优势,因此为了避免竞争特别是价格竞争带来的损失,大多数企业都采用随行就市定价法,即将本企业某产品价格与竞争者产品的平均价格保持一致,利用这样的价格来获得平均报酬。因为平均价格在人们生活观念中被认为是"合理价格",容易被消费者所接受,而且企业也可以与竞争者和平相处,避免了激烈竞争所产生的危险。此外,采用随行就市定价法,企业就不必去全面了解消费者对不同价差的反应,也不会引起价格波动。

(二)密封投标定价法

密封投标定价法主要用于投标交易方式,即招标方在报刊上登广告或发出函件,说明拟采购商品的品种、规格、数量等具体要求,邀请供应商在规定的期限内投标。这种标的物的价格由参与投标的各个企业在相互独立的条件下来确定,在买方招标的所有投标者中,报价最低的投标者通常中标,它的报价就是承包价格的定价方法就称密封投标定价法。报价时,企业既要考虑实自身的目标利润,也要结合竞争状况考虑中标概率。

营销资料 8-3

房地产项目定价方法

方法一:大打折扣增加消费者满足感

一般来说,市场上很少见到低于9折的大幅度折扣,"内部认购期间,最高可获7折优惠"、"一口价房源最高8折"等煽动性的语言,加上触目惊心的大红"×",往往很吸引眼球。另一方面,这样的价格策略,也很容易给消费者带来心理上的满足感,认为捡到了大便宜。不过,这样的策略不是所有的楼盘都适用,如某豪宅楼盘的买家对此就不一定"感冒"。

方法二:高价开盘增加市场认可度(风险最大的定价方式)

使用这样的定价策略可以避开价格战,利用买家"一分钱一分货"的心理,向客户传递楼盘高品位、高品质及强大的升值能力,特别是中高档楼盘,绝大多数购买者为二次置业,这种定价方式可以强调楼宇的保值升值作用。此外,高价还可以吸引消费者的注意,提高楼盘知名度。

方法三:大差距定价增加控制力

这种定价方式可以拓宽楼盘的客户层面,还可以增加开发商对销售进度的控制能力。房管部门严格监控开发商的"捂盘"行为,所有房源一旦拿到预售证就必须销售,但开发商完全可以通过刻意提高某些暂时不准备卖出去的房源的定价来达到控制销售进度的目的。另外,由于部分房源用的是高定价,也很容易形成价格参照体系,让购买低价房源的人获得很大的心理满足。当然,什么才是合理的价差,对开发商的水平有较高的要求。

方法四：低开高走敦促买家入市（最常见的）

这种做法的优点是：每次价格上涨都能给前期购房者以信心，还可以刺激未购房者尽快购房。但并非每个项目都可使用。首先，楼盘的开发商必须有足够实力，只有优秀楼盘才会受到买家追捧。其次，必须控制好升价的幅度，升幅不能过多过快，否则销售后期应预留的升价空间过去，容易让竞争对手夺走顾客。

资料来源：http://www.fdc100.com/redirect.php? fid＝15&tid＝212437&goto＝nextoldset.

第三节 企业定价策略

一、新产品定价策略

新产品定价合理与否，不仅关系到新产品能否顺利地进入市场、占领市场和取得良好的经济效益，而且关系到产品本身的命运和企业的前途。新产品定价的策略有：

（一）撇脂定价

撇脂定价又称"取脂定价"，是一种高价格策略，是指在产品生命周期之初，把价格定得很高，以便在短期内获取最大利润，迅速收回投资，减少经营风险。正如在奶酪中撇取浮在最上层含脂肪最高的乳脂一样，含有取其精华之意。这样定价满足了消费者在产品上市初期对产品不了解，对产品价格不太敏感以及购买时的求新、求奇、优质优价的心理。因此，产品上市初期采用高价反而会有助于增加产品的吸引力。

（二）渗透定价

渗透定价是一种建立在低价基础上的新产品定价策略，即在新产品进入市场初期，把价格定得很低，以便让消费者接受，借以打开产品销路，扩大市场占有率，谋求较长时期的市场领先地位。渗透定价是一种颇具竞争力的薄利多销策略，采用渗透定价的企业，在新产品入市初期，用较低的价格吸引了大量的消费者，赢得较大的市场份额，较高的销售额又可以使企业能够进一步降价。所以，渗透定价又被称为"价格先低后高策略"。

营销案例 8-1

iPod 的定价策略

苹果 iPod 在最初采取撇脂定价法取得成功后，就根据外部环境的变化，而主动改变了定价方法。2004 年，苹果推出了 iPod shuffle，这是一款大众化产品，价格降低到 99 美元一台。之所以在这个时候推出大众化产品，一方面，市场容量已经很大，占据低端市场也能获得大量利润；另一方面，竞争对手也推出了类似产品，苹果急需推出低价格产品来抗衡，但是原来的高价格产品并没有退出市场，而是略微降低了价格而已，苹果公司只是在产品线的结构上形成了"高低搭配"的良好结构，改变了原来只有高端产品的格局。苹果的 iPod 产品在几年中的价格变化是撇脂定价和渗透式定价交互运用的典范。

企业之间的竞争不仅是产品的竞争,也是定价模式的竞争。企业一方面要善于利用撇脂定价法在新产品上市后的一段时期内尽量攫取丰厚利润,另一方面要及时调整定价法,以适应竞争对手的步步紧逼。

资料来源:卢强.新产品定价策略案例[EB/OL]. http://www.795.com.cn/wz/80154.html.

(三)满意定价

这是一种吸取上述两种策略的长处,采取上述两种价格之间的适中水平来定价的方法。这种价格既能让消费者接受,又能保证企业获取合理利润,达到双方满意,所以也称为"满意价格"或"君子定价"。这种定价可实现正常盈利,风险也比较小。

二、心理定价策略

每一件产品都能满足消费者某一方面的需求,其价值与消费者的心理感受有着很大的关系。心理定价策略是从心理学角度,根据不同顾客的心理动机来确定自己产品的价格,从而引导消费者购买的一种价格策略。具体策略包括:

(一)尾数定价策略

尾数定价,也称零头定价或缺额定价,即给产品定一个零头数结尾的非整数价格,使消费者在心理上产生较为便宜的感觉。大多数消费者在购买产品时,尤其是购买一些低价值的商品时,乐于接受尾数价格,如 0.99 元、9.98 元等。消费者会认为这种价格标价精确,有根有据,并非随心所欲,购买不会吃亏,从而产生信任感。尾数价格虽离整数仅相差几分或几角钱,但给人一种低一位数的感觉,使消费者产生便宜的感觉。

(二)整数定价策略

整数定价与尾数定价正好相反,该策略是指在定价时企业有意定为整数,不带尾数,以显示产品具有一定质量,满足消费者"一分价钱一分货"的心理。整数定价多用于价格较贵的耐用品或礼品,以及消费者不太了解的产品,因为对于价格较贵的高档产品,顾客对质量较为重视,往往把价格高低作为衡量产品质量的标准之一。

(三)声望定价策略

这是利用消费者对某些产品、某些商店或企业的信任心理而使用的价格策略,即针对消费者"便宜无好货,价高质必优"的心理,对在消费者心目中享有一定声望、具有较高信誉的产品定得比一般产品更高的价格。购买这些产品的人,往往不在于产品价格,而最关心的是产品能否显示其身份和地位,价格越高,心理满足的程度也就越大。声望定价不仅可以提高产品的市场地位,增强产品的吸引力,还可为企业带来更多的利润。豪华轿车、高档手表、名牌时装、名人字画、珠宝古董等,均可采取声望定价的策略。

(四)习惯定价策略

有些产品在长期的市场交换过程中已经形成了为消费者所适应的价格,称为习惯价格。这些产品的价格稍有变动就会引起顾客不满,产生抵触心理,企业对这类产品定价时要充分考虑消费者的习惯倾向,采用"习惯成自然"的定价策略。对消费者已经习惯了价格的产品,企业宁可在产品的内容、包装、容量等方面进行调整,也不宜轻易变动价格。因为降低价格会使消费者怀疑产品质量是否有问题,提高价格会使消费者产生不满情绪,导致购买的转移。

(五)招徕定价策略

该策略是指多品种经营的企业中,适应消费者"求廉"的心理,将产品价格定得低于一般市价,个别的甚至低于成本,目的是招徕顾客购买低价产品时,也购买其他产品,达到扩大销售目的的一种定价策略。采用这种策略,虽然几种低价产品不赚钱,甚至亏本,但从总的经济效益看,由于低价产品带动了其他产品的销售,企业还是有利可图的。

营销案例 8-2

顾客易受招徕定价吸引

北京地铁有家每日商场,客流量与其他商场相比,要多出许多。究其原因,与每日商场的定价策略有关。每逢节假日都要举办一元拍卖活动,所有拍卖产品均以 1 元起价,报价每次增加 5 元,直至最后定夺。但这种由每日商场举办的拍卖活动由于基价定得过低,最后的成交价往往比市场价低得多,因此会使人们产生一种卖得越多、赔得越多的感觉。岂不知,该商场采用招徕定价策略,它以低廉的拍卖品活跃商场气氛,增大客流量,带动整个商场的销售额上升。

资料来源:几种定价策略及其案例[EB/OL]. 2007-11-17. http://fumaoguang2008.blog.163.com/blog/static/38718374200710173413502.

三、折扣价格策略

折扣定价是指企业为了鼓励顾客及早付清货款、大量购买、淡季购买而对基本价格作出一定的让步,直接或间接降低价格,以争取顾客、扩大销量的定价策略。其具体包括:

(一)数量折扣

数量折扣可以按顾客购买产品数量的多少,分别给予不同的折扣,购买数量愈多,折扣愈大。数量折扣实质是企业给那些大量购买某种产品的顾客的一种减价,因为大量购买能降低生产、销售、储运等环节的成本费用。

数量折扣包括累计数量折扣和一次性数量折扣两种形式。累计数量折扣规定顾客在一定时间内,购买商品若达到一定数量或金额,则按其总量给予一定折扣,其目的是鼓励顾客经常向本企业购买,成为可信赖的长期客户;一次性数量折扣规定一次购买某种产品达到一定数量或购买多种产品达到一定金额,则给予折扣优惠,其目的是鼓励顾客大批量购买,促进产品多销、快销。

(二)现金折扣

现金折扣是对在规定的时间内购买一定数量产品时直接对价格的一种减让,其目的是加速资金周转,降低销售费用,减少财务风险。采用现金折扣一般要考虑三个因素:折扣比例、给予折扣的时间限制、付清全部货款的期限。典型的付款期限折扣表示为"3/20,Net 60",其含义是在成交后 20 天内付款,买者可以得到 3% 的折扣,超过 20 天、在 60 天内付款不予折扣,超过 60 天付款要加付利息。

（三）功能折扣

功能折扣是企业根据中间商所承担的功能、责任和风险等方面的差异，给予不同的折扣策略，其目的是促使中间商执行某种市场营销功能。例如，给批发商的折扣较大，给零售商的折扣较小，从而使批发商乐于大批进货，扩大销售，并与生产企业建立长期、稳定、良好的合作关系。功能折扣的比例，主要考虑中间商在分销渠道中的地位、对生产企业产品销售的重要性、购买批量、完成的促销功能、承担的风险、服务水平、履行的商业责任以及产品在分销中所经历的层次和在市场上的最终售价等。功能折扣的结果是形成购销差价和批零差价。

（四）季节折扣

有些产品的生产是连续的，而其消费却具有明显的季节性。季节折扣就是指对购买过季产品或服务的消费者提供价格减让，对在淡季购买产品的顾客给予一定的优惠，使企业的生产和销售在一年四季能保持相对稳定，目的是调节供需矛盾。例如，啤酒生产厂家对在冬季进货的商业单位给予大幅度让利，羽绒服生产企业则为夏季购买其产品的客户提供折扣。

（五）津贴或补贴

津贴或补贴是企业为特殊目的，对特殊顾客以特定形式所给予的价格补偿。比如，当中间商为企业产品提供了包括刊登地方性广告、设置样品陈列窗等在内的各种促销活动时，生产企业给予中间商一定数额的资助或补贴。又如，对于进入成熟期的产品，企业开展以旧换新业务，将旧货折算成一定的价格，在新产品的价格中扣除，顾客只支付余额，以刺激消费需求，促进产品的更新换代，扩大新一代产品的销售，这也是一种津贴的形式。

营销思考 8-4

折扣价格策略有哪些？

四、相关产品定价策略

相关产品定价策略是指在销售上具有相互联系性，生产经营多种产品的企业，利用这种联系性来制定本企业产品的组合价格的方法，它也可以称为产品组合定价策略。常用相关产品定价策略形式有：

（一）产品线定价策略

产品线定价策略是指企业为追求整体收益的最大化，为同一产品线中不同类别、不同档次、不同品质的产品制定高低不等的价格。具体来说，就是根据产品线内各项目之间在质量、性能、档次、款式、成本、顾客认知、需求强度等方面的不同，在产品线中形成一个价格阶梯，并参考竞争对手的产品与价格，确定各个产品项目之间的价格差距，以使不同的产品项目形成不同的市场形象，吸引不同的顾客群，扩大产品销售，争取实现更多的利润。如某服装企业对某型号女装制定三种价格：240元、380元、450元，在消费者心目中形成低、中、高三个档次，人们在购买时就会根据自己的消费水平选择不同档次的服装，从而消除了在选购商品时的犹豫心理。

（二）替代产品定价策略

替代产品是指基本用途相同的产品。替代产品价格策略即指营销企业有意识地提高畅销品的价格,降低滞销品价格,以扩大滞销品的销路,用以实现某种营销目标。如企业为了把需求转移到某些产品上去,它可以提高那些准备淘汰的产品价格,或者用相对价格诱导需求,以牺牲某一品种,稳定和发展另一些品种;企业也可以利用这种效应,提高某一知名产品的价格,突出它的豪华、高档,创造一种声望,从而利用其在消费者心目中的良好形象增加其他产品的销售量。

(三)互补产品定价策略

互补产品是指唯有配套才能使用的产品。互补产品定价策略是企业利用价格对消费连带品需求的调节功能来全面扩展销量所采取的定价技巧。以较低价销售主产品来吸引顾客,以较高价销售备选和附属产品来增加利润。如某男性剃须产品,刀架很便宜,但配套使用的刀片价格昂贵。

五、地理定价策略

所谓地理定价策略就是一种根据产品销售地理位置不同而规定差别价格的策略。其主要有以下五种形式:

(一)产地交货价格

产地交货价格是企业按出厂价格交货,而且只将货物送到某种运输工具上交货的价格,也就是客户自己负担从产地到目的地的运费。在国际贸易术语中,这种价格称为离岸价格或船上交货价格(FOB)。产地交货价格对卖方来说较为便利,费用最省,风险最小,但远地区的顾客有可能不愿购买这个企业的产品。

(二)目的地交货价格

目的地交货价格是指由卖方承担从产地到目的地的运费及保险费的价格。在国际贸易术语中,这种价格称为到岸价格或成本加运费和保险费价格(CIF)。它可分为目的地船上交货价格、目的地码头交货价格以及买方指定地点交货价格。目的地交货价格由出厂价格加上产地至目的地的手续费、运费和保险费等构成,虽然手续较繁琐,卖方承担的费用和风险较大,但有利于扩大产品销售。

(三)统一交货价格

统一交货价格,也称送货制价格,即卖方对于不同地区的顾客,不论远近都将产品送到买方所在地,都按照相同的厂价加相同的运费定价。这样,可以使远地区的顾客认为运送产品是一项免费的附加服务,从而乐意购买,有利于扩大市场占有率。

(四)分区运送价格

分区运送价格,也称区域价格,这种形式介于产地定价与统一定价之间,指卖方将产品覆盖的整个市场分成若干个区域,根据顾客所在地区距离的远近,在每个区域内实行统一价格。距离企业远的地区,价格定得较高;反之,定得较低。实行这种办法,处于同一价格区域内的顾客,就得不到来自卖方的价格优惠;而处于两个价格区域交界地的顾客就得承受不同的价格负担。

(五)运费津贴价格

在产地交货价格策略中,顾客自己承担运费。运费津贴价格,就是为弥补产地交货价格策略的不足,减轻买方的运杂费、保险费等负担而制定的价格策略,即由卖方根据具体情况补贴买方部分或全部运费。该策略有利于减轻边远地区顾客的运费负担,吸引更多的顾客,并不断开拓新市场。

营销思考 8-5

地理定价策略有哪些?

第四节 企业价格变动及其反应

一、企业变价

(一)企业降价

一般来说,企业降价的原因主要有:企业的生产能力过剩;企业的市场份额下降;企业希望通过降低成本来掌握市场,也会发动降价攻势;当经济衰退时,企业也会降价。如果企业主动进行降价,将引起价格战,因为消费者对价格日益敏感。

企业可以采用的降价策略主要有:让利降价;加大折扣比例;心理降价;增加延期支付的时间;按变动成本定价。

企业降价可能面临多种风险:低质量误区,消费者会认为产品的质量会下降;大市场份额误区,低价能获取市场占有率,但是很难获取顾客的忠诚,顾客会转向购买价格更低的品牌;资金短缺误区,如果不能扩大份额,降价将减少销售收入。

(二)企业提价

成功的提价措施可以大幅度地增加利润。引起企业提价的主要原因有:一是通货膨胀造成企业成本上升。当成本上升,生产率却没有相应提高时,利润就会下降,从而导致企业经常反复提价。二是企业的产品供不应求。当企业不能满足其所有顾客的需求时,它就会提价,或对顾客实行配额,或者同时采用这两种方法。

企业提价的方法包括:延缓报价;使用价格自动调整条款,即要求顾客按当前价格付款,并支付交货前因成本上升而增加的全部或部分费用;分别制定产品与服务的价目;减少折扣。

在提价时,企业必须注意:要找出一个能让人相信的提价说辞;提价前应事先告知顾客;学会使用不引人注目的提价策略;使用合同条款调整价格。

二、顾客对企业变价的反应

顾客对于企业降价可能会这样理解:产品可能要被新型号所代替;该产品有缺陷,销售不畅;企业财务困难,难以在行业中继续经营下去,价格会进一步下跌,要耐心等待;产品的质量有所下降。

企业提价可能向顾客传递这样一些信息:产品很畅销,不赶紧买就没有机会了;产品很有价值;企业很贪心,要从顾客身上取得更多利润。

一般地说,购买者对价值高低不同的产品价格的反应有所不同。对于那些价值高、经常购买的产品的价格变动较敏感,而对于那些价值低、不经常购买的小商品,即使单位价格较高,购买者也不大注意。此外,购买者虽然关心产品价格变动,但是通常更关心取得、使用和维修产品的总费用。因此,如果卖主能使顾客相信某种产品取得、使用和维修的总费用较低,那么,它就可以把这种产品的价格定得比竞争者高,取得较多的利润。

三、竞争者对企业变价的反应

当某一行业中企业数目很少,提供同质的产品,购买者颇具辨别力与知识时,竞争者的反应就愈显重要。因此,企业在考虑价格变动,特别是在降价时必须认真分析竞争者可能的反应。要掌握竞争者的有关情报,如调查财务状况、近期的生产能力和销售量、顾客的忠诚度等。竞争对手是否跟随降价和其定价目标有关。如果定价目标是维持或提高市场份额,竞争者就有可能跟进降价;如果是利润导向,它就会考虑采取非价格策略,如增加广告预算,通过差异化策略来应对降价。

营销思考 8-6

竞争者对企业变价的反应有哪些?

四、企业对竞争者价格变动的反应

在同质产品市场上,如果竞争者降价企业必须随之降价,否则顾客就会购买竞争者的产品;如果某一个企业提价,且提价会使整个行业有利,其他企业也会随之提价,但是如果某一个企业不随之提价,那么最先发动提价的企业和其他企业也不得不取消提价。

在异质产品市场上,顾客选择企业时不仅考虑产品价格因素,而且考虑产品的质量、服务、性能、外观、可靠性等多方面因素。因而在这种产品市场上,顾客对于较小的价格差异并不在意。

面对竞争者的变价,企业必须认真调查研究如下问题:为什么竞争者变价;竞争者打算暂时变价还是永久变价;如果对竞争者变价置之不理,将对企业的市场占有率和利润有何影响;其他企业是否会作出反应;竞争者和其他企业对于本企业的每一个可能的反应又会有什么反应。

本章小结

价格策略是市场营销 4P 组合中的一个重要构成部分,是买卖双方非常关心和敏感的问题。本章主要介绍了影响企业定价的因素、企业定价方法以及定价策略。

1. 影响企业定价的因素

产品销售之前必须定价,定价目标主要有:利润目标、竞争目标和占有市场率目标。影响定价的因素是多方面的,包括市场需求、市场竞争、产品成本及政府干预因素等。

2. 企业定价方法

企业定价方法有三种,即成本导向定价法、需求导向定价法和竞争导向定价法。

3. 企业定价策略

价格竞争是一种十分重要的营销手段,企业为了实现自己的经营战略和目标,经常采取灵活多变的定价策略,包括新产品定价策略、心理定价策略、折扣价格策略、相关商品定价策略、地理定价策略。

4. 企业价格变动及其反应

在竞争性的市场营销环境中,价格变动是一种常态。企业如何在考虑成本、需求和竞争态势的情况下,参与价格博弈,制定适当的策略非常关键。

关键术语与概念

价格　价格目标　利润目标　竞争目标　市场占有率目标　市场需求　市场竞争
产品成本　成本导向定价法　需求导向定价法　竞争导向定价法　目标收益定价法
感受价值定价法　随行就市定价法　密封投标定价法　撇脂定价　渗透定价
声望定价　尾数定价　招徕定价　统一交货定价　分区定价

复习与思考

1. 企业定价目标有哪些?

2. 企业定价的影响因素主要有哪些?

3. 心理定价策略有哪些?

4. 新产品定价包括几种定价方法?

5. 企业相关产品定价策略的表现形式主要有哪些?

6. 企业如何应对竞争者的价格变动?

案例分析

案例一:家乐福的价格策略

成立于 1959 年的家乐福集团是大卖场业态的首创者,是欧洲第一大零售商、世界第二大国际化零售连锁集团。现拥有 11000 多家营运零售单位,业务范围遍及世界 30 个国家和地区。2009 年家乐福全年销售总额增长了 0.9%,达到 962 亿欧元。2010 年在华拓店 20～25 家,家乐福的成功很大程度上取决于它的价格策略。

1. 定价目标

家乐福作为一家全球性的零售企业,其价格的制定具有很强的科学性和目的性。这首先表现在其定价目标上。

开业初期,家乐福主要目标是维持企业生存。20 世纪 90 年代以来,北京的零售业发生了翻天覆地的变化,如贵友大厦、蓝岛大厦、塞特购物中心、燕莎商城等新型大商场取得了骄人的业绩。原有的具有悠久历史的零售企业,如王府井百货大楼、西单商场等也发展很快。为在市场站稳脚跟,家乐福首先采用了低价策略,即其商品价格普遍低于正常价格 10%～20%(这也体现了其超低售价的经营理念)。通过低价策略,打开了市场。

当消费者正津津乐道地议论着家乐福的低廉价格时,家乐福却悄悄地提高了商品的售价,然而此时人们都已在心理上认定了家乐福的价格便宜,养成了来家乐福购物的习惯。在保证市场最大占有率的情况下,家乐福开始通过销量来实现最大利润。

人们之所以在发现家乐福的价格并不比其他商店便宜后仍然来此购物,其实不仅仅是一种习惯的问题。据调查显示,现在来家乐福购物的顾客中,有60%的人是因为这里的商品品种齐全。确实,家乐福的商品从家电、汽配到油盐、针线,还有农贸市场上的蔬菜、水果、鲜肉、活鱼,共计2万多种商品,从而奠定了目标定价策略的基础。

质量是影响定价的一个主要因素,从家乐福服务中心每天退货的情况看,几乎所有的商品都是质量问题。

2.定价方法

目前家乐福所采用的定价方法主要是成本导向定价法和竞争导向定价法。

家乐福的商品价格是以成本价加上一个固定的毛利率。其商品的一般毛利率,如食品、饮料、日用品类为3%~5%,鲜活类为17%,服装类为30%,玩具类为20%,家具类为20%~30%,家电类为7%,文化用品为20%。

家乐福的竞争导向定价法在前期相对来说用得比较多。开业初期,它采用低价策略成功地打开了市场后,下一步便是针对主要对手来制定价格。每周三它都要派出大量人员到两个主要竞争对手燕莎望京、普尔斯马特区采价(尤其是地处同一区域内的燕莎望京),然后迅速汇总,星期四晚上调整价格,迎接双休日的销售高峰。

在竞争导向定价法中,它主要运用了随行就市法,它以燕莎望京的价格作为基础,只是稍微进行下调,从而既保证了价格的优势,也不致使收入过分降低。

然而随着万客隆的开业,它在价格上就无法与其进行全面竞争了。也正是这样,家乐福趋向以成本导向定价为主,同时把价格的主要竞争放在了食品、饮料、干果类上,这样一方面保证了价格优势,另一方面也突出了商场的经营特色,迎合了当前的商场发展趋势。

问题:

(1)家乐福是如何运用竞争导向定价法的?

(2)家乐福是如何随着市场的发展调整定价目标的?

资料来源:家乐福的定价策略[EB/OL]. http://ch. sysu. edu. cn/hope/azhu/Article/ShowArticle. asp? ArticleID=134.

案例二:产品定价:iPhone 的教训

iPhone 刚刚上市两个月之后价格就降低了1/3,即使是最忠实的消费者也变得怨声载道,首席执行官史蒂夫·乔布斯不得不尴尬地道歉,承诺部分退还差价款。

沃顿商学院的教授和分析家认为,iPhone 现象揭示了定价策略失当的危险。"产品的生命周期很短,市场环境变化迅速,"营销学教授张忠说,"你没有多少从错误中汲取教训的时间,你必须从一开始就给产品确定恰当的价格。"

市场营销学教授杰戈莫汉·雷朱认为,苹果公司对 iPhone 的降价行为是"时间性的差别定价"(也称为"暂时价格歧视")策略的典型代表。更典型的是航空业的价格策略,比起数月前通过互联网订机票的那些节俭旅行者来,"最后一分钟"旅行者要为同样航班上的同样座位支付高得多的价钱。

对于新产品,尤其是精巧的技术产品,定价的另一个障碍在于公司无法不牺牲产品秘密而进行大范围的市场测试,产品保密对防范产品被人抄袭、模仿是必不可少的。

苹果公司iPhone的价格变化所引发的抗议之所以如此具有戏剧性,是因为公司在市场中已经将自己定位于消费者友好型企业。如果产品承载着附加的情感或者已经成为产品所有者自我感觉的象征时,产品的定价策略往往有悖于传统定价模式。

"人们对苹果公司怀有强烈的归属感,他们认为,自己就是苹果公司大家庭的一员。当史蒂夫·乔布斯宣布其产品降价时,人们觉得自己被出卖了。我不知道他们是不是应该有这种感觉,他们的反应似乎是首次遭遇技术公司降低产品售价。"营销学教授斯蒂芬·霍奇说。

但苹果公司并没有遇到销量低于预期而受到提高销量的压力。iPhone在两个月多一点儿的时间内卖出了100万部,提前一个月完成了预定目标。与此形成对照的是,公司售出100万个iPod音乐播放器则用了整整两年的时间。尽管iPod在市场自成体系,不过,iPhone在市场发育完善、竞争激烈的手机市场却是"新兵"。

针对iPhone定价策略的争论表明,即使是像苹果公司这类市场营销经验老到的公司,也可能在定价决策的复杂性和隐形效应面前摔倒。"苹果公司似乎犯了一个错误,很多人认为苹果公司确实犯了一个错误,但是这个事情里面有许多不确定因素。"价格咨询顾问公司SKP(Simon-Kucher & Partners)波士顿机构合伙人弗兰克·鲁比说,他希望苹果的批评者能够制定一个模型用来评估这些不确定因素并制定出正确的价格。"我希望看到他们评论背后的逻辑。"据技术市场研究机构Isuppli的估算,8G的iPhone手机成本是265.83美元。

问题:

(1)苹果公司针对iPhone采取的是什么定价策略?

(2)苹果公司的定价出现了什么失误,为什么?

资料来源:产品定价:iPhone的教训[J/OL].东方企业家.2008-02-29.http://mkt.icxo.com/htmlnews/2008/02/29/1258749_o.htm.

营销实训项目

1.某产品的价格策划

【目的】

通过市场营销价格策划实训,学生能进一步加深对专业知识的理解和掌握,更能学以致用。同时,提高学生自己与团队分工合作的意识和面临实际工作的应变能力。

【内容】

选择一个具体的产品或服务,如新款手机、饰品、饮食、家教服务等,制定它们的价格策略。

【要求】

(1)结合项目背景,确定价格策划的目标。讲解价格策划方案撰写要求并分析其要点。

(2)营销策划前期方案准备,围绕目标主题,通过多种方式收集信息资料,调查市场态势分析。

(3)结合目标市场的分析,确定目标市场价格营销战略。

(4)确定行动方案和营销费用预算。

(5)按照策划书的格式要求,撰写策划草案。

(6)策划方案的评比和完善。

(7)项目总时间:2周。

2.计算产品的成本

【目的】

通过计算,使学生了解和掌握与价格相关的收入、成本的计算,进一步理解价格策略的内容。

【方案】

王先生开了一家销售皮鞋的小店。现在每双皮鞋售价290元。去年销售信息如表8-2所示。

表8-2 皮鞋销售信息

每销售一双皮鞋的产品成本(元):	
皮鞋	90
辅料	40
其他	20
每月固定成本(元):	
租金	1100
水电费	200
运输费	300
邮费	300
杂费	150
去年销售量(双):	
1月	100
2月	80
3月	50
4月	48
5月	32
6月	15
7月	18
8月	5
9月	55
10月	115
11月	105
12月	110

【要求】

计算并回答:

(1)王先生去年的总收入是多少?

(2)销售皮鞋的总成本是多少?

(3)王先生去年能获得多少总利润?

(4)全年固定总成本是多少?

（5）王先生的净利润是多少？

（6）按照盈亏平衡法，计算盈亏平衡点的销售量。

营销实践练习

1. 请为国内某汽车生产企业，如奇瑞、吉利、比亚迪或长城设计价格策略，以应对激烈的国内外市场竞争。

2. 如果你是某品牌手机厂商的销售经理，在厂家推出功能很强的新款手机时，请为其进行手机定价，并说明原因。

3. 就身边所熟悉的某品牌服装的季节折扣价格策略进行分析，简单分析其必要性和效果。

4. 比较康师傅、统一、娃哈哈等品牌饮料的价格策略，分析它们的特点。

5. 以 20 世纪 90 年代中期以来我国彩电行业的价格大战为背景，谈一谈对"价格是一把双刃剑"的理解。

6. 结合自己的购物经历，谈一谈买卖双方之间讨价还价的过程及体会。

营销模版

如何定价

1. 两种定价方式

常用的定价行为：根据成本来定价，产品→成本→价格→价值→顾客

主动的定价行为：根据产品价值来定价，顾客→价值→价格→成本→产品

主动定价策略驱动的营销组合定价的程序：首先确定价值，然后将其与利润目标结合，最后公布价格。

2. 明确定价清单

（1）认识你的商业模式。公司的营收驱动因素和成本驱动因素分别是什么？这些因素的变化是如何影响公司的财务指标，如销售额、净利润的？公司在为目前和将来的客户解决哪些难题？

（2）设立战略目标。某产品的定价目标是什么？通过渗透定价法将市场份额最大化，还是通过撇脂定价法将眼前利润最大化？

（3）确定产品或服务的价值。你的顾客是谁？竞争对手的顾客是谁？目前的市场格局如何，例如机遇大小、竞争者的市场地位？你认为顾客愿意支付的价格是多少？他们愿意付更高的价格吗？

（4）确定定价策略的定位。定价策略与营销组合中的其他要素匹配吗？

（5）全面考虑产品的价格完整性，还要不断检验。

（6）开始产品定价。与顾客沟通产品的价值；评估销售额、净利润等；调整定价策略，使产品获利能力实现最大化，降低增量成本和可避免成本。如果未能达成销售目标，就要重新评估向顾客传达的价值主张，重新考虑产品定位，咨询顾客，并对价格作出必要的调整。

（7）定价反馈。定期向顾客寻求对定价的反馈；定期评估定价的效果。

网站资料访问

1. 价格决定理论——基于交易成本和租借关系的新认识

http：//www.dufe－sba.edu.cn/Chinese/EduProgram_ShowArticle.asp？ArticleID
＝341

2.企业定价目标的选择与影响因素分析

http：//www.qikan.com.cn/Article/qyjj/qyjj200910/qyjj20091007.html

3.需求价格弹性分析及在价格决策中的应用

http：//www.syue.com/Paper/Economic/Other/27819.html

4.定价策略：需求差异定价法

http：//www.mailaili.com/templates/T_zxzx_list/content.aspx？nodeid＝429&page
＝ContentPage&contentid＝7546

5.竞争导向定价法

http：//www.beidabiz.com/bbdd/kmsjk/kmsjk_shichang/093/0933/09332/4000.htm

6.定价策略与技巧

http：//www.eme2000.com/knowlodge/content.asp？id＝4385

7.心理定价策略

http：//www.china－b.com/jyzy/scyx/20090311/758912_1.html

8.定价策略经典案例

http：//www.xhadv.cn/PinPai_news.asp？BigClassName＝％D3％AA％CF％FA％
CA％B5％C0％FD&SmallClassName＝％B6％A8％BC％DB％B2％DF％C2％D4％
BE％AB％B5％E4％B0％B8％C0％FD

第九章

分销渠道策略

学习要点

1. 掌握分销渠道的含义及类型

2. 了解分销渠道的设计过程，掌握分析渠道设计的影响因素

3. 能正确区分批发商与零售商，并理解各自的类型

4. 了解分销渠道的管理过程

5. 掌握物流、营销物流、供应链、供应链管理的含义，认识物流的七大功能，了解供应链管理在企业中的应用

6. 理解网络营销的含义，认识网络营销的功能，掌握网络营销的策略

引导案例

戴尔渠道管理难题："两条腿"的互搏

戴尔公司在分销模式上的速度之快让人惊讶，短短两年时间就开了 6000 家零售店，就连曾快速扩张的联想也无法企及。但直销、分销带来的互搏也不断升级。尽管直销和分销两个渠道可能存在"左右手互搏"的状态，但市场研究公司 Gartner 亚太区硬件系统首席分析师叶磊认为，双渠道本身是没有错的。"戴尔最初进入中国时，通过直销模式在一二级城市增长迅速，但如何覆盖三到六级城市就遇到了瓶颈。中国城市很多，由于物流和资金流问题，戴尔坚持款到发货的直销模式在渗透内地最广大的乡镇市场时非常困难。"因此，Gartner 在五年前就多次给戴尔建议，在中国以及其他一些发展中国家，引入分销模式。但当时的戴尔对于直销颇难割舍，在长时间的犹豫中市场却发生了很大变化。

在戴尔高居 PC 王位三年之后，2006 年第三季度，惠普从它的手中重新夺回全球 PC 市场销量第一。在中国市场，戴尔与联想、惠普的距离日益加大。以笔记本来看，戴尔甚至落后于华硕和宏碁，台式机方面，又排在第三名的方正之后。综合来看，戴尔在中国市场已经沦为老四了。

这两年戴尔渠道推动的力量很强，达到 6000 家的数字就是中国 PC 市场的老大联想都达不到。戴尔消费者业务亚太及大中华企业传播部相关人士告诉记者，决定放弃单一的直销模式，开始进入零售渠道。2007 年 9 月，戴尔和国美签约，并迅速扩展到苏宁等几乎所有电子产品卖场及 IT 市场。很多城市戴尔的"体验中心"也逐渐变成了戴尔自己的零售店，目前已接近 6000 家，覆盖 1—6 级城市。2009 年 9 月 18 日，戴尔在中国的第一家旗舰体验店在上海徐家汇开业，标志着戴尔已全盘认同了体验店作为销售渠道的地位。在扩展零售渠道的过程中，戴尔还整合了一些外部的资源，明确了每个地区的授权经销商。目前渠道的合作伙伴包括神州数码、翰林汇、长虹佳华、讯宜、天音等。此外，戴尔销售渠道还包含了热线、网购等。快速的

渠道扩张也让戴尔尝到了甜头。戴尔2010财年(2009年2月至2010年1月)第二财季财报显示,戴尔全球消费业务出货量与去年同期相比增长17%。

问题:

1.戴尔是如何处理"直销"与"分销"两条腿之间关系的?

2.戴尔所选择的分销渠道伙伴有何特点?

资料来源:张淑芳.戴尔渠道管理难题:"两条腿"的互搏[N].中国经营报,2009-09-27.

分销渠道是现代企业开拓市场和取得成功的重要条件,是企业间竞争的重要内容。面对竞争激烈、买方占主导地位的市场,营销渠道已成为企业参与国际、国内竞争的关键性资源,创造渠道优势,提升竞争力也已成为企业的现实选择。

第一节　分销渠道的概念与类型

一、分销渠道的概念与功能

(一)分销渠道的概念

美国著名市场营销学家菲利普·科特勒认为,分销渠道是指产品或服务从生产者向消费者转移过程中,所有取得产品所有权或帮助产品所有权转移的所有企业或个人。它主要包括商人中间商、代理中间商,以及处于分销渠道起点和终点的企业和消费者,但是不包括供应商、辅助商。

营销资料 9-1

营销渠道和分销渠道

科特勒认为,市场营销渠道(marketing channel)和分销渠道(distribution channel)是两个不同的概念。他说:"一条市场营销渠道是指那些配合起来生产、分销和消费某一生产者的某些货物或劳务的一整套所有企业和个人。"这就是说,一条市场营销渠道包括某种产品的供、产、销过程中所有的企业和个人,如资源供应商(suppliers)、生产者(producers)、商人中间商(merchant middlemen)、代理中间商(agent middlemen)、辅助商(facilitators,又译作"便利交换和实体分销者",如运输企业、公共货栈、广告代理商、市场研究机构等)以及最后消费者或用户(ultimate consumers or users)等。

资料来源:安妮·T·科兰,等.营销渠道[M].蒋青云,等,译.7版.北京:中国人民大学出版社,2008.

从分销渠道概念中可以看出,分销渠道是指产品(服务)从生产者向消费者(用户)转移所经过的路线,又称销售渠道或配销通路。这一概念可从以下四个要点进行理解:

第一,分销渠道的起点是企业,终点是消费者或用户。销售渠道作为产品据以流通的途径,就必然是一端连接生产,另一端连接消费,通过销售渠道把生产者提供的产品或劳务,源源不断地流向消费者。

第二,分销渠道是一个网络体系。它是由一系列参加产品流通过程的、相互依存的、具有一定目标的各类型机构结合起来的网络体系。

第三,产品所有权发生转移。在分销渠道中,产品或服务从生产领域转移到消费领域的前提是所有权的转移,并且所有权至少转移一次。

第四,隐含其他的物质流动形式。在分销渠道中,除产品所有权转移方式外,在生产者与消费者之间还隐含其他的物质流动形式,如物流、信息流、货币流等。它们相辅相成,但在时间和空间上并非完全一致。

(二)分销渠道的功能

分销渠道对产品从生产者转移到消费者所必须完成的工作加以组织,其目的在于消除产品(或服务)与使用者之间的分离。分销渠道成员执行了以下重要功能,如表9-1所示。

表9-1 分销渠道的功能

功能	具体内容
研究	收集制订计划和进行交换所需要的信息,收集和传播营销环境中有关潜在和现行的顾客、竞争对手和其他参与者的营销信息
促销	进行关于所供应的物品的说服性沟通,发送和传播富有说服力的用来吸引顾客的沟通材料
接洽	寻找可能的购买者并与之进行有效沟通
配合	使所供应的物品符合购买者的需要,包括分类、分等、装配、包装等
谈判	为了转移所供物品的所有权,就其价格及有关条件达成最后协议
物流	产品实体从原料到最终顾客的空间转移工作,包括产品的运输、储存等
融资	为补偿渠道工作的成本费用而对资金的取得与支出
风险承担	在执行渠道任务的过程中承担有关风险(库存风险、坏账风险等)

营销思考 9-1

对制造企业来说,利用分销渠道来促进销售工作有什么益处?

二、分销渠道的类型

在产品从制造商向消费者转移的过程中,任何一个对产品拥有所有权或负有推销责任的机构,就叫做一个渠道层次,进而根据渠道中所经过的层次的多少,可将渠道分为零阶渠道、一阶渠道,依此类推。由于产品的消费目的、购买特点等具有差异性,形成了消费品市场的分销渠道和产业市场的分销渠道这样两种基本类型,每一种类型中又存在具体的分销渠道模式,分别如图9-1和图9-2所示。

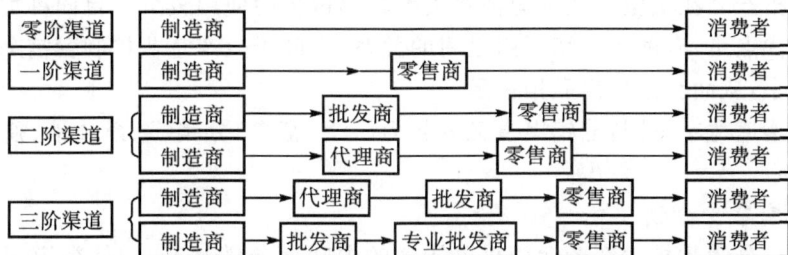

图 9-1 消费品市场的分销渠道

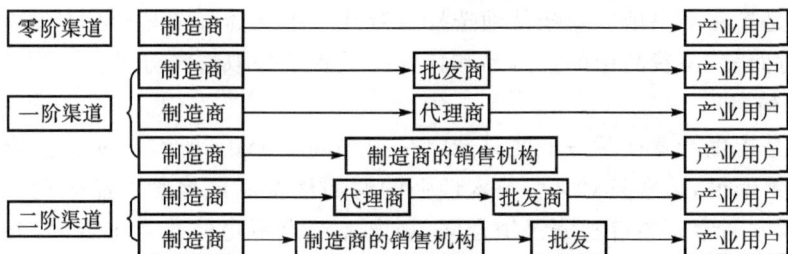

图 9-2 产业市场的分销渠道

企业的分销渠道可以按照不同的标志划分为不同的类型。

(一)直接渠道与间接渠道

直接分销渠道又称零阶渠道,也称直接渠道,是指产品由生产者向消费者或用户转移过程中不经过任何中间环节。这种分销渠道主要用于产业市场的产品销售。间接渠道又称间接销售,是指产品从生产领域转移到消费领域要经过若干中间环节的分销渠道。间接渠道是消费品销售的主要渠道,大约占消费品销售的95%。此外,一部分生产资料也通过若干中间商转卖给生产性团体用户。

营销思考 9-2

直接渠道与间接渠道有哪些主要区别?

(二)长渠道与短渠道

这是按照流通环节或层次的多少进行的划分。一般把零阶与一阶渠道称为短渠道,而将二阶或二阶以上的渠道称为长渠道。这种划分,有利于营销人员集中考虑对某些中间环节的取舍,形成长或短,甚至是长短结合的多种渠道策略。

(三)宽渠道与窄渠道

这是按照渠道中每个层次的同类中间商数目多少进行的划分。宽渠道是指产品在从生产领域向消费领域转移过程中同时使用较多数目同种类型中间商的分销渠道。它的优点是:方便消费者购买,从而扩大商品的销售量;促进中间商竞争,从而提高销售效率。其缺点是不利于密切厂商之间的关系,并且生产企业几乎要承担全部推广费用。

窄渠道是指产品在从生产领域向消费领域转移过程中使用较少数目同种类型中间商的分销渠道。它的优点是：有助于密切厂商之间的关系；有助于生产企业控制营销渠道。其缺点是市场营销面较小，从而会影响商品销售量。

根据分销渠道宽窄不同，分销渠道又可分为广泛（密集）分销、选择分销、独家分销三种类型：

1. 广泛（密集）分销

广泛（密集）分销是指生产者运用尽可能多的中间商分销其产品，使渠道尽可能加宽。消费品中的便利品和工业用品中的标准品，适于采取这种分销形式，以提供购买上的最大便利。

2. 选择分销

选择分销是指在某一地区有条件地选择少数几个中间商分销其产品。选择分销适合于所有产品，但相对而言，消费品中的选购品和特殊品最宜于采取选择分销。

3. 独家分销

独家分销是指生产者在某一地区只选定一家中间商分销其产品，实行独家经营。独家分销是最窄的分销渠道，通常只对某些技术性强的耐用消费品或名牌产品采用。采用独家分销方式时，产销双方通常要签订独家经销合同，规定经销商不得经营竞争者的产品，生产企业可以控制中间商，提高其经营水平，加强产品形象。但这种形式有一定风险，如果这一家中间商经营不善或发生意外，生产企业将蒙受巨大损失。

营销案例 *9-1*

劲霸现有的营销渠道模式

劲霸男装自 2002 年开始大规模招商，两年内发展到 2700 多家品牌专卖加盟店，为中国发展最快的服装企业之一。在商场租赁场地或柜台进行产品销售是常规的营销模式，基本上可分为两种形式：一种是进行开放式经营，单独设立场地并独立销售，由场地所有方进行集中式资金管理的百货商场，像九牧王大多数终端就属于商场柜台和店中店的模式。另一种是场地所有方只提供场地的使用权，进行简单的物业管理，产品销售商负责销售及品牌形象维护，并直接在场中设立专卖店，例如众多五星级酒店底层的精品服装街都是这种形式，广东的大多数服装企业采用的就是这种模式。

自 2007 年开始，不少服装企业开始以终端市场建设为中心来运作，以终端为重心改变原有的营销渠道管理。企业一方面通过对代理商、经销商、零售商等各个销售环节的服务与监控，使产品能够及时、准确、迅速地到达零售终端，使产品快速占领市场；另一方面，通过终端市场直面消费群体的营销手段，提高品牌的形象，激发消费群体的购买欲望，快速收拢流动资金。销售终端由专卖店（连锁）加盟商组成，全部营销措施及产品设计都紧紧围绕销售终端进行，并将每一个专卖店打造成集产品销售、信息收集、客户服务、市场营销等多功能为一体的营销中心。

资料来源：中国营销传播网，http://www.emkt.com.cn.

第二节 分销渠道的设计与管理

一、分销渠道设计

(一)分销渠道设计的基本过程

1.确定渠道目标

所谓渠道目标是指企业预期达到的顾客服务水平以及中间商应执行的职能。确定分销渠道的目标,是要解决怎样使分销渠道与企业的战略目标及其他营销策略融为一体,怎样与企业目标市场相配合的问题。因此,渠道设计问题的中心环节,是确定到达目标市场的最佳途径。具体说来,应明确规定所进入的目标市场,目标市场的渗透程度,中间商可得到的援助以及分销渠道需要具有哪些功能,等等。此外,还要制定分销成本目标、顾客服务等目标,在服务方面规定接到订单后必须要解决订单处理、存货、仓储、运输以及送货期限等问题。

2.明确各种渠道的交替方案

在确定了渠道的目标与限制之后,渠道设计的下一步工作就是明确各主要渠道的交替方案。渠道交替方案都是企业产品送达最后顾客的可能路线。生产者所要解决的问题,就是从那些看起来似乎很合理但又相互排斥的交替方案中选择最能满足企业长期目标的一种。渠道的交替方案主要涉及两个基本问题:一是中间商类型与数目;二是渠道成员的特定任务。

3.评估渠道选择方案

(1)经济性评估标准。每一种渠道方案都将产生不同水平的销售额和成本。公司是自建销售队伍还是利用销售代理,关键要评估每一个渠道不同销售量的成本,如图 9-3 所示。利用销售代理的固定成本比较低,但销售费用增长很快,因为销售代理的佣金比公司推销员高。随着渠道销售成本的增加,在某一个销售水平上(S_0),两种渠道销售成本相等。当低于 S_0 时,利用代理较为有利;而高于 S_0 时,利用公司自己的销售队伍更合算。

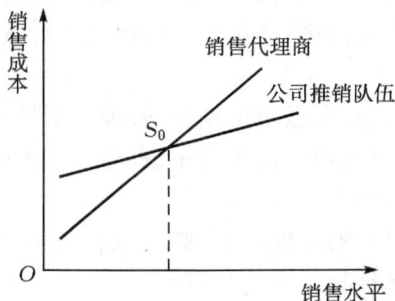

图 9-3 两种渠道的经济性评估

(2)控制性评估标准。使用销售代理存在的控制问题将会很多,因为销售代理商是一家独立企业,他更关心自己的利润最大化;他们可能仅仅注意在其商品组合角度上更重要的顾客,而忽略了一些特定的顾客群;代理商可能没有掌握关于本公司产品的技术细节,或者不能有效运用它的促销材料。

(3)适应性评估标准。在迅速变化的市场上,生产商需要寻求能获得最大控制的渠道结构和政策,寻求适应快速变化营销策略的能力。因此,一个涉及长期承诺的渠道方案,只有在经济性和控制性方面都很优越的条件下,才可予以考虑。

(二)分销渠道设计的影响因素

1.顾客特性

渠道设计要受顾客人数、地理分布、购买频率、平均购买数量以及对不同促销方式的敏感性等因素的影响。当顾客人数多时,生产者倾向于利用每一层次都有许多中间商的长渠道,即长而宽的渠道,但购买者人数的重要性又受到地理分布的修正。如果顾客经常小批量购买,则需采用较长的分销渠道为其供货。少量而频繁的订货,常使得五金器具、烟草、药品等产品的制造商依赖批发商为其销货,当然,这些相同的制造商也可能越过批发商而直接向那些订货量大且订货次数少的大客户供货。此外,购买者对不同促销方式的敏感性也会影响渠道选择。例如,越来越多的家具零售商喜欢在产品展销会上进行销售,从而使得这种渠道迅速发展。

2.产品特性

(1)价值大小。一般而言,商品单价越小,分销渠道一般长又宽,以追求规模效益。反之,单价越高,路线越短,渠道越窄。

(2)体积与重量。体积庞大、重量较大的产品,如建材、大型机器设备等,要求采取运输路线最短、搬运过程中搬运次数最少的渠道,这样可以节省物流费用。

(3)时间要求。易腐烂、保质期短的产品,如新鲜蔬菜、水果、肉类等,一般要求较直接的分销方式,因为时间拖延和重复搬运会造成巨大损失。同样,对式样、款式变化快的时尚商品,也应采取短而宽的渠道,避免不必要的损失。

(4)标准化程度。产品的标准化程度越高,采用中间商的可能性越大。例如,毛巾、洗衣粉以及标准工具等,单价低、毛利低,往往通过批发商转手。而对于一些技术性较强或是一些定制产品,一般由生产者自己派员直接销售。

(5)技术性。产品的技术含量越高,渠道就越短,因为技术性产品一般需要提供各种售前售后服务。消费品市场上,技术性产品的分销是一个难题,因为生产者不可能直接面对众多的消费者,生产者通常直接向零售商推销,通过零售商提供各种技术服务。

3.企业特性

(1)总体规模。规模大的企业,资金力量雄厚,管理水平较高,因此企业可根据自身意愿调整对渠道的控制程度及渠道长短设置。而规模小、资金力量不强的企业,一般不具备大企业的条件,必须依靠中间商提供销售服务。

(2)产品组合。企业产品组合的宽度越大,则与顾客直接交易的能力越大;产品组合的深度越大,则使用独家专售或选择性代理商就越有利;产品组合的关联性越强,则越应使用性质相同或相似的市场营销渠道。

(3)渠道经验。企业过去的渠道经验也会影响渠道的设计。曾经通过某种特定类型的中间商销售产品的企业,会逐渐形成渠道的偏好。例如许多直接销售给零售食品店的老式厨房用具制造商,就曾拒绝将控制权交给批发商。

(4)营销政策。现行的市场营销政策也会影响渠道的设计。例如,对最后购买者提供快速交货服务的政策,会影响到生产者对中间商所执行的职能、最终经销商的数目、存货水平以及所采用的运输系统的要求。

4.中间商特性

不同类型的中间商在执行分销任务时各自有其优势和劣势,分销渠道设计应充分考虑不同中间商的特征。一些技术性较强的产品,一般要选择具备相应技术能力或设备的中间商进行销售。有些产品需要特殊的储备(如冷藏产品、季节性产品等),就需要寻找拥有相应储备能力的中间商进行经营。零售商的实力较强,经营规模较大,企业就可直接通过零售商经销产品;零售商实力较弱,规模较小,企业只能通过批发商进行分销。

5.竞争特性

生产者的渠道设计,还受到竞争者所使用的渠道的影响,因为某些行业的生产者希望在与竞争者相同或相近的经销处与竞争者的产品抗衡。例如,食品生产者就希望其品牌和竞争品牌摆在一起销售。有时,竞争者所使用的分销渠道反倒成为生产者所避免使用的渠道。

营销思考 9-3

影响分销渠道设计的因素有哪些?

二、批发商与零售商

(一)批发商

批发商是指向生产企业购进产品,然后转售给零售商、产业用户或各种非营利组织,不直接服务于个人消费者的中间环节的统称。批发商主要有三种类型:商人批发商、经纪人和代理商、制造商销售办事处。

1.商人批发商

商人批发商是指自己进货,取得产品所有权后再批发出售的商业企业,也就是人们通常所说的独立批发商。商人批发商是批发商的最主要的类型。商人批发商按职能和提供的服务是否完全可分为两种类型:

(1)完全服务批发商。这类批发商执行批发商业的全部职能,他们提供的服务主要有保持存货、雇用销售人员、提供信贷、送货和协助管理等。该类批发商分为批发商人和工业分销商两种。批发商人主要是向零售商销售,并提供广泛的服务;工业分销商向制造商而不是向零售商销售产品。

(2)有限服务批发商。这类批发商为了减少成本费用,降低批发价格,往往只执行一部分服务。有限服务批发商主要包括现购自运批发商、承销批发商、卡车批发商、托售批发商、邮购批发商和农场主合作社等。

2.经纪人和代理商

经纪人和代理商是从事购买、销售或二者兼备的洽商工作,但不取得产品所有权的商业单位。与商人批发商不同的是,他们对其经营的产品没有所有权,所提供的服务比有限服务商人批发商还少,其主要职能在于促成产品的交易,借此赚取佣金作为报酬。与商人批发商相似的是,他们通常专注于某些产品种类或某些顾客群。经纪人和代理商主要分为以下几种:

(1)产品经纪人。经纪人的主要作用是为买卖双方牵线搭桥,协助他们进行谈判,买卖达成后向委托方收取费用。他们不持有存货,也不参与融资或承担风险。

(2)制造商代表。制造商代表是代理批发商的主要形式。他们代表两个或若干个互补的产品线的制造商,分别和每个制造商签订有关定价政策、销售区域、订单处理程序、送货服务和各种保证以及佣金比例等方面的正式书面合同。他们了解每个制造商的产品线,并利用其广泛关系来销售制造商的产品,适用于服饰、家具和电气产品等产品线。大多数制造商代表都是小型企业,一些大公司为开拓新市场,也雇用代理商作为其代表。

(3)销售代理商。销售代理商是在签订合同的基础上,为委托人销售某些特定产品或全部产品的代理商,对价格、条款及其他交易条件可全权处理。这种代理商在纺织、木材、金属产品、食品、服装等行业中比较常见,在这些行业,竞争非常激烈,产品销路对企业的生存至关重要。

(4)采购代理商。采购代理商一般与顾客有长期关系,代他们进行采购,往往负责为其收货、验货、储运,并将物品运交买主。他们消息灵通,可向客户提供有用的市场信息,而且还能以最低价格买到好的物品。

(5)佣金商。佣金商又称佣金行,是指对产品实体具有控制力并参与产品销售的代理商。大多数佣金商从事农产品的代销业务。

3.制造商销售办事处

批发的第三种形式是由买方或卖方自行经营批发业务,而不通过独立的批发商进行。这种批发业务可分为两种类型:

(1)销售分店和销售办事处。生产者往往设立自己的销售分店和销售办事处,以改进其存货控制、销售和促销业务。销售分店持有自己的存货,大多数经营木材和自动设备零件等。销售办事处不持有存货,在织物制造和针线杂货业最为突出。

(2)采购办事处。许多零售商在大城市设立采购办事处,其作用与经纪人或代理商相似,但却是买方组织的一个组成部分。

营销思考 9-4

批发商有哪些类型?

(二)零售商

零售是指所有向最终消费者直接销售产品和服务,用于个人及非商业性用途的活动。零售商是指那些销售量主要来自零售的企业。零售商的类型千变万化,新组织形式层出不穷。我们把它们分为商店零售商和无门市零售商两种类型。

1.商店零售商

(1)专用品商店。经营的产品线较为狭窄,但产品的花色品种较为齐全。

(2)百货商店。一般销售几条产品线的产品,尤其是服装、家具和家庭用品等,每一条产品线都作为一个独立部门由专门的采购员和营业员管理。此外,还有一些专门销售服装、鞋子、美容化妆品、礼品和皮箱的专用品百货商店。

(3)超级市场。超级市场指规模巨大、成本低廉、薄利多销、自我服务的经营机构,主要经营各种食品、洗涤剂和家庭日常用品等。超级市场的主要竞争对手是方便食品店、折扣食品店和超级商店。

（4）方便商店。设在居民区附近的小型商店，营业时间长，每周营业七天，销售品种范围有限，但周转率高。主要销售方便产品。

（5）超级商店、联合商店和特级商场。超级商店比传统的超级市场更大，主要销售各种食品和日用品。

（6）折扣商店。特点是经常以低价销售产品，突出销售全国性品牌，在自助式、设备最少的基础上经营，店址趋向于在租金低的地区，能吸引较远处的顾客。

（7）仓储商店。仓储商店是一种以大批量、低成本、低售价和微利多销的方式经营的连锁式零售企业。

（8）产品陈列室推销店。这类商店将产品目录推销和折扣原则用于品种繁多、加成高、周转快和有品牌的产品。顾客可用电话订货，由店方送货上门，顾客支付运费。顾客也可开车去商店亲自验货提货。

2. 无门市零售

（1）直接销售。直接销售是指制造企业不通过中间商销售产品，而依靠自身的销售力量自主进行销售。主要通过企业网站、企业门市部等方式直接向消费者销售产品，也可利用推销人员上门游说消费者购买等。

营销资料 *9-2*

直销——"微型企业"最佳模式之一

金融危机下，整个经济体系都笼罩在不景气的氛围中，而相对于传统行业，直销的处境似乎要乐观一些。一方面，直销的产品大多为快速消费品，如食品、饮料、日化产品等，作为生活必需品，其需求相对刚性，由此能在诸多行业遭遇经济寒流之时，避开经济下滑的正面冲击。另一方面，直销业的经营模式在经济下滑中也能凸显出一定优势。世界直销协会联盟曾表示，直销在很多方面与"小额信贷"相似，所不同的是，加入大多数直销公司并不需要事先作出投资。因此直销这种投资门槛低的"微型企业"运作模式在全球范围内被公认为"微型企业"的最佳模式之一。据了解，目前全球经营直销事业的"微型企业家"中有 85％ 是女性，且直销行业崇尚"一分耕耘一分收获"，男性与女性的事业机会平等。这更为女性创造了工作机会，增加个体家庭收入，安全度过经济难关。

持有此类观点的不仅仅是直销业内人士。日前，一位华尔街分析师爱丽丝·碧比·朗莉在一份对雅芳公司的研究报告中指出，在经济低迷期，直销模式在新兴市场具有较大吸引力，竞争地位也更为有利。朗莉在致客户的一份研究报告中写道："雅芳依靠良好价格基础上的一流品质来吸引消费者，这对销售人员也具有吸引力，因为它不失为一个在不利经济环境下赚钱的好办法。"

资料来源：上海商报，2010-08-19.

（2）直复营销。直复营销是一种将广告活动和销售活动统一在一起的销售方式，是一种为了在任何地方产生可度量的反应和达成交易而使用一种或多种广告媒体的相互作用的市场营销系统。直复市场营销者利用广告介绍产品，顾客可写信或打电话订货。订购的物品一般通过邮寄交货，用信用卡付款。直复市场营销者可在一定广告费用开支允许的情况下，选择可获得最大订货量的传播媒体，使用这种媒体是为了扩大销售量，而不是像普通广告那样刺激顾客的偏好和树立品牌形象。其主要方式有直接邮寄、电话营销、电视营销、网络营销等形式。

营销思考 9-5

直复营销有什么特点?

(3)自动售货。自动售货已经被用在相当多的产品上,包括经常购买的产品(如香烟、软饮料、糖果、报纸和热饮料等)和其他产品(袜子、化妆品、点心、书、唱片、胶卷、T恤、保险和鞋油等),自动售货机可被放置在客流量较大的场所,24小时提供服务。由于要经常给相当分散的机器补充存货,机器常遭破坏、失窃率高等原因,自动售货的成本很高。因此,其销售产品的价格比一般水平要高15%~20%。对顾客来说,机器损坏以及无法退货等问题也是非常令人头痛的。

营销案例 9-2

澳柯玛:领跑自动售货机市场

自2002年率先进军自动售货机制造与销售领域以来,澳柯玛目前已在全国数十个大中城市建立了市场网络,成为国内最大的自动售货机制造商和运营商。

近年来,澳柯玛大力开展技术创新,不断实现技术升级,使自动售货机具备了多种电子支付功能。例如可用信用卡、储值卡等刷卡消费;可配合纸币、硬币识别器增加代金券功能。此外,澳柯玛还率先将USB数据下载功能应用在自动售货机上,运营商将U盘插到自动售货机上,可通过遥控器操作将销售数据下载到U盘上,每次操作只需1分钟,能实现运营的日清日结。澳柯玛去年又与中国移动公司合作,研发出自动售货机上的手机购物方式,用户只需更换集成RFID的SIM卡,即可使用任意型号手机来实现刷卡购物。

有关机构预测,未来几年中国市场每年将增加5万至10万台自动售货机,沿海城市将有3.5亿人经常使用自动售货机,其市场潜力令人瞩目。

资料来源:刘海民.澳柯玛:领跑自动售货机市场[N/OL].上海证券报,2010-06-11. http://stock. jrj. com. cn/2010/06/1104/07615282. shtml.

三、分销渠道管理

(一)选择渠道成员

选择渠道成员是指生产商决定由谁来分销其产品的相关决策。渠道成员的选择将决定消费者需要的产品是否能及时、准确地转移到消费者手中,影响到分销的成本和顾客服务的水平。选择渠道成员应该考虑的因素有:

1.市场覆盖范围

中间商覆盖制造商预期的地理范围的程度被称为市场覆盖范围,它是选择分销最关键的因素。制造商希望得到最大的地理覆盖范围,同时重叠范围最小。

2.信用和财务状况

在当前市场条件下,生产企业倾向于选择资金雄厚、财务状况和信用好的分销商,这样可以有还款保证,还可能在财务上给生产企业一些帮助,从而有助于扩大产品生产销售。

3. 中间商的经验

许多企业在选择分销商时很看重历史经验,往往会认真考虑其一贯的表现和盈利记录。若中间商以往经营状况不佳,则将其纳入营销渠道风险就大。而且,经营某种商品的历史和成功经验是中间商自身优势的另一个来源。

4. 产品线

考虑中间商产品线的四个方面:竞争性产品、相容性产品、补充性产品、代理产品线的质量,尽可能避免使用直接销售竞争者的产品的中间商。

5. 销售能力

检测其销售能力的指标是其销售人员的素质以及实际雇佣的销售人员的数量,制造商会根据潜在的中间商的销售业绩数据获得中间商销售能力的第一手资料。

6. 管理的连续性

中间商的管理阶层经常发生变动,非常不利于制造商与之合作,一旦发生大的变动,对生产者的产品销售很不利。

7. 经营实力

要尽量选择有较强经营实力的中间商。中间商的经营实力,包括有足够的支付能力、训练有素的销售队伍以及必要的流通设施。此外,这种能力还表现为它具有进行市场调查、收集情报能力以及丰富的营销经验。中间商的经营实力较强,自然对企业的营销有利。

8. 合作意愿

分销商与企业合作得好,会积极主动地推销产品,这对双方都有利。因此,企业应该根据销售产品的需要,考察分销商对企业产品销售的重视程度和合作态度,然后再考虑合作的具体方式。

(二)激励渠道成员

确定了渠道成员,就意味着组建了一个分销渠道网络。这个网络的有效运行需要渠道的每个成员作出贡献,保证每条渠道的低成本和顺畅。要做到这一点,需要对渠道成员进行激励。对渠道成员的激励是指制造商为了实现其渠道战略和分销目标所采取的一系列行动,这些行动确保渠道成员之间的合作。

激励渠道成员决策过程有三个阶段:了解渠道成员的需要、满足他们的需要和提供持续指导。其本质就是了解成员的需要并满足他们的需要。这意味着生产者所采取的激励措施必须恰好满足渠道成员的急需。越是如此,激励效果越明显,反之则低效或无效。激励中间商常见的方法有:开展促销活动、提供资金支持和返利政策、培训中间商、提供市场情报、建立长期伙伴关系等。

渠道成员激励决策过程中,出现了两种偏激的做法:一是以我为主,生产者认为如何激励渠道成员是自己的事,忽视了渠道成员的需要;二是以人为主,渠道成员要什么就给什么。这两种决策过程都是非科学化的,难以实现理想的激励效果。

(三)评估渠道成员

评估渠道成员也是分销渠道管理的关键步骤之一。为了能使中间商有效合作,及时掌握中间商履行约定的情况,生产者除了选择和激励渠道成员外,还必须定期评估他们的绩效。如果某一渠道成员的绩效低于既定标准,则须找出主要原因,同时还应考虑可能的补救办法。渠道成员评估工作主要包括以下几个方面的内容:

(1)销售额完成情况。

(2)销售增长情况。

(3)产品的销售范围及占有率。

(4)向顾客交货的速度快慢。

(5)平均存货水平。

(6)对损坏或损失商品的处理。

(7)对顾客服务的表现。

(8)在促销及员工训练方面的合作程度。

上述评估内容中,销售方面内容是比较重要的,生产者可以通过对中间商的检查,发现问题并及时总结原因,采取相应的措施加以改进。

营销思考 9-6

从哪些方面对渠道成员进行评估?

第三节 物流与供应链管理

一、营销物流的含义与功能

(一)营销物流的含义

市场营销不仅要发掘并刺激消费者或用户的需求和欲望,而且还要将产品或服务适时、适地、适量地提供给消费者或用户,满足其需求和欲望,为此就要进行物流管理,来增强企业竞争实力,提高企业效益。

物流是指连接供给和消费,克服时间和空间的差异,实现物的价值的经济活动。营销物流是物流的一种特殊形式。营销物流是指在营销活动过程中,产品经过计划、预测、储存、订购、运输和签收等流转服务活动最终到达顾客手中,同时又将顾客的需求和相关产品信息反向传递给企业的循环过程。营销物流是一个全新的概念,也是市场需求链和企业供应链的交集中最具活力的环节。它的使命是围绕市场需求,计划最可能的供应,在最有效和最经济的成本前提下,为顾客提供满意的产品和服务。

营销资料 9-3

德鲁克的观点

20世纪60年代以来,美国开始关注物流问题。彼得·德鲁克在1962年4月号的《财富》杂志撰文指出,物流是当时美国"降低成本的最后边疆",也是市场营销"最后的黑暗大陆"。德鲁克的这一论断,被学术界称作"黑大陆"说。

资料来源:吴健安.市场营销学[M].2版.北京:高等教育出版社,2004.

营销物流与生产、采购物流,在很长时间内都被笼统地混称为"物流配送"或"储运",它很少被当作一个单独的概念。1958年,西方经济萧条、企业利润缩减,导致新经济环境产生,在此种情况下,营销物流才逐步以独立的面目登上销售营运舞台。

(二)物流的功能

物流的整体功能是通过物流各个要素活动的有机结合来实现的,物流的基本功能主要包括运输、储存、装卸搬运、包装、配送、流通加工和物流信息处理等,虽然各个功能活动的最优化并不等于物流整体的最优化,但是,物流整体的最优化离不开各个功能活动的合理化。

1. 运输

运输是物流系统中最为重要的功能之一,是物流活动的核心环节。运输是物流创造第三利润源的源泉,是使物品发生空间转移的物流活动。随着市场经济的发展,物流需求的多品种、小批量特征日趋明显,因此,对运输的质量要求也越来越高。

合理组织运输是保证高质量物流服务的关键,运输合理化应该贯彻"及时、准确、经济、安全"的原则。要按照产、供、销的实际需要,及时把商品送达到指定的地点,尽量缩短物品的在途时间,通过合理的运输手段、运输线路和配货方案,提高运输效率,降低运输成本,实现资源的优化配置。

2. 储存

储存活动也称为保管活动,是借助各种仓库完成物资的堆码、保管、保养、维护等工作的统称。商品通过保管产生了商品的时间效用,同时,储存还有调整价格的功能,防止产品过多而导致价格的暴跌。因此,储存具有以调整供需为目的的调整时间和价格的双重功能。

合理的商品储存应以物流系统整体合理化为目标,在充分考虑费用与服务之间关系的基础上,积极地为企业生产和经营活动服务。储存与运输一样处于重要地位,也是物流的主要功能。

3. 装卸搬运

在物流过程中,装卸搬运活动是不断出现和反复进行的,它出现的频率高于其他各项物流活动。每次装卸搬运活动都要花费很长时间,所以往往成为决定物流速度的关键。装卸搬运活动所消耗的人力也很多,因此装卸搬运费用在物流成本中所占的比重也较高。

为了降低物流费用,装卸搬运是一个必须要考虑的重要环节。因此,装卸搬运的合理化对于物流整体的合理化至关重要,要对装卸搬运过程进行有效的组织和管理,选择适当的装卸方式,合理配置和使用装卸机具,减少装卸搬运事故和损失。

4. 包装

商品包装是物流的起点。商品包装是指在流通过程中保护商品、方便运输、促进销售,按一定的技术方法而采用的容器、材料及辅助物等的总体名称,也指为了上述目的而在采用容器材料和辅助物的过程中施加一定技术方法的操作活动。

商品包装合理化是物流合理化的重要内容,也是物流合理化的基础。所以,对于一个生产企业来讲,产品包装是相当重要的,既要考虑与生产工艺的配合、成本的核算,还要考虑能否满足产品流通过程、销售过程的需要以及方便消费等。

5. 配送

配送是指在经济合理区域范围内,根据客户要求,对物品进行拣选、加工、包装、分割、组配等作业,并按时送达指定地点的物流活动。

配送是物流中一种特殊的、综合的活动形式,包含了商流活动和物流活动。从物流来讲,配送几乎包括了所有的物流功能要素,是物流的一个缩影或在某小范围中物流全部活动的体现。一般的配送集装卸、包装、保管、运输于一身,通过这一系列活动完成将货物送达的目的。随着市场竞争的日趋激烈,企业界逐渐认识到配送是增强企业竞争力的重要手段。

6.流通加工

流通加工是为了提高物流速度和物品的利用率,在物品进入流通领域后,按客户的要求进行的加工活动,也就是在物品从生产者向消费者流动的过程中,为了促进销售、维护商品质量和提高物流效率,对物品进行一定程度的加工。

流通加工通过改变或完善流通对象的形态来实现"桥梁和纽带"的作用,因此流通加工是流通中的一种特殊形式。随着经济增长,消费者的需求出现多样化,促使在流通领域开展流通加工。目前,在世界许多国家和地区的物流中心或仓库经营中都大量存在流通加工业务,在日本、美国等物流发达国家则更为普遍。

7.物流信息处理

信息处理功能是指通过收集与物流活动相关的信息,促使物流活动能有效、顺利地进行。物流信息是物流活动中各个环节生成的信息,一般是随着从生产到消费的物流活动的产生而产生的信息流。它与物流过程中的运输、储存、搬运、包装等各种职能有机地结合在一起,成为物流活动的重要组成部分。物流信息处理采用计算机处理手段,为达到物流的系统化、合理化、高效率化提供技术条件。

营销思考 9-7

物流有哪些功能?

二、供应链管理

(一)供应链的概念

进入20世纪90年代以来,物流环境发生了一系列变化,如顾客需求不断升级、订货周期逐渐缩短、快速反应系统的推广应用、市场竞争日趋加剧、营销方式不断更新以及经济全球化的来到等,为适应这些变化,供应链管理(supply chain management)已成为产业界和企业界关注的热点问题。

供应链(supply chain)最早来源于彼得·德鲁克提出的"经济链",而后经由迈克尔·波特发展成为"价值链",最终日渐演变为"供应链"。它的定义是:围绕核心企业,通过对信息流、物流、资金流的控制,从采购原材料开始,制成中间产品及最终产品,最后由销售网络把产品送到消费者手中,它是将供应商、制造商、分销商、零售商直到最终用户连成一个整体的功能网链模式。所以,一条完整的供应链包括供应商(原材料供应商或零配件供应商)、制造商(加工厂或装配厂)、分销商(代理商或批发商)、零售商(大卖场、百货商店、超市、专卖店、便利店和杂货店)以及消费者,其构成如图9-4所示。

《物流术语》国家标准(GB/T 18354—2006)对供应链管理的定义为:"对供应链涉及的全部活动进行计划、组织、协调与控制。"供应链管理是从战略层次和整体的角度把握最终用户的需求,通过企业之间有效的合作,获得成本、时间、效率、柔性等最佳效果。它包括从原材料到最终用户的所有活动,是对整个链的过程管理。

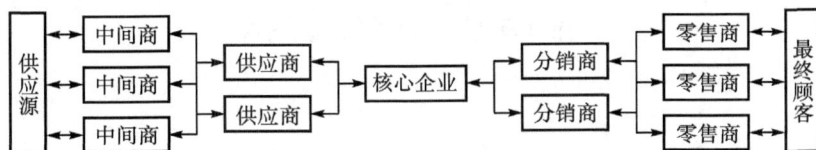

图 9-4 供应链的构成

营销思考 9-8

物流管理与供应链管理有哪些联系与区别?

(二)供应链管理的应用

供应链管理主要涉及四个领域:供应、生产计划、物流、需求。职能领域主要包括产品工程、产品技术保证、采购、生产控制、库存控制、仓储管理、分销管理。辅助领域主要包括客户服务、制造、设计工程、会计核算、人力资源、市场营销。

分销供应链管理系统 DCM(demand chain management),是为制造商分销型连锁企业开发设计的数据互动平台,使用该平台企业可及时了解市场销售情况和客户购买意愿,及时了解渠道库存情况和销售进展情况,收集会员与客户信息,随时进行市场调研,掌握竞争对手市场活动,加快企业的市场反应速度,从而提高企业整个渠道的核心竞争力。

营销案例 9-3

沃尔玛公司供应链管理分析

供应商开始全面改善与沃尔玛的关系,通过网络和数据交换系统,沃尔玛与供应商共享信息,从而建立伙伴关系。沃尔玛与供应商努力建立关系的另一做法是在店内安排适当的空间,有时还在店内安排制造商自行设计布置自己商品的展示区,以便在店内营造更具吸引力和更专业化的购物环境。

沃尔玛还有一个非常好的系统,可以使供应商们直接进入沃尔玛的系统,沃尔玛叫做零售链接。任何一个供应商可以进入这个系统中来了解他们的产品卖得怎么样,了解昨天、今天、上一周、上个月和去年的销售状况。他们可以知道这种商品卖了多少,而且他们可以在 24 小时之内就进行更新。供货商们可以在沃尔玛公司的每一个店当中,及时了解到有关情况。

沃尔玛不仅仅是等待上游厂商供货、组织配送,而且也直接参与到上游厂商的生产计划中去,与上游厂商共同商讨和制订产品计划、供货周期,甚至帮助上游厂商进行新产品研发和质量控制方面的工作。这就意味着沃尔玛总是能够最早得到市场上最希望看到的商品,当别的零售商正在等待供货商的产品目录或者商谈合同时,沃尔玛的货架上已经开始热销这款产品了。

资料来源:沃尔玛公司供应链管理分析[EB/OL]. 2010-05-13. http://www.51test.net/show/1179834.html.

第四节　网络营销

一、网络营销概述

(一)网络营销的概念

网络营销(on-line marketing 或 e-marketing)就是以国际互联网络为基础,利用数字化的信息和网络媒体的交互性来辅助营销目标实现的一种新型的市场营销方式。简单地说,网络营销就是以互联网为主要手段进行的,为达到一定营销目的的营销活动。与传统营销相比,网络营销具有下述特征:

1. 依托互联网技术

网络营销采用许多传统营销方式中所没有的技术手段,比如电子邮件、邮件列表、群发软件等。由于技术手段和营销方式的不同,网络营销具有广域性、实时性、交互性、低成本等特点。

2. 企业经营方式发生转变

企业要开展网络营销,就要求企业的组织机构设置、人员配备、职能分布、业务流程及经营机制不同于传统的经营方式。企业必须围绕着信息流、资金流和物流,采用现代化管理方式,进行业务的重组及组织机构与人员的调整。

3. 与传统营销理论密切相关

网络营销针对新兴的网络虚拟市场,以新的思维方式使传统市场营销理论得到进一步发展,是传统营销理论在网络经济中的应用。

4. 网络营销贯穿于企业经营的整个过程

网络营销并不是到网上去卖东西,而是将传统的营销职能应用到网络中去,贯穿在企业经营的全部过程,包括市场调查、客户分析、产品开发、生产流程、销售策略、售后服务、反馈改进等环节。网络营销功能的实现可由浅入深,由简到繁,减少营销成本,不断开拓新的市场。

营销思考 9-9

网络营销与传统营销相比有何特征?

(二)网络营销的功能

1. 信息收集

在网络营销中,将利用多种搜索方法,主动、积极地获取有用的信息。企业通过在线调查表或者电子邮件等方式,可以完成网上市场调研,了解消费者或用户需求、竞争者与合作伙伴以及市场趋势等方面的信息,为产品开发、服务及其他营销策略的制定提供依据。网上调研具有高效率、低成本的特点,是网上收集信息的主要方法。

2. 信息发布

无论哪种营销方式,都要将一定的信息传递给目标人群。网络营销可以把信息发布到全球任何一个地点,既可以实现信息的广覆盖,又可以形成地毯式的信息发布链。信息的扩散范围、停留时间、表现形式、延伸效果、公关能力、穿透能力都是最佳的。更加值得提出的是,在网络营销中,网上信息发布以后,可以能动地进行跟踪,获得回复,可以进行回复后的再交流和再沟通。因此,信息发布的效果明显。

3. 销售促进

通过网络与目标顾客沟通是网络营销的一个重要职能。企业通过电子布告栏、电子邮件、BBS、聊天室等与目标顾客进行直接、快速的沟通,传播企业产品信息,建立与目标顾客的关系。网上销售促进并不限于促进网上销售,事实上,网络营销在很多情况下对于促进网下销售十分有价值。

4. 销售渠道开拓

网上销售是企业销售渠道在网上的延伸。新技术的诱惑力、新产品的展示力、声像俱显的昭示力、网上路演的亲和力、地毯式发布和爆炸式增长的覆盖力,将提升企业的销售渠道。网上销售渠道建设也不限于网站本身,还包括建立在综合电子商务平台上的网上商店,以及与其他电子商务网站不同形式的合作等。

5. 特色服务

网络营销提供的是一种特色服务功能,服务的内涵和外延都得到了扩展和延伸。顾客不仅可以获得形式最简单的 FAQ(常见问题解答)、邮件列表、BBS 以及聊天室等各种即时信息服务,还可以获取在线收听、收视、订购、交款等选择性服务。同时也包括无假日的紧急需要服务、信息跟踪、信息定制到智能化的信息转移的手机接听服务及网上选购,送货到家的上门服务,等等。这种服务以及服务之后的跟踪延伸,不仅将极大地提高顾客的满意度,使以顾客为中心的原则得以实现,而且客户成为了商家的一种重要的战略资源。

6. 品牌价值扩展和延伸功能

随着互联网的出现,不仅给品牌带来了新的生机和活力,而且推动和促进了品牌的拓展和扩散。实践证明,互联网不仅拥有品牌、承认品牌而且对于重塑品牌形象,提升品牌的核心竞争力,打造品牌资产,具有其他媒体不可替代的效果和作用。

7. 网址推广

这是网络营销最基本的职能之一。相对于其他功能来说,网址推广对企业而言显得更为迫切和重要,网站所有功能的发挥都要以一定的访问量为基础。所以,网址推广是网络营销的核心工作。

网络营销的职能是通过各种网络营销方法来实现的,网络营销的各个职能并非是相互独立的,同一个职能可能需要借助多种网络营销方法才能实现,而同一种网络营销方法也可能适用于多个网络营销职能。企业开展网络营销要充分发挥其各种职能,实现网上经营的整体效益最大化。

营销案例 9－4

海尔的网络营销

作为中国家电企业的一面旗帜,海尔在网络营销上也走在了很多企业的前面。2000 年 3 月 10 日,海尔投资成立了海尔集团电子商务有限公司,4 月 18 日海尔网络营销平台开始试运行,6 月份正式运营。

2002年,海尔就建立起了网络会议室,在全国主要城市开通了9999客服电话。在"非典"时真正体现出它巨大的商业价值和独有的战略魅力,海尔如鱼得水般地坐在了视频会议桌前调兵遣将。

通过BBP交易平台,每月接到6000多个销售订单,定制产品品种逾7000个,采购的物料品种达15万种。新物流体系降低呆滞物资73.8%,库存占压资金减少67%。

几年前,海尔集团采用了SAP公司为之搭建的国际物流中心,成为国内首家达到世界领先水平的物流中心。"网络营销远非广告和销售渠道,它更重要的是企业系统化的网络体制。"

资料来源:应旭萍.海尔网络营销案例[EB/OL].2010 - 07 - 19. http://abc.wm23.com/yxppxy/42701. html.

二、网络营销策略

(一)网络产品和服务策略

在网上进行产品和服务营销,必须结合网络特点重新考虑对产品的设计、开发、包装和品牌的产品策略研究,因为有不少传统的优势品牌在网络市场上并不一定是优势品牌。

企业可以在网上销售商品、提供服务或发布广告。它可以采取某种电子商务模式(例如,网上拍卖)来获取收入。企业可以在在线市场创建新的品牌,也可以依然销售离线市场正在销售的某些产品,或者对现有产品进行一些改进。如果企业在网上提供现有的品牌,就要设法解决许多问题。例如,显示在计算机屏幕上的颜色与印刷品上的颜色是不同的。很多精明的企业利用信息技术来改变它们在网上提供的产品的方式。例如,戴尔公司可以在瞬间按照客户的要求定制个性化的产品:客户只要在网上配置自己所希望的电脑,数据库就会提供一张反馈表,上面有最新的电脑配置信息和价格信息。

(二)网络价格策略

作为一种新的信息交流和传播工具,Internet从诞生开始就实行自由、平等和信息基本免费的策略,这是由网络经济的特性决定的。因此在网络市场上推出的价格策略大多采取免费或低价策略,在制定网上价格策略时,必须考虑到网络经济对企业产品的定价影响和网络经济本身独特的免费特征,也应该判断在线产品价格与离线产品价格的差异。

网络营销的价格策略很多,主要有低价定价策略、折扣定价策略、等价定价策略、智能型定价策略、个性化商品定价策略和免费价格策略等。

(三)网络渠道策略

Internet对企业营销活动影响最大的是企业的营销渠道。借助Internet交易双方直接互动的特性,可以建立网上直销的销售模式,改变了传统渠道中的多层次选择和管理与控制的问题,最大限度地降低了营销渠道中的营销费用。很多企业利用互联网传递产品,或者利用互联网提高供应链成员的工作效率,常见的有直复营销和电子商务代理模式等。

(四)网络促销策略

网络促销是利用现代化的网络技术向虚拟市场传递有关产品和服务信息,以引发需求,引起消费者购买欲望和购买行为的活动。网络促销的策略主要有网络广告促销、利用搜索引擎促销、提供免费资源与服务促销、有奖促销、网上赠品促销、积分促销、发行虚拟货币来促销和网上打折促销等。

营销思考 9-10

在互联网网站上促销与在纸介媒体和电视上促销相比,网络促销有何优势?

(五)网络营销管理与控制

网络营销依托 Internet 开展营销活动,必将面临传统营销活动无法碰到的许多新问题,例如网络产品质量的保证问题、消费者隐私保护问题以及信息的安全问题等,这些都是网络营销必须重视和进行有效控制的问题,否则企业开展网络营销的效果就会适得其反。

网络营销已成为企业未来发展的主要趋势,它是对传统的销售模式的挑战。对于那些网络营销还不成熟的企业来说是非常好的学习和发展的机会,它可以帮助企业通过网络寻找更多的商机。此外,网络是国内企业和国外客商寻找商业信息的最佳途径。

本章小结

本章主要介绍了分销渠道的含义、类型,物流、供应链管理等基本概念以及分销渠道的功能、分销渠道的设计、管理、物流的七大功能、供应链管理的应用以及网络营销策略等知识,通过本章的学习要了解掌握有关分销渠道的基本概念和基本知识。

1.分销渠道的概念与类型

分销渠道是指产品或服务从生产者向消费者转移过程中,所有取得产品所有权或帮助产品所有权转移的所有企业或个人。这个渠道主要包括商人中间商、代理中间商以及处于分销渠道起点和终点的企业和消费者。分销渠道可以分为直接渠道与间接渠道、长渠道和短渠道、宽渠道和窄渠道。要充分发挥每一种类型优势来更好地促进企业发展。

2.分销渠道的设计与管理

分销渠道设计包括确定渠道目标、明确各种渠道的交替方案和评估渠道选择方案等过程;影响渠道设计的因素有顾客特性、产品特性、企业特性、中间商特性和竞争特性。分销渠道管理主要包括选择渠道成员、激励渠道成员和评估渠道成员三个方面。

3.物流与供应链管理

物流是指连接供给和消费,克服时间和空间的差异,实现物的价值的经济活动。其功能包括运输、储存、装卸搬运、包装、配送、流通加工和物流信息处理等。供应链是围绕核心企业,是将供应商、制造商、分销商、零售商直到最终用户连成一个整体的功能网链模式。物流与供应链管理作为新型的管理思想,提高了分销渠道的整体运行效率和经营效益。

4.网络营销

网络营销就是以国际互联网络为基础,利用数字化的信息和网络媒体的交互性来辅助营销目标实现的一种新型的市场营销方式。其功能包括信息收集、信息发布、销售促进、销售渠道开拓、特色服务、品牌价值扩展和延伸功能、网址推广等。网络营销策略主要有网络产品和服务策略、网络价格策略、网络渠道策略、网络促销策略以及网络营销管理与控制。

关键术语与概念

分销渠道　直接渠道与间接渠道　长渠道和短渠道　宽渠道和窄渠道
密集(广泛)分销　选择分销　独家分销　物流　供应链　供应链管理
网络营销

复习与思考

1. 分销渠道的概念和类型是什么?

2. 各类分销渠道的优缺点是什么?选择分销渠道应该考虑的因素有哪些?

3. 分销渠道设计过程分为哪些步骤?

4. 试述批发商与零售商的概念与区别。

5. 如何进行分销渠道管理?

6. 如何应用供应链管理?

7. 企业开展网络营销的策略有哪些?

案例分析

案例一:娃哈哈的渠道策略

娃哈哈公司主要从事食品饮料的开发、生产和销售,已形成年产饮料 600 万吨的生产能力及与之相配套的制罐、制瓶、制盖等辅助生产能力,主要生产含乳饮料、瓶装水、碳酸饮料、茶饮料、果汁饮料、罐头食品、医药保健品七大类 50 多个品种的产品。2003 年,公司营业收入突破 100 亿元大关,成为全球第五大饮料生产企业。

娃哈哈的产品并没有很高的技术含量,其市场业绩的取得和它对渠道的有效管理密不可分。娃哈哈在全国 31 个省市选择了 1000 多家能控制一方的经销商,组成了几乎覆盖中国每一个乡镇的联合销售体系,形成了强大的销售网络。公司会根据一定阶段内的市场变动、竞争对手的行为以及自身产品的配备而推出各种各样的促销政策。针对经销商的促销政策,既可以激发其积极性,又保证了各层销售商的利润,因而可以做到促进销售而不扰乱整个市场的价格体系。娃哈哈对经销商的激励采取的是返利激励和间接激励相结合的激励制度,娃哈哈通过帮助经销商进行销售管理,提高销售效率来激发经销商的积极性。娃哈哈各区域分公司都有专业人员指导经销商,参与具体销售工作,各分公司派人帮助经销商管理铺货、理货以及广告促销等业务。

娃哈哈的经销商分布在全国 31 个省市,为了对其行为实行有效控制,娃哈哈采取了保证金的形式,要求经销商先交预付款,对于按时结清货款的经销商,娃哈哈偿还保证金并支付高于银行同期存款利率的利息。娃哈哈总裁宗庆后认为:"经销商先交预付款的意义是次要的,更重要的是维护一种厂商之间独特的信用关系。我们要经销商先付款再发货,但我给他利息,让他的利益不受损失,每年还返利给他们。这样,我的流动资金十分充裕,没有坏账,双方都得了利,实现了双赢。娃哈哈的联销体以资金实力、经营能力为保证,以互信互助为前提,以共同受益为目标指向,具有持久的市场渗透力和控制力,并能大大激发经销商的积极性和责任感。"

同时,娃哈哈与经销商签订的合同中严格限定了销售区域,将经销商的销售活动限制在自己的市场区域范围之内。娃哈哈发往每个区域的产品都在包装上打上编号,编号和出厂日期印在一起,根本不能被撕掉或更改,借以准确监控产品去向。娃哈哈专门成立了一个反窜货机构,巡查全国严厉稽查,保护各地经销商的利益。娃哈哈的反窜货人员经常巡查各地市场,一旦发现问题马上会同企业相关部门及时解决。总裁宗庆后及各地的营销经理也时常到市场检查,一旦发现产品编号与地区不符,便严令彻底追查,按合同条款严肃处理。娃哈哈奖罚制度严明,一旦发现跨区销售行为将扣除经销商的保证金以支付违约损失,情节严重的将取消其经销资格。娃哈哈全面激励和奖惩严明的渠道政策有效地约束了上千家经销商的销售行为,为庞大的渠道网络的正常运转提供了保证。

问题:

(1)娃哈哈为了实现有效的渠道网络管理采取了哪些措施?取得了什么样的效果?

(2)你认为娃哈哈现有渠道模式的主要问题在什么地方?娃哈哈应当如何完善它的渠道建设?

资料来源:李留法.市场营销实务[M].北京:中国计量出版社,2009.

案例二:借力互联网做好大事件营销

"对中国品牌而言,世博会营销是继奥运会营销后又一新的品牌升级契机。每个行业都有自己的特定消费群,也有自己独特的发展历史,与城市生活的关联点也不一样。"营销专家王新业表示,世博营销就是要把品牌特色扩大、强化,甚至能对未来城市生活提出前瞻性的设想和规划,反映到产品和品牌理念中。本次上海世博会开创性地搭建了网上世博会,并且其效果和受欢迎程度远超预期。企业主对于大事件的网络营销和传统营销的效果可以作比照。

实际上,由于参与项目有限,馆内营销很容易触碰到竞争对手利益,世博会全球合作伙伴可口可乐与美国馆赞助商百事可乐在独家饮料提供权上就产生过矛盾。相比较而言,网络平台更为广阔,可展现的形式也更为多样,而且与用户的互动活动所带来的营销效果往往出人意料。比如由宝马与腾讯共同打造的世博志愿者接力赛,就通过面向公众征集2010名第一棒志愿者,实现了企业品牌、产品与用户的联动,这也是迄今为止最大的网络志愿者行动。

"大事件的营销价值在于聚众,品牌无需为造势的成本和效果买单,只需要关心如何把'势'发挥到极致即可。"腾讯广告销售部华北区总经理栾娜说。腾讯的整体世博营销战略结合世博时间节点,将整个营销过程分成"了解、关注、体验和分享"四个阶段。随着世博的逐渐升温,目前腾讯正把营销的节奏推入体验和分享阶段。腾讯网络媒体产品部助理总经理刘曜针对世博营销给出了六点建议:①抓住关键的少数意见领袖,就抓住了UGC(用户生成内容)的影响力;②把握官方资讯和民间舆论互动结合式推广的趋势;③利用最新媒体(SNS、微博等)和多频次的接触点,吸引更多用户关注;④坚持80/20投放原则,冷静对待新媒体手段;⑤手机、互联网联动,实现跨媒体营销;⑥借力大事件,进行小预算大效果营销。

问题:

(1)腾讯是如何开展网络营销活动的?

(2)谈谈你对网络营销的认识?

资料来源:借力互联网做好大事件营销[EB/OL].2010-06-07.http://www.bairehua.com/html/shijian ying xiao/2010/0607/3783.html.

营销实训项目

1.分销渠道选择分析

【目的】

了解分销渠道的类型,培养学生的分销渠道分析、判断、设计和选择的能力。

【内容】

收集某一个家电企业产品的分销渠道及其环境等各方面的相关信息,运用所学知识分析该企业的分销渠道类型使用情况。

【过程】

(1)收集资料。小组通过网络、刊物、访问等途径收集某一家电企业产品的销售渠道模式,该公司选择了哪些中间商以及与中间商建立怎样的分销合作关系等。

(2)分析整理。小组根据所收集的资料进行分析、归纳、总结,为该企业初步拟订产品的销售渠道模式方案。

(3)交流讨论。小组相互交流、讨论拟订的方案。

【要求】

由学生自由组合成研究性学习项目小组,5~6人为一小组,每小组采用三种及以上的调查方法,在课前做出分析报告。上课前,每组派一个代表阐述本组的观点。

2.以自己熟悉的某一产品为例,模拟设计一种销售渠道

【目的】

掌握销售渠道的结构特点,培养销售渠道策划的能力。

【内容】

调查了解不同类型商业企业的销售渠道:例如,百货大楼、超市、购物中心、专卖店、电子网络商店等。

【方式】

市场调查、撰写报告、分析讨论。

【考核】

撰写销售渠道的设计报告及个人实训心得。

营销实践练习

1.访问当地的一家经销商,比如格力电器专卖店,了解其是怎样对自己分销的商品进行储存和管理,如何将产品送达消费者手中的。

2.采访当地两家不同类型的零售经销商,比如饰品店和五金店,就他们的分销渠道进行比较,并撰写一份简短的分析报告。

3.选择当地一种产销量较大的农产品,比如苹果、香蕉等,请为该种农产品策划一个渠道模式。

4.请就某休闲服装公司如何选择中间商提出建议。

5.选择一家开展网络营销的企业,了解其网络营销的策略。

6.从各类商业期刊及网站上寻找有关产品分销的文章和故事,看看分销行为是如何与其他营销功能相关联并受其影响的。

营销模板

分销渠道的选择分析

一、现有产品渠道概况

对市场当前发展形势,企业自身产品、竞争产品的分布以及竞争对手渠道特点等要有充分了解。准确描述竞争对手的产品是什么,采用怎样的渠道,特点是什么。

二、资料整理与分析(SWOT 分析法)

对所调查的渠道资料进行整理,分析企业内外因素,整理出企业渠道的 SWOT 分析因素,并以简表形式显示出来,然后总结出企业的优势、劣势、机会和威胁。

三、分销渠道的选择过程

结合产品特点从直接渠道与间接渠道、长渠道和短渠道、宽渠道和窄渠道等方面进行分析,可以从广泛分销、选择分销、独家分销三种策略中进行合理选择。

网站资料访问

1. 跨国公司营销渠道的类型和各个类型优缺点以及它们适合的企业

   http://wenwen.soso.com/z/q169577759.htm

2. 关系型营销渠道的类型和发展对策

   http://www.mie168.com/marketing/2006 - 12/260302.htm

3. 营销渠道设计

   http://www.cbinews.com/inc/showcontent.jsp? articleid=6396

4. 掌控销售渠道的五种手段

   http://www.emkt.com.cn/article/51/5146.html

5. 如何作好深度营销渠道管理,妙招请看这里

   http://www.beareyes.com.cn/2/lib/201003/23/20100323292.htm

6. 供应链管理:营销渠道新整合

   http://www.23class.com/boke/view.aspx? id=2475

7. 营销渠道创新

   http://www.duk.cn/space - 20269 - do - folder - docid - 30655.html

8. 娃哈哈渠道的成功与困惑

   http://jingjijiaoliu.blog.hexun.com/29798769_d.html

9. 网络营销策略的重点内容

   http://www.hackhome.com/InfoView/Article_190600.html

10. 网络营销成快速消费品产品营销的核心策略

    http://abc.wm23.com/dongxueyu/43791.html

第十章
促销策略

学习要点

1. 了解促销的基本概念、作用及促销组合策略
2. 了解四种促销方式(人员推销、广告、营业推广和公共关系)的特点及形式
3. 掌握各种促销方式的适用范围及应用特点

引导案例

简单的,往往是最有效的——康师傅"再来一瓶"

2009 年,康师傅茶饮料相比以往,压力空前。一个重量级对手,即可口可乐涉入的茶饮料"原叶茶"系列,在过去的一年中,成功运用成龙父子代言、终端精耕等手法,抢占了一定市场份额,颇有"重整江山"的大手笔意图。面临后有追兵,包括统一、娃哈哈系列,前有强敌可口可乐压境的艰难境地,康师傅又是如何夹缝求生,破茧化蝶的呢?

其实,康师傅做了很多系列工作,其中比较有特点的动作就是,新春伊始,重磅推出开盖有奖活动,其"再来一瓶"风靡饮料界,刮起一阵旋风。这个活动的有效性,堪称"插入对手心脏的尖刀",直捣黄龙。

相比之下,可口可乐原叶茶,也推出开盖有奖。原叶茶的兑奖方式是,刮开数字,在网络找到活动网站输入数字,即有机会获得网购的数字优惠券、代金券等,用这些优惠券可以抵价购买网上商品。相对来说,消费者选择礼品的品种范围空前增加了。但是相比康师傅的开盖"再来一瓶",环节过程上有些过于繁琐。奖品不能立即获得,导致了消费兴趣的迅速减退。

促销是个好东西,有点天上掉馅饼的味道,渠道成员和消费者都喜欢。"再来一瓶"也是个不错的好武器,推新品,抛库存,20 多年来在饮料界屡试不爽,并在 2009 年集中爆发。拿茶饮料来说,康师傅,17％中奖率;今麦郎,7.5％中奖率;娃哈哈,4.8％中奖率等。其中康师傅最为慷慨大方,也获得了相应的回报:第一季度饮品销量增长 36％,主要由茶饮料贡献;6 月中旬以来各地市场相继断货,产品供不应求。

康师傅"再来一瓶"的重要意义,还在于通过比较高的中奖概率,建立维护消费者的消费忠诚度,锁定既定顾客,扩展边缘顾客,减少消费者流失的可能性,给予竞争产品在消费者选择环节上狠狠的打击。在这场茶饮料的"卫国战争"中,康师傅凭其一招制敌之术,化解大兵压境之势,堪称 2009 年营销经典案例。

"再来一瓶",看似简单,实则不简单。简单是因为看似简洁,并不高深莫测;不简单是其实施有力,执行到位。还有"简约营销"之精髓:最有效的事情,往往是最简单的,但最简单的往往也是最难办到的。

问题：

1. 同样是有奖销售，康师傅为什么效果最显著？

2. 康师傅"再来一瓶"可能会产生哪些负面效应？

资料来源：康师傅茶饮料"再来一瓶"一招制敌［EB/OL］. 2010－04－20. http://huaqingla. blog. 163. com/blog/static/3015832120103201148404.94.

现代市场营销不仅要求企业开发适销对路的产品，制定有吸引力的价格，通过合适的渠道使目标顾客易于得到他们所需要的产品，而且还要求企业树立其在市场上的形象，加强企业与社会公众的信息交流和沟通工作，即进行促销活动。现代企业促销的手段与方式日新月异，由于各种手段和方式各具不同的特点，因此需要在实际促销活动中组合运用，各种不同的促销方式编配组合即形成了不同的促销策略。

第一节　促销和促销组合

一、促销的概念

促销是促进商品销售的简称。从市场营销的角度来看，是企业通过人员和非人员的方式，把企业的产品及提供的服务信息传递给顾客，激发顾客的购买欲望，从而促使消费者购买的活动。

（一）促销的目的是引发、刺激消费者产生购买行为

在消费者可支配收入既定的条件下，消费者是否产生购买行为主要取决于消费者的购买欲望，而消费者的购买欲望又与外界的刺激、诱导密不可分。促销正是针对这一特点，通过各种传播方式把产品或劳务等有关的信息传递给消费者，以激发其购买欲望，使其产生购买行为。

（二）促销的方式包括人员促销和非人员促销两大类

人员促销亦称直接销售或人员推销，是企业运用推销人员向消费者推销商品和服务的一种促销活动。非人员促销是企业通过一定的媒体或活动传递产品或服务的有关信息，以促进消费者产生购买欲望、发生购买行为的一系列促销方式，具体又包括广告、公共关系和营业推广三个方面。促销策略的实施，事实上也是各种促销方式的具体运作。

（三）促销的实质是要达成企业与消费者买卖双方的信息沟通

企业作为商品的供应者或卖方，面对广泛的消费者，需要把有关企业自身及所生产的产品、劳务的信息传达给消费者，使他们充分了解企业及其产品、劳务的性能、特征、价格等，借以进行判断和选择。这种由卖方向买方的信息传递，是买方得以做出购买行为的基本前提。另一方面，作为买方的消费者，也把对企业及产品、劳务的认识和需求向卖方反馈，促使卖方根据市场需求进行生产。这种由买方向卖方的信息传递，是卖方得以适应市场需求的重要前提。交易双方的信息沟通如图 10－1 所示。

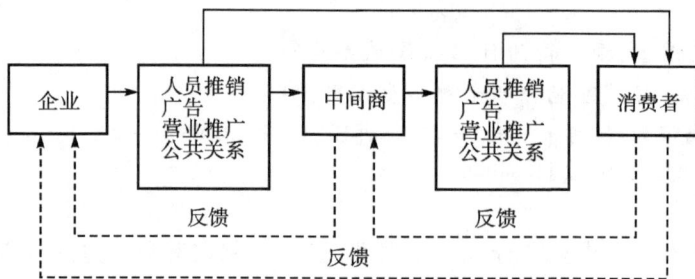

图 10-1 交易双方的信息沟通

二、促销的作用

(一)沟通信息,强化认识

一种商品进入市场以后,一方面需要生产者或经营者及时提供商品的相关信息,引起社会各方面的关注,吸引顾客购买。另一方面,买方向卖方反馈对产品价格、质量、服务内容、方式等是否满意的信息,促进生产者改进产品和服务,更好地满足消费者的需求。因此,沟通信息是争取顾客的重要环节,也是密切生产者、经营者、顾客之间的关系,强化分销渠道中各个环节之间的协作,加速商品流通的途径。

(二)创造需求,开拓市场

在促销活动中向消费者介绍产品,不仅可以诱导需求,有时还可以创造需求。消费需求产生的原始动机,是由人类生存和发展的需要而引发的。促销的重要作用就在于通过介绍新的产品,展示合乎潮流的消费模式,提供满足消费者生存和发展需要的承诺,从而唤起消费者的购买欲望,创造出新的消费需求。

(三)突出企业和产品的特色

与众不同、独树一帜,是多数企业成功的秘诀,而市场经济的快速发展又使产品质量、花色品种向雷同化方向发展,许多同类产品仅有细微的差别,消费者往往不易察觉和辨认。企业通过促销,突出宣传本企业经营的产品不同于竞争对手产品的特点,以及它给消费者带来的特殊利益,有助于加深对本企业产品的了解,帮助消费者从游移不定的状态中解脱出来,采取相应的购买行为。

(四)稳定和扩大企业的销售

在市场营销活动中,企业本身的产品销售可能起伏不定,企业的市场份额呈现不稳定状态,有时甚至可能出现较大幅度的滑坡。对此,企业采取的对策之一,就是通过有效的促销活动来树立企业形象,提高企业在消费者心目中的地位和影响,扩大营销产品的知名度,特别是在竞争激烈的情况下,企业的促销活动可以抵御和击败竞争者的促销活动,使消费者增加购买本企业产品的信心,稳定销售形势。

营销思考 10-1

企业为什么要作促销?

三、促销组合及影响因素

(一)促销组合

依据促销过程所采用的方式,促销可以分为人员推销、广告、营业推广和公共关系四种方式。各种方式各有长处和短处,见表10-1。促销的重点在不同时期、不同产品上也有区别。所谓促销组合策略是指企业有计划有目的地把人员推销、广告、公共关系、营业推广等促销方式进行适当配合和综合运用,形成一个完整的销售促进系统。促销组合是市场营销组合的第二个层次。

表10-1　各种促销方式优缺点比较分析表

促销方式	优点	缺点
人员推销	直接沟通信息,反馈及时,可当面促成交易	占用人员多,费用高,接触面窄
广告	传播面广,形象生动,节省人力	只能对一般消费者,难以立即促成交易
公共关系	影响面广,信任程度高,可提高企业知名度和声誉	花费力量较大,效果难以控制
营业推广	吸引力大,激发购买欲望,可促成消费者当即采取购买行动	接触面窄,有局限性,有时会降低商品身份

营销资料 10-1

营销传播组合

营销传播是公司直接或间接地尝试让消费者了解自己销售的产品和品牌,劝说和提醒消费者购买这些产品和品牌的手段。营销传播组合包括八种主要的传播方式:

(1)广告。所有由某位可识别的赞助者进行的创意、物品或服务的非人员演示和推广的收费的形式。

(2)销售促销。为鼓励对某个产品或服务的试用和购买而进行的短期刺激。

(3)事件和体验。公司赞助的活动和项目,目的在于建立日常或特殊的与品牌相关的互动。

(4)公共关系和宣传。用于推广或者保护公司或单个产品的形象的项目。

(5)直复营销。利用信件、电话、传真、电子邮件或互联网直接与特定的顾客或潜在顾客沟通,或者引发其反馈或对话。

(6)互动营销。让顾客或潜在顾客参与的网络活动和项目,直接或间接地增强认知度,提高形象或销售产品和服务。

(7)口碑营销。与购买或使用产品或服务的优点或经历相关的,人对人的口头、书面或电子形式的传播。

(8)人员推销。对潜在购买者进行的面对面互动,目的在于进行展示、回答问题和取得订单。

资料来源:菲利普·科特勒,凯文·莱恩·凯勒.营销管理[M].卢泰宏,等,译.13 版.北京:中国人民大学出版社,2009.

(二)影响促销组合策略的因素

1.营销目标

营销目标,是通过向消费者的诱导和提示,促进消费者产生购买动机,进而影响消费者的购买行为。例如,企业是以长远占领市场为主,还是以短期快速收获现金为主;是以产业市场为主,还是以消费市场为主,这些不同的营销目标会影响到促销策略的选择。

2.产品类型

不同类型的产品,消费者状况以及购买要求不同,采取的促销组合策略也不同。消费品宜以使用广告为主,辅之以营业推广、人员推销和公共关系;工业品宜以人员推销为主,辅之以营业推广、广告和公共关系,如图 10-2 所示。

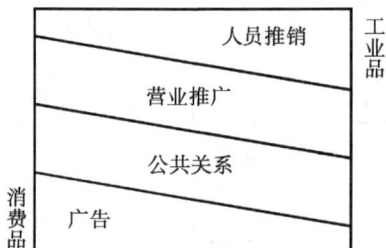

图 10-2 不同性质产品的促销方式选择

3.产品市场生命周期

在产品市场生命周期的不同阶段,企业促销的重点和目标不同,要相应制定不同的促销组合。投入期重点是让消费者了解产品,主要采取广告方式,同时也可以通过人员推销诱导中间商采购。成长期和成熟期重点是增进消费者的兴趣、偏好,多采取不同形式的广告介绍商品特点、效用。衰退期重点是促成持续的信任和刺激购买,多做广告效果已不大,适宜多采取营业推广的方式增进购买,见表 10-2。

表 10-2 产品生命周期与促销组合

产品生命周期	促销目标	促销主要方式	
		消费品	工业品
投入期	使消费者和用户认识了解产品	广告为主,人员推销为辅	人员推销为主,广告为辅
成长期	使消费者对产品产生偏爱	广告	人员推销
成熟期	保持已有市场占有率	营业推广	人员推销
衰退期	巩固市场,争取少量购买	营业推广	人员推销+营业推广
生命周期各阶段	消除顾客的不满意感	改变广告内容,利用公共关系	

4.市场状况

一般来说,向小规模本地市场促销,应以人员推销为主;向大规模的全国市场或全球市场促销,则应以广告和文字宣传为主。如果市场比较集中,渠道短,销售力量强,产品需经过示范、退换的,应采用人员促销策略;反之最好采用非人员促销策略。消费品市场买主多而分散,主要用广告宣传和营业推广吸引顾客;生产资料市场的用户少而销售额却大得多,应以人员推销为主。

5.促销预算

不同的促销手段所花费的费用是不一样的。有的费用开支较大,如电视广告、大型展销会、新闻发布会等;有的费用开支较小,如直接邮寄广告、销售点广告、商场展销等。一般来说,竞争激烈的产品,如化妆品、口服液等,促销预算往往较大。不同的预算额度,从根本上决定了企业可选择的促销方式。

四、促销策略

(一)推式策略

推式策略是通过以人员推销方式为主的促销组合,采取主动、直接的方式把产品推向市场,即从生产者推向中间商,再由中间商推给消费者的促销策略,如图 10 - 3 所示。

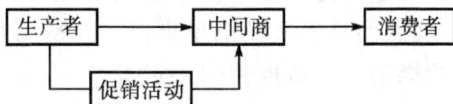

图 10 - 3 推式策略

推式策略的目的,在于说服中间商和消费者,使他们接受企业的产品,从而让产品一层一层地渗透到分销渠道中,最终抵达消费者。推式策略一般适合于单位价值较高、性能复杂、需要示范的产品,根据用户需求特点设计的产品,流通环节较少、流通渠道较短的产品,市场比较集中的产品等。实行推式策略要求推销人员针对不同的产品、不同的对象,采取不同的方式方法。

推式策略的重心在推动,着重强调企业的能动性,表明消费需求是可以通过企业的积极促销而被激发和创造的。

(二)拉式策略

拉式策略是通过以广告方式为主的非人员推销,采取间接的方式,通过宣传把消费者吸引到企业特定的产品上来,使消费者对本企业的产品产生需求,消费者向中间商寻购商品,中间商向制造商进货,以扩大销售的促销策略,如图 10 - 4 所示。

图 10 - 4 拉式策略

拉式策略的目的,是使消费者对产品或服务发生兴趣,引起消费者的消费欲望,激发购买动机,从而增加分销渠道的压力,进而使消费需求和购买指向一层一层地传递到企业。拉式策略一般适合于单位价值较低的日常用品,流通环节较多、流通渠道较长的产品,市场范围较广、市场需求较大的产品。

拉式策略的重心在拉引,着重强调消费者的能动性,表明消费需求是决定生产的基本原因。企业的促销活动,必须顺乎消费需求,符合购买指向,才能取得事半功倍的效果。

营销思考 10-2

推式策略和拉式策略的重心有什么不同?

第二节 人员推销

一、人员推销的概念与特点

人员推销是指通过推销人员深入中间商或消费者进行直接的宣传介绍活动,使其采取购买行为的促销方式。人员推销的最大优点是双向信息的沟通与交流。缺点是推销成本较高;推销人员的管理也比较困难;理想的推销人员也很难得。其适用范围是工业品和技术性较强、使用较为复杂的耐用消费品的推销。人员推销的特点有:

1.人员推销具有很大的灵活性

在推销过程中,买卖双方当面洽谈,易于形成一种直接而友好的相互关系。通过交谈和观察,推销员可以掌握顾客的购买动机,有针对性地从某个侧面介绍产品特点和功能,抓住有利时机促成交易;还可以及时发现问题,进行解释,解除顾客疑虑,使之产生信任感。

2.人员推销具有选择性和针对性

在每次推销之前,可以选好具有较大购买可能的顾客进行推销,并有针对性地对未来顾客进行研究,拟定具体的推销方案、策略、技巧等,以提高推销成功率。

3.人员推销具有完整性

推销人员的工作从寻找顾客开始,到接触、洽谈,最后达成交易。除此以外,推销员还可以担负其他营销任务,如安装、维修、了解顾客使用后的反应等,可以为顾客提供完整的服务。

4.人员推销具有公共关系的作用

一个有经验的推销员为了达到促进销售的目的,可以使买卖双方从单纯的买卖关系发展到建立深厚的友谊,彼此信任,彼此谅解。这种感情增进有助于推销工作的开展,实际上起到了公共关系的作用。

二、人员推销的形式与过程

(一)人员推销的基本形式

1.上门推销

这是最常见的人员推销形式。它是由推销人员携带产品、说明书和订单走访顾客,推销产品。这种推销形式,可以针对顾客的需要提供有效的服务,方便顾客,故为顾客所广泛认可和接受。此种形式是一种积极主动的、名副其实的"正宗"推销形式。

2.柜台推销

柜台推销是等客上门式的推销方式,又称门市推销,是企业在适当地点设置固定的门市,由营业员接待进入门市的顾客,进而推销产品。由于门市里的产品种类齐全,能满足顾客多方面的购买要求,并且可以保证产品安好无损,顾客也乐于接受这种方式。柜台推销适合于零星小商品、贵重商品和容易损坏的商品。

3.会议推销

会议推销指的是利用各种会议向与会人员宣传和介绍产品,开展推销活动。例如,在订货会、交易会、展览会、物资交流会等会议上推销产品均属会议推销。这种推销形式接触面广,推销集中,可以同时向多个推销对象推销产品,成交额较大,推销效果较好。

(二)人员推销的过程

人员推销是一个复杂的过程,包括发掘与评选、接近、介绍、演示、处理反对意见、成交和事后追踪等环节,如图 10-5 所示。

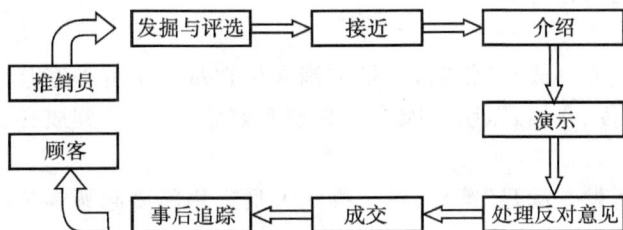

图 10-5 人员推销过程

1.发掘与评选

推销人员在推销之前,首先必须弄清一个问题:顾客在哪里? 自己要向哪种类型的人推销产品? 准确寻找和识别顾客应当是推销人员的基本功。

2.接近

对于已确定的目标顾客,推销人员应当首先收集他们的有关资料,包括需求状况、经济来源、经济实力、决策权对象、购买方式等,以便制定推销方案。

3.介绍

推销员要根据掌握的目标顾客的资料,从目标顾客感兴趣的问题入手打开话题,再了解顾客并根据顾客的反应,逐步引入推销产品的相关信息。

4.演示

在对目标顾客已有充分了解的基础上,推销人员可以直接向目标顾客进行产品介绍,甚至主动地进行一些产品的使用示范,以增强目标顾客对产品的信心。

5.处理反对意见

在推销过程中推销员经常遇到顾客的异议。顾客的异议是成交的障碍,但它也表明了顾客已经对推销员的讲解给予了关注,对产品产生了兴趣。应付异议的有效办法是把握产生异议的原因,对症下药。

6.成交

成交是推销的目标。当各种异议被排除之后,要密切注视顾客发出的成交信号,即通过顾客的言语动作、表情等表露出的购买意向,抓住成交的良好机会及时达成交易。

7.事后追踪

交易达成后,并不意味着推销工作的结束,而应看做是新的推销工作的开始,各种后续工作必须及时跟上,如备货、送货、配套服务及售后服务等。这些工作的妥善处理,不仅有利于企业同目标顾客建立长期稳固的购销关系,而且可以吸引新的顾客。

三、人员推销的策略与技巧

(一)人员推销的基本策略

1.试探性策略

这种策略也称"刺激—反应"策略,它是在不了解顾客的情况下,推销人员运用刺激性手段引发顾客产生购买行为的策略。推销人员事先设计好能引起顾客兴趣、能刺激顾客购买行为的推销语言,通过渗透性交谈进行刺激,在交谈中观察顾客的反应,了解顾客的真实需要,诱发购买动机,引导产生购买行为。

2.针对性策略

这种策略也称"配方—成交"策略,它是推销人员在基本了解顾客某些情况的前提下,有针对性地对顾客进行宣传、介绍,以引起顾客的兴趣和好感,从而达到成交目的的策略。

3.诱导性策略

这种策略也称"诱发—满足"策略,它是推销人员运用能激起顾客某种需求的说服方法,诱发引导顾客产生购买行为的策略。这种策略是一种创造性推销策略,要求推销人员能因势利导,诱发、唤起顾客的需求,并能不失时机地宣传介绍和推荐所推销的产品,以满足顾客对产品的需求。

营销思考 10 - 3

人员推销有哪些策略?

(二)人员推销的技巧

1.把握时机

推销人员应能够准确地把握推销的时机,因人、因时、因地制宜地开展推销活动。一般来说,推销的最佳时机应该选择在对方比较空暇、乐意同人交谈和正好有所需求的时候,避免在对方比较繁忙或心情不好时开展推销。有时环境的变化往往会造成对某些企业和产品有利的推销时机,推销人员应该及时抓住时机,不使其失之交臂。

2.善于辞令

推销人员必须熟练掌握各种语言技巧,充分发挥语言对顾客的影响力。具体来说,一是要在各种场合寻找便于接近对方的话题;二是在谈话中要能牢牢把握交谈的方向并使之逐渐转入推销活动的正题;三是善于运用适当的语句和语调使对方感到亲切自然;四是对顾客不同意见不轻易反驳,而是鼓励顾客发表意见的同时耐心地进行说服诱导。

3.注意形象

推销人员在推销过程中一方面是企业的代表,另一方面又是顾客的朋友,因此,推销人员必须十分重视自身形象。在同顾客的接触中,不卑不亢,给顾客留下可亲可敬的印象,以使顾客产生信任感;在同顾客的交易活动中,言必信、行必果,守信重诺,以维护自身和企业的声誉。

4.培养感情

推销人员应重视发展同顾客之间的感情沟通,设法同一些顾客群体建立长期关系,可超越买卖关系建立起同他们之间的个人感情,形成一批稳定的顾客群。

营销案例 10-1

一次成功的推销

某推销员向一家商品包装企业的厂长推销新型打包机,他的目的是让这个企业全换上这种机器。下面是他与厂长的对话:

推销员:王厂长,您好,我带来了一种新型打包机,您一定会感兴趣的。

厂长:我们不缺打包机。

推销员:王厂长,我知道您在打包机方面是个行家。是这样的,这种机器刚刚研制出来时间不长,性能相当好,可用户往往不愿用,我来是想请您帮着分析一下看问题出在哪里,占不了您几分钟的时间,您看,这是样品。

厂长:哦,样子倒挺新的。

推销员:用法也很简单,咱们可以试一试(接通电源,演示操作)。

厂长:这机器还真不错。

推销员:您真有眼力,不愧是行家。您看,它确实很好。这样,我把这台给您留下,您先试用一下,明天我来听您的意见。

厂长:好吧。

推销员:您这么大的厂子,留一台太少了,要一个车间试一台,效果就更明显了。您看,我一共带来五台样机,先都留到这吧。如果您用了不满意,明天我一块来取。

厂长:全留下? 也行。

推销员:让我们算一下,一台新机器800多元,比旧机器可以提高工效30%,每台一天能多创利20多元,40天就可收回成本,如果您要得多,价格还以可便宜一些。

厂长:便宜多少?

推销员:如果把旧机器全部换掉,大概至少要300台吧?

厂长:310台。

推销员:那可以按最优价,每台便宜30元,310台就是一万多元了。这有协议书,您看一下。

厂长:好,让我们仔细商量一下。

至此,买卖已一步步逼近成交。

资料来源:高等教育资讯网,http://www.cucdc.com。

第三节　广告

一、广告的特点与功能

(一)广告的概念与特点

广告是一种信息传播活动。与企业市场营销相结合,广告是指广告主以付费的方式,通过特定的媒体,向目标市场传递有关产品、服务、观念等方面的信息,以打动顾客,吸引购买的一种促销手段。广告的特点有:

1.信息的群体传播

广告宣传通过大众传播媒介,可以将企业及产品信息传递给广大的消费者。由于消费者是一个范围广泛的群体,从而必然提高促销信息的传播效果。尽管一次支付广告的费用可能是很高的,但接受促销信息的人均费用要比人员推销费用低得多,是最符合经济效益原则的。

2.促销效用滞后

广告对消费者态度和购买行为的影响难以立即见效,而是延续一段时间。广告传递信息的目的是刺激需求,促成购买,但多数消费者都是在接受广告促销信息后加深印象,记住广告宣传的企业名称、产品品牌、价格等,为以后购买提供依据。因此,广告宣传与购买行为往往存在着时间上的分离,由此带来了促销效用的滞后性。

3.帮助推销人员达成交易

各种促销形式往往是相互补充、相互促进的。广告介绍了产品知识,指导消费者选购、使用、保养和维修产品,这就激发了顾客对产品的兴趣。当推销员与顾客面对面地洽谈时,由于有了广告宣传的促销基础,不仅能缩短介绍过程,而且能强化说服力,促使其迅速达成交易。

(二)广告的功能

1.显露功能

企业可以通过广告,将企业名称、历史以及产品的品牌、成分、结构、性能、用途、规格、质量、价格等信息向顾客广泛传播,使顾客及时方便地找到自己所需要购买的产品或服务。这样,由于广告的显露功能,使生产者、经营者和消费者都从中受益。

营销思考 10 - 4

好的广告就像是盐,放在菜里看不见痕迹,却能尝到味道。谈谈你对这句话的理解。

2.认知功能

广告媒体传播面广泛而及时,深入到社会各个角落,传递到千家万户。顾客通过广告可以了解企业和产品的信息,了解购买地点、手段以及各种服务项目的情况。

3.激发功能

广告的表现力强,具有刺激购买的作用。企业可以通过真实、新颖、生动、形象的广告,吸引顾客的注意,使其对企业和产品产生浓厚的兴趣,或改变原先的偏见和消极态度,从而激发需求,采取购买行动。

4.引导功能

广告引导功能体现在三个方面:①广告能使新产品、新式样、新的消费意识迅速流行,形成消费时尚。②广告可以使消费者在众多的产品中选择、比较。③广告可以使消费走向文明、健康。

营销案例 10 - 2

一则成功的香烟广告

香港一则宣传戒烟的广告,广告画面为一支烟烧穿心脏的形象,以此示意吸烟会导致心脏功能的破坏。这个广告没有语言文字的说明,图案简单明了,色彩主要利用黑白色的把关作用,整个画面只使用了三种不鲜艳的色彩——深黑、灰黑和白色。尽管如此,由于黑白反差使用得好,所以这个广告画面形象突出,给人以深刻的印象,是一个成功的广告。

资料来源:http://www.tianya.cn/publicforum/content/no04/a7a08ad7dd958d6ce528fa36b5beac10/1/0/1.shtml.

5.艺术与教育功能

出色的广告本身就是一种美好的艺术作品,它不仅可以美化生活,还能带给消费者美的享受。健康的广告有利于培养文明的消费观念和消费行为,普及科学知识、丰富精神生活。

营销案例 10 - 3

金龙鱼:"1∶1∶1"

金龙鱼的广告词"1∶1∶1",曾经被一些广告人认为是当年最失败的广告语之一。但如同"今年过节不收礼,收礼只收脑白金"一样,这是一个成功的营销案例。金龙鱼第二代调和油主要是为了应对鲁花花生油的进攻。它把鲁花主打的健康概念向前推进了一大步。金龙鱼认为人体饮食中,饱和脂肪酸、单不饱和脂肪酸和多不饱和脂肪酸达到1∶1∶1的比例时,最有益于健康。尽管有广告人认为这个概念普通消费者很难看懂,其科学性值得怀疑。但通过金龙鱼的大力推广,"1∶1∶1"理念深入人心。金龙鱼的成功反映了在消费品推广中,与"健康"相关的概念越来越重要。同时也表明,在同质化的激烈竞争中,中国市场仍然存在大量机会,只是需要企业提供更好的概念和升级产品的推广技巧。

资料来源:2001—2006 年中国十大经典案例(中)[EB/OL].http://www.jfffff.com/qinggan/330.html.

二、广告决策

(一)确定广告目标

1.以告知为目标

以告知为目标即只向目标顾客说明产品,使顾客对产品产生初步的认识和了解。如向顾客介绍一种新产品;说明某种产品的新用途;告知某种产品的价格或包装已发生变化;解释产品的使用方法;纠正顾客的误解,减少顾客的疑虑;树立企业和产品形象等。这种广告常用于产品生命周期的投入期。

2.以说服为目标

以说服为目标即强调特定品牌的产品与竞争产品的差异,突出该产品的优点和特色,目的是使顾客形成品牌偏好。这种广告常用于产品生命周期的成长期,以不断争取新顾客,扩大企业的市场份额。

3.以提醒为目标

这有两种情况,一方面是在成熟期对已经畅销的产品做广告,目的是为了加深消费者的印象,提醒其购买;另一方面是对季节性商品在过季或淡季时做广告,起到提示作用。

(二)编制广告预算

编制广告预算可以采用量力支出、销售额比例法、竞争对等法或目标任务法。此外,还要考虑几个因素:

1.产品生命周期

对处于生命周期不同阶段的产品,广告预算应有所不同。如投入期产品需要较高的预算,而成熟期产品广告预算应按销售比例有计划地缩减。

2.市场份额

占有较大市场份额的产品广告预算应较高,反之,则应低些。但是,当企业想要扩大某种产品的市场份额时,其广告预算当然要比仅保持现有市场份额的产品广告预算高。

3.竞争的激烈程度

如果产品市场竞争激烈,广告预算就要高。如果产品具有独特性或是专利产品,没有什么竞争者,广告预算可低些。

4.广告的频度

如果企业决定多次重复进行广告促销,广告预算就要高;反之则低。

(三)确定广告信息

1.信息创作

广告内容创作,可采用多种方法,如创作人员通过与顾客、营销专家、竞争对手或企业管理者交谈,从中搜集素材,产生灵感,再进行创作。

2.信息的评估选择

评估有许多标准,可以用讨人喜欢、独具特色和令人信服这三个标准来评估信息。

3.信息的表达

广告信息的表达方式在很大程度上决定着广告效果。广告信息的表达方式有很多,可以利用生活片段表现产品的用途;用音乐、美术手法强调产品名称;运用科学证明突出产品质量;请权威人士、权威机构或普通用户现身说法,证实产品功能等等。另外,在表达广告信息时,应注意运用适当的文字、语言和声调,广告标题尤其要醒目易记,新颖独特,以尽量少的语言表达尽量多的信息。

营销思考 10-5

"你的广告被人注意到了,你的产品就销出去一半。"这句话对吗?

（四）选择广告媒体

广告媒体是在广告主与广告接受者之间起媒介作用的物体。广告所运用的媒体有很多，其中最常用的四大媒体是报纸、杂志、广播、电视，同时，网络媒体广告在营销传播中扮演着越来越重要的角色。由于不同的广告媒体有不同的特点，起不同的作用，各有其优缺点，在广告活动中应根据实际情况择善而行，如表 10-3 所示。

表 10-3　广告媒体的优缺点对比

媒体	优点	缺点
报纸	读者的广泛性；有较大的伸缩性；可精读和泛读；有较高的可信性	不易保存；不易从造型方面创新；各报费用差异大
杂志	针对性强；有较长的时效性，可以反复阅读、过期阅读；比之报纸在色彩、造型方面有创新的良好条件	因专业性强，传播范围有限
广播	传播速度快；传播范围广；费用较之电视等广告便宜	难保存；听众过于分散；相对于电视来说创新形式有所限制，只闻其声，不见其形
电视	具有直观性，有听觉、视觉的综合效果；具有传播的广泛性，深入千家万户；具有趣味性	针对性不强；竞争者较多；价格昂贵
网络	针对性强、费用相对低廉以及多感官刺激和双向互动	要有网络基本条件；可能引起浏览者的不满

（五）评估广告效果

1.信息传递效果评估

信息传递效果评估即评估广告是否将信息有效地传递给目标顾客。这种评估在事前和事后都可以进行，事前邀请顾客代表对已经准备好的广告进行评估，请他们提出问题和建议，以便改进；事后企业可随机访问一些目标顾客，向他们了解是否见到或听到过这一广告，是否喜欢，是否能回忆起广告内容，等等。

2.销售效果评估

销售效果评估即评估广告使销售额增长了多少。这种评估比较困难，因为销售额的增长，不仅取决于广告，还取决于其他许多因素，如经济发展、顾客收入增加、产品本身功能改进、渠道效率提高、价格合理调整以及其他促销方式等。因此，单独以销售额来衡量广告效果并不精确。

营销资料 10-2

广告中的黄金白银法则

所谓黄金法则即 3B 法则，指 beauty——美女，beast——动物，baby——婴儿；而白银法则则是指名人效应。

3B 法则中运用最多的无疑为 beauty——爱美之心人皆有之，且美女广告利于操作，又最能引发人们的注意——吸引住眼球就等于成功了一半。你只要稍加注意,就能发现,广告中50％以上都是美女的面孔。

beast——基于人类对大自然的亲近渴望,由动物来做广告容易消除受众与广告诉求之间的隔阂,让人产生亲近感受,进而加强沟通,达到预期的效果。动物的活泼可爱通常能让消费者开心一笑,记住它并最后购买它。

baby——世界上最伟大的爱就是母爱,而广告人抓住这一点,让母爱的伟大也延伸到商品上。

名人广告不仅是时尚且是古已有之。《战国策》记载古有一卖马商人,一马立于市,三天无人问津,后请伯乐看了一眼,马不仅立刻卖了,而且价格比原来高十倍,都是同一匹马呀,可见名人效应之大。广告中运用了艺术学、美学、逻辑学、行为科学、商品学等,但运用最多的是心理学。名人效应打的就是心理战,利用消费者对名人之名的信赖或是大众对名人的崇拜,对名人生活方式的向往,从而被名人的广告说服而购买。

资料来源:韦佩珊.广告中的黄金白银法则[J].中外管理,2002(11).

第四节　营业推广

一、营业推广的概念与特点

营业推广又称为销售促进,是指在短期内刺激顾客或中间商迅速和大量地购买某种特定产品或服务的促销活动。一般来说,人员推销、公共关系、广告等促销方式都带有持续性和常规性,而营业推广则常常是上述促销方式的一种辅助手段,多用于一定时期、一定任务的短期特别推销。作为一种短期的促销方式,营业推广具有明显的特点:

1. 短期性

这是营业推广最主要的特点。营业推广适用于如新产品上市、重要节假日等短期内销售,它能有效地吸收新的消费者或破坏消费者对竞争对手产品的购买和品牌忠诚。

2. 非规则性

营业推广不像广告、人员推销、公共关系那样经常出现,而是用于短期和额外的促销工作,目的是解决一些更为具体的营销问题。

3. 灵活性

营业推广的形式非常繁多,这些形式各有其长处和特点,企业可以根据经营的产品的不同和市场营销环境的变化而加以灵活地选择和运用。

营销思考 10 - 6

营业推广有什么特点?

二、营业推广的作用

1.加速新产品进入市场的过程

当消费者对刚投放市场的新产品还未能有足够的了解和作出积极反应时,通过一些必要的营业推广措施,可以在短期内迅速地为新产品开辟道路。

2.刺激消费者的购买欲望

当消费者在众多的同类产品中进行选择,尚未作出购买决策时,营业推广手段的及时运用,往往可以刺激消费者的购买欲望,增加产品的市场销售,提升企业的市场份额。

3.抵御和击败竞争对手的促销活动

当竞争者大规模地发起促销活动时,如不及时采取针对性的促销措施,就会大面积损失已有的市场份额。对此,可采用减价赠券或额外赠送的方式来增强企业经营的同类产品对顾客的吸引力,也可采用购货累计折扣的方式来促使顾客增加购货数量和提高购货频率。

4.影响中间商的交易行为

生产企业在销售产品中同中间商保持良好的关系,取得他们的合作是至关重要的。因此,生产企业往往采用多种营业推广方式来促使中间商,特别是零售商作出有利于自身的经营决策,有利于进一步扩大销售。

需要强调的是,营业推广只是一种战术性的营销手段,它的运用只起到一种即时刺激和激励的作用,一般难以建立品牌忠诚,也难以在销售大幅度下滑中发挥起死回生的作用。因此,营业推广在市场促销活动中不宜长期使用。

营销思考 10-7

营业推广在市场上适宜经常使用吗?

三、营业推广工具

营业推广包括对消费者进行营业推广,对中间商进行营业推广,对推销人员进行营业推广三种类型。对于不同的促销对象,各有其适用的工具,如表10-4所示。

表 10-4　营业推广工具

营业推广对象	营业推广工具
消费者	赠品、有奖销售、价格优惠、赠券或印花、展销、服务保证、抽奖等
中间商	批量折扣、现金折扣、经销津贴、代销、经销商竞赛等
推销人员	红利提成、特别推销金、推销竞赛等

(一)对消费者的营业推广形式

1.赠品

通过赠送便宜产品或免费品,以此介绍产品的性能、特点、功效等,这样既可以使顾客得到实惠,又可以刺激顾客的购买行为。馈赠的物品主要是能够向消费者传递企业有关信息的精美小物品。馈赠形式多种多样,一是随货赠送,购买某一商品则免费得到相应的赠品;二是批量购买赠送,顾客购买企业某产品数额达到既定批量,或顾客购买本商店商品的金额达到一定标准,可以免费得到赠品;三是随货中彩奖品,并非所有产品都是随货赠送物品,而是其中少数产品内装有赠品。

2. 有奖销售

有奖销售是一种普遍使用的推广方式。企业通过设置形式、程度不同的奖项,吸引消费者购买或更多地购买产品。有奖销售要想取得良好的效果,必须要有新意,并对消费者有足够的吸引力。

3. 赠券或印花

当消费者购买某一产品时,企业给予一定张数的交易赠券或印花,购买者将赠券或印花累积到一定数额时,可到指定地点换取赠品。赠券或印花的实施,可刺激消费者大量购买本企业的产品,扩大企业的市场占有率,但对小批量购买的消费者来说,吸引力不大。

4. 价格优惠

产品推销者事先通过多种方式将优惠券发放到消费者手中,持有此优惠券的消费者在购买本企业产品时,可得到一定价格的折扣。无论新、老顾客,享受价格折扣都是有吸引力的。

5. 展销

通过展销会的形式,使消费者了解产品,增加销售机会。常见的展销形式有:为适应消费者季节购买的特点而举办的"季节性商品展销";以名优产品为龙头的"名优产品展销";为新产品打开销路的"新产品展销"等。

6. 服务保证

通过周到的服务使顾客得到实惠,在相互信任的基础上长期开展交易。服务促销的形式多种多样,有售前、售中、售后服务,培训、维修、保险、咨询、订货、邮寄服务等。

7. 抽奖

抽奖就是利用消费者的侥幸心理,刺激消费者增加购买产品的数量以提高可能中奖的几率并进一步增加产品销售的推广活动。奖项设置要合理,不能欺诈消费者。

营销案例 10-4

北京市超市发超市的灵活促销策略

北京超市发超市连续多年创造了不俗的经营业绩,在同商圈的超市竞争中,始终处于领先地位。除价格优势外,该超市采取的灵活多变的应季性营销手段产生了良好的效果。

2000 年夏天,北京天气异常炎热,到了晚上居民不愿闷在家里,纷纷来到室外消暑纳凉,该超市适时推出了"夜场购物",将超市的闭店时间从原来的晚 10 点延长至 12 点。同时,在这一时段,将一些食品、果菜等生鲜品类打折销售,既为附近居民提供了纳凉的好去处,又低价促销了大量日常生活用品,很快就赢得了广大消费者的欢迎,也吸引了不少附近商圈的居民来此购物,此举使其在这一商圈的同业竞争中一举胜出。

资料来源:中国经济管理大学职业经理实训班电子教材. 实战推销学. http://doc. mbalib. com/view/ 5f30279e2d44671971adfed82d929280. html.

（二）对中间商的营业推广形式

1.批量折扣

批量折扣指中间商购货达到一定数量时,按计划金额给予一定的折扣。其基本形式有两种:一是明码标价,即按照购买批量分别标明价格;或者标明折扣率,购买批量越大,折扣率越大。二是只标明零售价格和批量购买可以优惠,在交易谈判中要灵活掌握批量与折扣之间的比例。

2.现金折扣

现金折扣是指企业为鼓励顾客用现金购货,对现金购货的顾客给予一定的折扣。一般说来,企业应预测折扣率与资金周转速度、折扣率与利息支出变动的比例关系,寻找盈亏均衡点,在此基础上确定现金折扣率。

3.经销津贴

为促进中间商增购本企业产品,鼓励其对购进产品开展促销活动,给中间商一定的津贴,主要包括新产品津贴、清货津贴、广告津贴、降价津贴等。

4.代销

大部分企业生产的产品均可代销。其中对新产品、进行市场渗透的产品、企业滞销的产品开展代销业务对企业利益最大。代销基本形式有两种:一是寻找合适的代理商,达成交易后,企业付给代理商一定的手续费或租金。二是企业委托经销商开展本企业产品销售的代理业务,产品销售之后,企业按商定比例留给经销商一定的手续费。

5.经销商竞赛

经销商竞赛是利用人们的竞争心理,通过组织相关的竞赛活动以达成促销目的的促销方式。经销商竞赛一方面可以激发经销商的合作兴趣,加大进货和分销力度,另一方面可以密切制造商与经销商的关系,加强彼此的协作。

（三）对推销人员的营业推广形式

1.红利提成

红利提成的做法主要有两种:一是推销人员的固定工资不变,在一定时间内,从企业的销售利润中提取一定比例的金额,作为奖励发给推销人员。二是推销人员没有固定工资,每达成一笔交易,推销人员按销售利润的多少提取一定比例的金额,其提成比例按递增关系,即销售利润越大,提取的百分比率越大。

2.特别推销金

企业给予推销人员一定的金钱、礼品或本企业的产品,以激励其努力推销本企业的产品。

3.推销竞赛

推销竞赛内容包括推销数额、推销费用、市场渗透、推销服务等。企业明确规定奖励的级别、比例与奖金的数额,对成绩优异、贡献突出者给予现金、旅游、奖金、晋升、精神奖励等。

四、营业推广的计划

（一）建立营业推广的目标

对消费者来说,推广目标可以确定为鼓励经常和重复购买,吸引新购买者试用,改进和树立品牌形象等;对中间商来说,推广目标可以确定为促使零售商购买新的产品和提高购买水平,鼓励非季节性购买,建立起零售商对该品牌忠诚,打进新的零售行业等;对推销人员来说,推广目标可以确定为鼓励对新产品成熟型号的支持,鼓励更高的销售水平等。企业营销部门要通过多因素的分析,确定一定时期内营业推广的目标并尽可能使之数量化。

(二)选择营业推广的工具

营业推广的工具是多种多样的,各有其特点和使用范围。在选择营业推广的工具时要考虑一些因素,主要包括市场类型、营业推广目标、竞争条件和环境以及促销预算分配等。此外,要考虑推广工具的比较选择和优化组合问题,以实现最优的推广效益。

(三)制定营业推广方案

1.比较和确定刺激程度

刺激程度越高,引起的销售反应也会越大,但这种效应也存在递减的规律。因此,要对以往的推广实践进行分析和总结,并结合新的环境条件,确定适当的刺激程度和相应的开支水平。

2.选择营业推广对象

推广是面向目标市场的每一个人还是有选择的某类团体,范围控制有多大,哪些人是推广的主要目标,这种选择的正确与否都会直接影响到推广的最终效果。

3.选择营业推广的媒介

比如选定赠券这种推广工具,那么还须进一步确定有多少用来放在包装中,多少用来邮寄,多少放在杂志、报纸等广告媒介中,而这些又涉及不同的接受率和开支水平。

4.选择营业推广的时机

持续时间过短,在这一时间内无法实现重复购买,很多应获取的利益不能实现;持续时间过长,又会引起开支过大和损失刺激购买的力量,并容易使企业产品在顾客心目中降低身价。按照有关研究,每个季度搞三次左右的推广活动为宜,每次的持续时间以平均购买周期的长度为宜。

5.确定营业推广的预算

这要考虑各种推广工具的使用范围、额度、各种产品所处的生命周期的不同阶段等多种因素来加以平衡和确定。

(四)实施营业推广方案

虽然营业推广方案是在经验的基础上确定的,但仍然需要进行必要的实验来检验推广工具的选择是否适当,刺激程度是否理想,现有的途径是否有效。当实验同预期相近时,便可进入实施阶段。在实施中,要密切注意和测量市场反应,及时进行必要的营业推广范围、强度、频度和重点的调整,保持对推广方案实施的良好控制,以顺利实现预期的目标。

(五)评估营业推广的效果

在营业推广方案实施后要对其有效性进行评估,最普通的方法是比较推广前、推广期间和推广后的市场份额变化。营销人员也可以采用消费者调研的方式来了解推广活动的真实效果。此外,营业推广效果的评估还可以通过变更刺激程度、推广时间、推广媒介、推广对象来获得必要的经验数据,供比较分析并得出结论。

第五节　公共关系

一、公共关系的概念与公关促销的特点

公共关系是指一个企业为改善与社会公众的联系状况,增进公众对企业的认识、理解与支持,树立良好的企业形象,采用非付费方式而进行的一系列信息传播活动。信誉是企业形象的核心或灵魂,良好的信誉和形象会对顾客产生极大的信任和吸引力,从而有助于促销。因此,公共关系促销的本质在于它是一种信誉传递。具体来说,公关促销有以下特点:

1.真实性和持久性

公共关系传播的信息,或借助于事实本身,让人耳闻目睹;或通过他人之口,比如新闻媒介,昭告天下,事实胜于雄辩,其真实性不容置疑。公共关系可以巧妙避开人员推销、广告等手段"自卖自夸"之嫌,突破公众及顾客的戒备心理,能够深入人心,效果持久。

2.新颖性和独特性

在现代社会,人员促销和广告战层出不穷,不仅难以引起公众注意,而且经常惹人反感。公关促销手段却别出心裁,不是直接劝诱购买,而是以新闻或其他活动传播信息,经常把"文章"做在社会、公众关心、瞩目的焦点问题上,新颖独特,又富于戏剧性,容易吸引视听。

3.间接性和能动性

公关促销具有间接性,即便面对消费者,也不是直接推销产品,而是通过"推销企业"来推销企业的产品。为了树立企业的良好形象,公关促销也要涉及琐碎的事务、具体的产品、个别消费者等,要改变环境,使之更适合企业的发展,更容易推销产品,因而具有能动性。

营销思考10-8

太阳和风

一天,太阳和风在争论谁更强大而有威力。

风说:"我来证明我更行,看到那儿有个穿大衣的老头吗? 我打赌我能比你更快使他脱掉大衣。"

于是,太阳躲到云层后面,风就开始吹起来,愈吹愈大,大到像一场飓风,但是风吹得愈急,老人把大衣裹得愈紧。

终于,风平息下来,放弃了。然后太阳从云层后露面,开始以她温和的微笑照着老人。不久,老人开始擦汗,继而,脱掉了大衣。

有人说在影响消费者购买行为方面广告如风,公共关系如太阳,谈谈你的观点。

二、公共关系的作用

(一)有利于塑造企业和产品的良好形象

公关促销的实质是以公众利益为出发点,在为顾客提供优质产品和服务的同时,提高自身

的知名度,招徕更多的顾客,刺激或诱导顾客的购买欲望,提高市场占有率和经济效益。特别是善于运用新闻媒介的企业,能够迅速提高企业知名度和美誉度,塑造企业良好形象。

(二)有利于赢得顾客

企业的任务不仅仅是推销产品,还应是客户的伙伴,充当顾客的顾问,帮助顾客解决问题。这就要现代企业的营销人员掌握公关策划术和公关促销术,熟悉顾客心理,在营销中充分考虑顾客的利益,满足顾客的利益要求,增进顾客及广大公众与企业的感情,改变公众态度,引导其购买行为。

(三)有利于开展创造性销售活动

在促销活动中,企业把公共关系和商业销售有机结合,形成了许多创造性公共关系促销的方法,如循序渐进法、情景模拟法、环境促销法、故布疑阵法、出奇制胜法等,有效地促进了营销活动的进行。

营销案例 10 - 5

同舟共济的伙伴

美国通用食品公司,每逢圣诞节都准备一套本公司的罐头样品,分送给每一位股东,股东对此感到十分骄傲,产生了强烈的认同感。他们不仅全力向外人推荐本公司的产品,而且在每年圣诞节前准备好一份详细的名单寄给公司,由公司按名单将罐头作为圣诞礼物寄给他的亲友。因此,每年的圣诞节前,通用食品公司都要额外销售一大批商品。股东固然得到了折扣,但公司赚的更多。

资料来源:方光罗.市场营销学[M].3版.大连:东北财经大学出版社,2008.

(四)有利于化解危机

现代社会,市场竞争更加激烈,企业面临的风险更大了,经营中的陷阱更多了,危机来得更频繁了,杀伤力更大了。稍有不慎,企业便会面临生死攸关的"不测"事件。这时,公共关系活动则是解决危机的"特效药"。

三 公共关系促销的方式

(一)创造和利用新闻

公关部门可编写一些有关企业、产品和雇员的新闻,利用新闻媒体加以宣传;也可以举行一些企业的特色活动,创造机会以吸引新闻界和公众的注意,扩大影响,提高知名度。

(二)举行各种会议

企业可以举行产品和技术方面的展览会、研讨会和演讲会,以及各种有奖比赛、纪念会等,借用新闻媒介予以传播,这是提高企业和产品知名度的另一种方法。

(三)参与社会活动

企业在从事生产经营的过程中,应积极参加广泛的社会活动,以赢得社会公众的爱戴。如参与上级和社会组织的各类文化、娱乐、体育活动;参与免费产品咨询、维修、保养等服务活动;

参与赞助办学、扶贫、救灾等公益性质的活动等。

(四)建设企业文化

企业可以有计划、有步骤、有重点地建设企业文化,提高员工素质,活跃文化氛围,美化企业环境,从深层次有效地开展公共关系活动。如撰写书面材料、编制音像材料来介绍、宣传自己;定期举行员工文化娱乐活动;利用清晨升国旗、表彰大会等形式增强企业凝聚力等。企业还可以通过导入 CIS 来树立形象,开展公共关系活动。

本章小结

促销策略是市场营销 4P 组合的重要组成部分,其本质是信息沟通与传递。本章主要包括以下内容:

1.促销和促销组合

促销即促进销售,是通过人员和非人员的方式,把企业的产品及提供的服务信息传递给顾客,激发顾客的购买欲望,影响促成顾客购买行为的全部活动的总称。促销活动的实质是一种沟通、激励活动。促销方式分为人员推销、广告、营业推广、公共关系四种方式。促销的作用主要是沟通信息,强化认识;创造需求,开拓市场;突出企业和产品的特色;稳定和扩大企业的销售。企业在制定、选择促销策略时,应综合考虑不同产品的特点、营销目标、企业内部条件、外部市场环境、消费者需求等因素,以便达到最佳的促销效果。促销策略包括推式策略和拉式策略。

2.人员推销

人员推销是指通过推销人员深入中间商或消费者进行直接的宣传介绍活动,使其采取购买行为的促销方式,是双向的信息沟通与交流。人员推销的基本形式有上门推销、柜台推销和会议推销,基本策略有试探性策略、针对性策略和诱导性策略。人员推销的技巧包括把握时机、善于辞令、注意形象和培养感情等。

3.广告

广告是指广告主以付费的方式,通过特定的媒体,向目标市场传递有关产品、服务、观念等方面的信息,以打动顾客,吸引购买的一种促销手段。广告的主要功能包括显露功能、认知功能、激发功能、引导功能、艺术与教育功能。广告决策包括确定广告目标、编制广告预算、确定广告信息、选择广告媒体和评估广告效果五个步骤。

4.营业推广

营业推广又称为销售促进,是指在短期内刺激顾客或中间商迅速和大量地购买某种特定产品或服务的促销活动。其作用在于加速新产品进入市场的过程、刺激消费者的购买欲望、抵御和击败竞争对手的促销活动以及影响中间商的交易行为。营业推广的工具多种多样,推广对象包括对消费者、中间商和推销人员三种类型。营业推广的计划包括建立营业推广的目标、选择营业推广的工具、制定营业推广方案、实施营业推广方案和评估营业推广的效果。

5.公共关系

公共关系是指一个企业为改善与社会公众的联系状况,增进公众对企业的认识、理解与支持,树立良好的企业形象,采用非付费方式而进行的一系列信息传播活动。公共关系的作用包括有利于塑造企业和产品的良好形象、有利于赢得顾客、有利于开展创造性销售活动、有利于化解危机。公共关系促销的方式有创造和利用新闻、举行各种会议、参与社会活动和建设企业文化。

关键术语与概念

促销　促销组合　推式策略　拉式策略　人员推销　试探性策略　针对性策略
诱导性策略　广告　营业推广　公共关系

复习与思考

1.促销的含义是什么?

2.列出不同促销方式的异同点。

3.人员推销有什么特点?

4.什么是广告?广告有哪些作用?

5.营业推广适合的产品有哪些?其主要形式有哪些?

6.简述企业如何通过公共关系进行促销。

案例分析

案例一:降价费,送宽带,运营商抢占校园市场

2010年9月学生开学,陕西庞大的校园市场让省内运营商不敢怠慢。从8月中旬开始,陕西省内三家运营商结合3G的热点业务,通过多种融合业务向学生市场进行全方位促销。

1.手机月,校园群内通话降至0.05元

对于学生而言,话费仍是最敏感的消费因素,为此今年运营商在话费的促销策略上也更加放开手脚,促销尺度普遍放开。

开学期间,陕西移动"动感地带"套餐在全省各地市全面推行,西安地区的套餐将推出三个版本,无论哪个版本,月基本费最低都为16元,其中杨凌地区最低,只有9元。陕西移动"动感地带"校园基站内主叫为0.1元,基站外主叫为0.25元,校园群内通话为0.06元。

陕西电信的校园套餐则不分任何版本和地区,月基本费均为9元,在月基本费降低的同时,学生在拨打电话时,主叫和漫游的费用今年也有所降低。校园基站内拨打主叫每分钟为0.1元,基站外为每分钟0.22元,如果是校园群内通话则降低至0.05元。

陕西联通的新势力的两款套餐的月基本费为10元和13元,校园基站内和基站外主叫分别为0.1元和0.22元。

2.办理套餐,宽带上网免费送

陕西移动在"动感地带"套餐包中加入了两项支持手机高速上网的促销政策:一是针对不同版本赠送从30M到80M不等的GPRS流量,方便学生登录G3网络在移动互联网上冲浪;在此基础上,还针对不同地区的学生用户赠送省内30小时WLAN无线上网,通过两种上网方式的补充以增加学生对数据业务的利用率。

陕西电信的校园套餐中,每月含有50M的上网流量,同时由于天翼手机本身融合校园宽带业务,因此学生在办理套餐时,还可以获赠20小时的校园宽带时长,两者相互补充,基本上满足了学生利用手机上网的需求。

同移动和电信相比,陕西联通今年主打36元和66元的数据套餐卡,用户需要预存36元和66元费用,一个月内可以使用最高150M的流量。

3. 赠短信仍是学生最爱

除了传统的语音业务和流行的数据业务之外，通过短信沟通目前仍然很受学生的欢迎，很多学生办理套餐业务仍然看重每月赠送的上百条短信。

陕西移动"动感地带"今年根据不同地区和套餐版本，短信赠送量从120条到180条不等，同时还附带有彩铃、飞信、来电显等数据业务。陕西电信在短信方面实行的是短信包模式，即1元包100条，5元包200条，同时每月还推出3元包天气预报和10元包QQ。陕西联通则为10元包180条，20元包400条，所有这些结合学生需求的数据增值业务都可以让学生自由选择。

短信包的增多可以让学生免去大量的漫游话费，但仍有不少学生会在逢年过节期间和远在外地的亲人通话。为此，陕西移动、陕西电信以及陕西联通在漫游业务上今年依然实行一费制，移动、联通用户在拨打时，需加拨IP号，电信用户可拨打201校园卡。

问题：

（1）三大电信运营商都采取了哪些促销策略？

（2）结合实际，试对运营商的促销策略进行评价。

资料来源：杨刚. 降价费 送宽带 运营商抢占校园市场[N]. 华商报，2010-09-02.

案例二：海尔开拓马来西亚市场的两个促销活动

印度洋海啸灾难牵动着海尔的心。2005年1月1日，"海尔马来西亚捐助海啸灾难基金会仪式"在马来西亚联邦大道旁的ARMADA酒店成功举行，几百台海尔产品在当地海尔经销商中进行现场义卖，共计82700林吉特（约计人民币177000元）的赈灾款当场捐给灾区，体现海尔真诚回报社会的情怀。

此次活动引起了当地政界、经济界、媒体和经销商的高度关注，尤其是当地媒体对海尔慈善活动的报道更是好评如潮。NTVT综合电视台在马来西亚语的黄金档新闻中，播放了长达1分半钟的记者在现场采访的义卖活动，《星洲日报》《南洋日报》《中国报》《光明日报》《星报》（马来西亚最大英文报纸）等报刊均用大篇幅报道海尔的义举。海尔成了马来西亚家喻户晓的品牌，成功打进了市场。

2004年9月，海尔洗衣机在马来西亚举办了"海尔全球情"——为您至亲送"精洗"的活动，只要当地人在马来西亚任何地区交款订购，就可以给远在美国、日本、新加坡、泰国等地的亲朋好友送上一件最好的礼物——海尔双动力洗衣机。海尔在各地各国的营销公司可以快速地将洗衣机配送到位。

"您好！请问这是香港黄老先生家吗？我是海尔洗衣机香港地区的服务员，现在上门给您安装海尔洗衣机，时间方便吗？""安装洗衣机？我们没有买洗衣机呀？""是这样的，您在马来西亚的儿子黄文良先生在当地为您买了一台海尔洗衣机作为圣诞礼物。海尔最近开展了'海尔全球情'异地送货业务，从香港给您送货！"身在香港的黄先生怎么也没有想到，在马来西亚的儿子通过海尔的电子商务，将一份特殊的圣诞礼物——海尔双动力洗衣机在圣诞节前送到家里。许多在马来西亚工作的顾客因工作忙，圣诞节无法回家，而很多人又想送亲朋一个圣诞惊喜，"全球海尔情"帮他们圆了这个梦。

"全球海尔情"营销活动从马来西亚发起后，电话咨询购买海尔双动力洗衣机的马来亚消费者络绎不绝。海尔这次大型营销活动让经销商了解了海尔的国际实力，纷纷主动找到海尔并要求全力支持海尔洗衣机。2004年11月,马来西亚经销商追加的海尔洗衣机订单量是10月份的5倍,大大促进了洗衣机的销售量。

问题:

(1)海尔采取了哪些促销策略?

(2)试比较海尔促销策略的优缺点。

资料来源:孟韬,毕克贵.营销策划[M].北京:机械工业出版社,2009.

营销实训项目

1.实际了解广告与市场推广

【目的】

实地体验与操作广告的设计与市场推广策略的制定。

【内容】

(1)以本章后的案例"降价费,送宽带,运营商抢占校园市场"为依据,选择中国移动的"动感地带"或中国联通的"新势力"品牌,对它们进行调查和研究,了解其在校园内的广告、营业推广策略,并评估其效果及差异。

(2)以校园的学生为目标市场,为"动感地带"、"新势力"设计广告语和校园推广策略。

【要求】

(1)按教学班级进行分组,每组5～10个人,按组进行调查。

(2)与本章教学内容同步进行。

(3)对中国移动、中国联通的校园促销活动进行资料收集。

(4)撰写300字左右的广告及推广方案。

2.模拟产品推销

【目的】

通过创设模拟情境,让学生积极参与,从而掌握人员推销的特点、步骤,了解推销活动过程,掌握人员推销技巧。

【方案】

(1)选择具体的推销产品,如饮料、小家电、化妆品等。

(2)选择两名学生,一人扮演消费者的角色,另一人扮演推销员的角色,在大家面前表演如何进行产品的推销。

【要求】

(1)学生自主组合。

(2)一次模拟推销结束后,两人角色互换,再模拟一次推销活动。

(3)两人分别从消费者和推销员的角度对推销活动进行评述。

(4)总结推销活动策略和技巧。

营销实践练习

1.选择当地一家大型零售商,如家电、服装、食品等,收集其在特定时间(如春节、国庆节等)的促销资料,判断其促销手段的种类,分析其广告创意战略、诉求重点及其可能的效果,并撰写一份分析报告。

2.选择国内一家著名的消费品制造企业,登录其网站,了解该企业的促销策略,探讨该企业在促销策略上的成功之处。

3.去商场购买一件自己需要的产品,详细记录营业员是如何向自己推荐和介绍产品的。

4.分析李宁公司的广告语"Make The Change(让改变发生)"。

5.分析当地大卖场节假日常用的营业推广方式。你认为这些措施有效吗？为什么？

6.描述你所熟悉的一家企业的公共关系策略。

7.对当地一个小企业主进行访问,了解他是怎样制定促销预算费用的?

8.给你留下深刻印象的企业促销活动有哪些?

9.美国一食品公司罐头滞销,请营销专家帮忙想招。营销专家出的方法是,在罐头上印上谜语,注明:谜底在罐头底,吃完罐头便可得知。产品包装生动活泼,富有情趣,很快,滞销的产品成了热销产品。假如请你出招,你有何良策? 每人想出三个。

营销模版

促销策划书的撰写

当促销活动各项计划确定之后,必须按一定的规则将其文案化,以指导促销活动的实施。促销策划书的撰写,没有固定不变的模本,一般而言,一份完整的促销策划书主要包括以下内容:

一、市场调研分析

(一)总则

(二)促销调研报告

(三)市场预测与建议

二、促销目标

促销目标涉及促销的市场目标、财务目标等多个方面。有时只确定总体目标就可明确责任,有时则必须对整体目标进行分解后才能明确责任。

(一)总体目标

(二)目标分解

三、促销提案

(一)方案细则

1.促销主题

2.促销时机和持续时间

3.促销对象

4.促销地点(区域)

5.促销产品

6.促销工具与选择

表 10 - 5 促销组合工具中的常用要素

广告	人员推销	营业推广	公共关系
电视广告	销售展示	比赛、游戏	媒体报道
印刷广告	销售会议	抽奖、奖券	演讲
广播广告	奖励	免费赠送样品	出版物
翻牌广告	样品	演示	研讨会
广告牌	拜访顾客	展示	公益活动
招牌	展览会	折价券	慈善捐款
外包装		低息贷款	游说
随包装广告		招待会	年度报告
宣传手册		以旧换新	企业刊物
招贴和传单		搭配商品	标识宣传
企业名录		奖励、赠品	关系
视听材料		回扣	捐赠
标志图形		交易会	

7. 促销媒介

8. 促销活动方式

(二)活动详细说明

四、广告配合方式

五、公关宣传配合方式

六、促销预算

(一)预算计划

确定促销的总预算和各项分类预算,包括管理费用、促销费用、附加利益费用,以及预算适用的原则、要求和预算管理办法等。

(二)资金费用来源

七、附录

网站资料访问

1. 建立价值导向型的整合营销传播策略

http://info. ceo. hc360. com/2006/09/05081428270. shtml

2. 神州数码整合营销传播策略方案

http://down. manaren. com/yingxiaoguanli/jzdsfx/200810/41550. html

3. 剖析屈臣氏促销案例

http://info. txooo. com/Sell/2 - 965/1343913. htm

4. 促销组合中人员推销的定义和特点

http://www. mba163. com/mryc/xgwz/200607/66031. shtml

5. 一次成功的推销不是一个偶然发生的故事

http://www. niwota. com/submsg/6411960

6. 吴晓波:未来 5 年是广告业机遇期

http://www.cnad.com/html/Article/2010/1008/20101008161017474.shtml

7.消费品市场的营业推广策略探析

http://www.qikan.com.cn/Article/qyjj/qyjj200601/qyjj20060112.html

8.公关策划的常见模式

http://abc.wm23.com/wangluoyingxiao1/43923.html

9.安利品牌分析及中国安利公共关系策略

http://finance.qq.com/a/20070108/000391.htm

第十一章
服务营销策略

学习要点

1. 准确理解服务和服务营销的概念
2. 了解服务营销的原则
3. 了解服务运营管理系统
4. 掌握服务质量的概念及评价标准
5. 理解并运用各种服务营销组合策略

引导案例

我们卖的不是汉堡包，而是服务

提供清洁幽雅的就餐环境，是麦当劳营业场所追求的目标。麦当劳餐厅布置典雅，适当摆放一些名画或卡通玩具，播放轻松的乐曲，顾客在用餐之余还能得到优美的视听享受。

麦当劳认为，从心理学的角度出发，人们仅是需要有一个舒适的用餐环境。也就是说，现在越来越多的人已经不再出于自身的生存需要，不仅追求吃饱，而是要求吃得更好，这个"好"，自然包括用餐环境的舒适，即令人能吃出情调，充分享受吃的愉悦。

由此出发，麦当劳餐厅的店堂布置就相当讲究，尽量做到让顾客觉得舒适自由。在麦当劳餐厅，很少看到桌椅单调地一排排摆放着，它的每一副桌椅的设置都颇有特色：或倚窗、或绕墙，这里转弯，那里围成一圈，即使是堂内中间的座位，也尽可能形成一个独立的天地。这种座位与座位在餐厅布局上的独立性，理所当然地派生出顾客在用餐时的雅兴，令你在有限的空间里享受到个人自由。你既可以对窗而坐，边吃边看街景，也能与一群朋友同桌进食谈笑风生。

麦当劳懂得，要吸引顾客，不仅要向顾客提供美味的食物，而且要向他们提供舒适的用餐环境。然而，把优质的服务和良好的环境作为"商品"出售，也必须花样翻新、色彩斑斓才行。

总之，麦当劳为顾客就餐提供整洁、优雅、舒适的环境，使顾客忘了吃廉价汉堡包的平淡感，而总是被这种欢迎的气氛感染着，自然就会一次次地"回头"光临。

问题：

1. 麦当劳是靠什么来招揽顾客的？
2. 麦当劳是从哪些方面入手做好服务的？

资料来源：顾青，赵亚翔，姚长佳.市场营销[M].大连：大连理工大学出版社，2006.

服务营销是服务业市场营销的简称，是市场营销的一般原理在服务业这个特殊领域的应用，是为充分满足消费者需要在营销过程中所采取的一系列活动。认识服务营销的特点和规律，研究如何制定有效的服务营销策略，是提升企业营销竞争力的重要方面。

第一节　服务营销概述

一、服务的含义、类型及特点

(一)服务的含义

服务完整地讲应是为顾客服务。作为从产品的整体概念中延伸出来的服务,其对象及内容出现了新的变化。它不仅包括对现实顾客的服务,而且也包括对潜在顾客的服务;不仅要提高顾客的现实的(售后的)满意程度,还要提高预期的(售前的)满意程度。

关于服务的定义,有过许多不尽相同的表述,营销学鼻祖菲利普·科特勒把服务定义为:"服务是一方向另一方提供的基本上是无形的任何活动或利益,并且不导致任何所有权的转移。它的生产可能与某种有形产品密切联系在一起,也可能毫无关联。"

从上述定义可见,服务所提供给顾客的,基本上是无形的活动或利益,是一种或一系列行为。这个定义是指广义的服务,既包含营利性的服务行业所提供的服务,也包含非营利性组织所提供的服务,如政府通过公立学校、医院、警察、消防、市政、邮政等部门提供的服务,以及教堂、博物馆、慈善团体所提供的公益活动等。狭义的服务仅指营利性的服务行业所提供的服务。本章重点介绍狭义服务的有关内容。

(二)服务的类型

(1)纯粹的有形产品,即前面所谈及的"产品"概念(狭义的服务定义不包括这层意思)。

(2)伴随着服务的有形产品,即旨在提高有形产品对于目标顾客的吸引力,如现在的空调产品一般提供一年以上的免费售后服务。

(3)有形产品与服务的混合,如麦当劳所提供的服务显然属于这一类别。

(4)主要服务伴随着小物品和小服务,如航空公司在飞行途中为乘客提供免费的快餐。

(5)纯粹的服务,如理发、照看小孩等。

营销思考 11-1

服务的类型有哪些?

(三)服务的特点

1.无形性

服务在售出之前是无形的,看不到、摸不着。顾客在购买和消费之前,很难掌握服务的质量,营销者也很难把服务质量准确地展示和描述出来,如购买美容服务的顾客,只有在过程结束后才能看到效果。即使同一种服务,不同的顾客或同一顾客在不同的时间、地点,往往会有不同的感受和评价。例如,对于一部影视作品,不同的人有不同的感受;同一个人因时间、地点不同,心情不同,也会有不同的感受。服务的营销者应努力增加无形产品的有形成分,使服务在一个或几个方面有形化,如服务场所、设备、人员、宣传资料以及价格都可在一定程度上使服务有形化,有助于顾客对服务质量作出判断。其中,企业和品牌的优良形象、顾客的口碑具有更加重要的作用。

营销案例 11-1

泰国东方饭店

在世界十大饭店之一的泰国东方饭店,你也许从未看过他们的服务员一眼,但他们却知道你是个有价值的老客户,他们会把你提升为头等客户,优先给你提供服务。楼层服务员在为你服务的时候叫出你的名字,餐厅服务员会问你是否会坐一年前你来的时候坐过的老位子,并且会问你是否需要一年前你点过的那份老菜单。当你到了生日,还可能收到一封他们寄给你的贺卡,并且告诉你,他们全饭店都十分想念你。

泰国东方饭店几乎天天客满,不提前一个月预定很难有入住机会。用他们的话说,只要每年有十分之一的老顾客光顾饭店就会永远客满。非常重视培养忠实的客户,并且建立了一套完善的客户关系管理体系,这就是东方饭店成功的秘诀。

资料来源:李红梅.市场营销实务[M].北京:电子工业出版社,2009.

2. 不可分离性

不可分离性指服务不能与服务的提供者分离,无论提供者是人员还是机器。有形产品通常是先生产、储存,然后销售,最后消费。与此相反,服务是先销售,然后生产和消费同时进行,顾客在一定程度上参与生产过程。或者说,服务在生产过程的同时也就是消费过程,二者不可分割。因此,服务提供者和消费者相互作用是服务营销的另一大特征。服务的这一特征,决定了它在销售和消费之前,无法实行事前的质量控制,传统的营销管理和质量管理对服务型企业不尽适用。

3. 差异性

差异性也叫不一致性。服务的质量取决于服务人员、时间、地点和条件。例如,一家旅游饭店有若干服务人员,他们的服务态度、技能不可能完全一样,即使是同一服务人员,在不同的时间、地点和条件下,所提供服务的质量也往往有所不同。此外,提供者和顾客之间的相互关系、相互作用,也会影响服务的效果。所有这一切,都使服务的质量具有不稳定性、可变性和差异性,更难像有形产品那样实行标准化生产。因此,服务企业对服务质量的控制和管理格外重要,尽力保持服务质量的良好和稳定,是一切服务企业的不懈追求,是服务企业生存和发展的关键所在。

4. 不可储存性

不可储存性也叫易腐性。由于服务的生产和消费是同一过程,所以服务是不可储存的。

营销资料 11-1

泽斯曼尔说"易腐性"

易腐性是作为这样一个事实被提出来的,即服务不可能被保全、储存、再次出售或退还。飞机或餐馆里的一个座位,一小时作为一个出售价。再如电话线的容量不用时不可能被收回成本或在以后再来出售,或者消费者不喜欢可以退货。这是和可以被储存在库房里的商品第二天再出售来作对比。难道一次不愉快的理发服务可能退货和出售给另一个顾客吗?

资料来源：Valarie A. Zeithaml，Mary Jo Bitner. Services Marketing［M］.北京：机械工业出版社，1998.

宾馆在淡季没有售出的房间，其价值自然消失，不能储存到旺季再增加供给。因此，对服务企业来说，调节不规则需求是一个非常重要的问题。在淡季需求不足时，服务人员和设备都相对过剩；而旺季需求饱和时，又会供不应求。营销者应通过定价、广告等各种营销手段，努力使供求趋于平衡。

以上服务的四个特点中，最根本的特点是服务的无形性，其他特点都是由此派生的。也正因为服务是无形的、非实体的，所以一般不会产生所有权的转移。

二、服务营销及其指导原则

（一）服务营销及构成要素

服务营销是一种通过关注顾客，进而提供服务，最终实现有利的交换的营销手段。服务营销的特殊性，决定了服务营销由三个重要因素组成，即公司、顾客和服务提供者，它们之间又形成了三个营销活动，即内部营销活动、外部营销活动和互动式营销活动。它们之间形成了一个服务营销三角形，如图 11-1 所示。

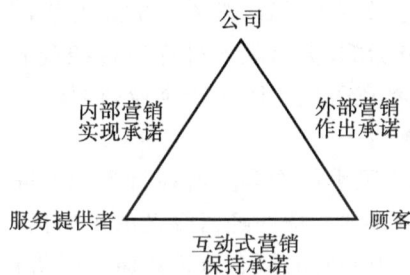

图 11-1　服务营销三角形

对于服务来说，由三角形的三条边代表的三项营销活动，这些活动都涉及作出并保持对顾客的承诺，这是服务营销成功的关键。

（二）服务营销与传统营销的比较

同传统的营销方式相比较，服务营销是一种营销理念，企业营销的是服务，而传统的营销方式只是一种销售手段，企业营销的是具体的产品。在传统的营销方式下，消费者购买了产品意味着一桩买卖的完成，虽然它也有产品的售后服务，但那只是一种解决产品售后维修的职能。而从服务营销观念理解，消费者购买了产品仅仅意味着销售工作的开始而不是结束。企业关心的不仅是产品的成功售出，更注重的是消费者在享受企业通过产品所提供的服务的全过程的感受，如图 11-2 所示。

这一点也可以从马斯洛的需求层次理论上理解：人最高的需求是尊重需求和自我实现需求，服务营销正是为消费者（或者人）提供了这种需求，而传统的营销方式只是提供了简单的满足消费者在生理或安全方面的需求。随着社会的进步，居民收入的提高，消费者需要的不仅仅是一个产品，更需要的是这种产品带来的特定或个性化的服务，从而有一种被尊重和自我价值

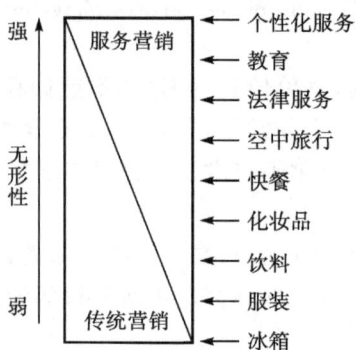

图 11-2　服务营销与传统营销的比较

实现的感觉,而这种感觉所带来的就是顾客的忠诚度。服务营销不仅仅是某个行业发展的一种新趋势,更是社会进步的一种必然产物。

(三)服务营销的指导原则

1. 集中优势竞争资源原则

服务产品缺乏专利保护,易于模仿,竞争优势很容易丧失。因此,成功的服务营销必须有利于优势竞争资源的不断聚集。如企业特色服务的推陈出新,不断增加顾客的新价值;企业及时利用最新服务技术,提高质量标准,突出服务过程质量控制和改善,提高顾客的认同感和满意度;聘用更优秀的服务员工,将竞争优势固化于企业内部。

2. 为潜在顾客提供服务原则

成功的营销策略必须有利于吸引绝大多数潜在目标顾客进入服务。扩大市场覆盖是一种显而易见的策略,诸如增开分店、结盟、特许经营等老的策略仍广泛应用,而现在的新企业已开始把目光转向以新技术、新服务为导向的概念营销策略和以价格策略为中心定位的促销策略,并收到良好的效果。

3. 增加有效接触原则

成功的营销策略必须有利于增加顾客与服务产品本身或服务员工的接触。这一原则是目前制定无形产品有形化策略和服务人员促销策略的核心所在,是克服服务无形性带来的购买障碍的关键。看得见、感觉得到的服务产品更容易让顾客满意,形成品牌忠诚,确立服务形象。

4. 调节供给与需求相平衡原则

供求调节策略是一系列分支策略的组合形式,由于它直接影响和体现着企业成本效益和经营能力,一般而言,应当以供求调节策略为基础来反推其他策略,如当供求调节策略中的价格因素与价格策略相抵触时,通常优先考虑供求平衡。

5. 建立服务信息系统原则

服务营销信息系统代表了服务营销未来的发展方向。信息系统的先行者所确立的竞争优势是对手很难模仿和赶超的,这种优势体现为更容易地收集市场信息、辅助战略决策,更轻松地形成对手进入和顾客离开的壁垒,更完善地串联由服务企业—中间商—顾客组成的供应链体系。

营销思考 **11-2**

服务营销有哪些指导原则？

第二节　服务运营管理

一、服务运营系统

(一)服务运营系统的概念

随着社会经济的发展,各国的产业结构都在发生变化。其中一个共同趋势是,服务业在一个国家国民经济中所占的比重越来越大。在欧美等发达国家,服务业的产值、服务业所占据的劳动人口的比重都已经接近甚至超过了总量的 2/3。因此,如何加强对服务业企业的运营管理就成为一个越来越重要的问题。

服务运营是指服务企业的存在、发展和日常运作,包括组织目标、顾客和员工接触管理、供求关系、产品设计、服务传递过程、质量、营销、人力资源、利润链等,是整个一项服务的前台和后台运作过程。对于服务产品生产与传递过程,运营管理所要考虑的是产品的生产(即服务的传递)、前后台协调、对外营销,还有企业的人力资源、技术装备、利润与财务等。

(二)服务运营系统的构成

在一项服务的运营系统中,有些要素呈现在顾客的面前,顾客接受服务时是可见到的;有些要素则隐藏于后台,顾客可能不知道也不关心它们是否存在。服务运营系统如图 11-3 所示。

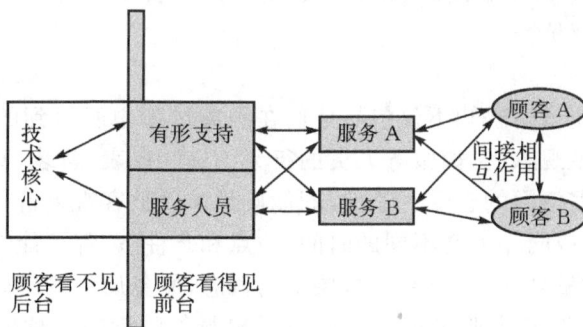

图 11-3　服务运营系统图

从图 11-3 中可以看到,服务运营系统被一条可视分界线划分为前台和后台两个部分。前台是顾客可见的部分,包括有形支持、服务人员、服务内容的传递和其他顾客等;后台是顾客不可见的部分,顾客甚至不知道它的存在,包括技术核心。

以麦当劳生产汉堡包的过程为例。后台(厨房)必须在营业高峰期之前准备好面包、牛肉饼、鸡肉饼、黄油、烹调用油、调料等要素(原料);在前台(服务场景)中,员工与顾客进行互动

(点餐),按照顾客的要求,几乎同步地将上述原料迅速组装成最终产品(如巨无霸或麦香鸡汉堡包)供顾客消费。麦当劳根据销售经验会事先做好有限数量的汉堡包以更快地满足顾客,但是如果汉堡包上架超过十分钟仍然未售出,按照标准必须将其丢弃。从这一标准看,麦当劳的观念中产品的生产和消费应该是同步进行的。

在服务运营系统中,通常要决定可见部分的比例,就是应该让顾客看到什么,哪些需要避开客人的视野,这取决于服务提供者与顾客的接触程度。来饭店就餐的顾客可能看不见厨房,除非餐馆采用敞开式的厨房(明厨)。明厨要求厨房环境和厨师看上去必须极其整洁和专业,这对顾客的感知至关重要,而要始终如一地做到这一点又十分困难,许多厨师拒绝在这样的环境中作业。不过,在生活中还会看到有的拉面馆也会刻意将员工精湛的拉面技巧展示在顾客面前。

二、服务质量管理

(一)服务质量的基本概念

服务质量是指顾客对实际得到的服务的感知与顾客对服务的期望之间的差距,它是一个主观范畴,取决于顾客对服务的预期质量和实际感知质量之间的对比。在顾客感知质量达到或超过预期质量时,顾客就满意,从而认为服务质量较高;反之,则认为服务质量较低。

消费者对服务质量的好坏的感受是难于评估的。消费者对服务质量的认知,取决于他们的预期质量与在消费过程中实际感受到的质量的比较。由于参与生产过程,消费者对服务质量的评估不仅要看服务结果如何,而且要看服务过程的好坏。消费者对服务质量的认知有两个基本的方面:

1.技术质量

技术质量是指消费者从服务过程中所得到的东西,也即服务过程的产出,如餐馆的饭菜是否可口,医院是否药到病除,列车是否准点等。对于这一层面的服务质量,消费者容易感知,也易于作出相对客观的评价。

2.职能质量

消费者对于服务质量的感知不仅包括他们在服务过程中所得到的产出,而且还包括其在接受服务的过程中的主观感受,如服务人员的行为、态度、仪表、着装,甚至一言一笑、举手投足都可能会让消费者有着不同的感受。显然,职能质量难以被客观评价,它更多地取决于消费者的主观感受,不同的人或同一人在不同的时间、地点和条件下,都可能有不同的感受。

由上可见,服务质量是一个复杂的、多层次的概念,服务质量管理较有形产品的质量管理,难度要大得多。因此,服务企业必须认真研究影响服务质量的各种因素,加强服务质量的控制,不断提高服务质量。

营销思考 11-3

提高一个企业的服务质量需要从哪些方面入手?

（二）服务质量的评价标准

1.可靠性

可靠性是指服务方可靠、准确地履行服务承诺的能力,可靠的服务行动是顾客所希望的。感知服务质量同顾客的预期是分不开的,顾客总是把两者加以对比,如果感知服务达不到预期服务的质量,顾客就不会满意,并很可能永远不再接受这家公司所提供的服务。

2.响应性

响应性是指能及时响应顾客的需求提供服务。不能及时响应顾客的需求,让顾客等待,特别是无原因的等待,会对质量感知造成不必要的消极影响。出现服务失败时,服务方应迅速采取补救措施以减轻其给质量感知带来的消极影响,如误点的航班给乘客提供一份额外的点心。

3.保证性

保证性是指员工所具有的知识、经验、人格、修养等确保其提供合格服务的能力。

4.移情性

移情性是指服务方设身处地为顾客着想和对顾客的需求给予特别的关注。

营销案例 11-2

郑州"海底捞"

这两年在郑州的餐饮市场上"海底捞"可是名头响当当,不是因为它的菜有多么的好吃,价格多么有诱惑力,而是它提供给顾客上帝一样的服务。从客户的车子到其任何一家门店开始,顾客就享受到在其他地方完全不一样的待遇:保安及时给你拉开车门护送你下来直到大厅门口,然后有服务员问你的就餐人数等情况。倘若现在没有位置而你又愿意等的话,会有一张类似酒吧的小桌子供你等候,提供一些休闲零食和豆浆,当然这些都是免费的;你也可以打打牌或者到门口免费的擦鞋区擦鞋打发光阴;如果等的时间超过 30 分钟,会享受 9 折优惠……仔细观察,几乎所有来的人都会选择等一会而没有立即走;服务员的工作从来都是充满热情的,感觉不到虚假;几乎没有看到过"海底捞"的服务员和客户发生争执等。

从这些点点滴滴的精心之举我们感悟到:服务,只有打动消费者,切实地贴近顾客需求,才会产生巨大的魅力及作用。

资料来源:李红梅.市场营销实务[M].北京:电子工业出版社,2009.

5.有形性

有形性是指有形的设施、设备、人员和沟通材料的外部形式。有形的环境条件是服务人员对顾客更细致的照顾和关心的有形表现。对这方面的评价(如洁净)可延伸至包括其他正在接受服务的顾客的行动(如旅馆中隔壁房间喧哗的客人)。

期望与感知之间的差距是服务质量的量度,从满意度看,既可能是正面的也可能是负面的。顾客从这五个方面将预期的服务和接受的服务相比较,最终形成自己对服务质量的判断。

（三）服务质量的管理

1.服务质量差距管理

服务质量是一项综合性的复杂课题,它包含着五个标准来解释:可靠性、响应性、保证性、移情性和有形性。运用这些标准是基于顾客的预期服务和体验服务两者间的不同,这就引入了服务质量差距的概念。

(1)消费者预期与管理者认知之间的差距。企业管理者对顾客需要的认知,并不一定总是正确的。例如,医院管理人员可能认为医院伙食是病人最关心的,其实病人最关心的是护士的服务。产生这种差距的原因,主要是对服务需求的调研不够,信息不准确,或是信息在传递过程中失真或丢失。这可能与企业的管理体制和组织结构有关,需要调整改革。

(2)管理者的认知和服务质量规范之间的差距。管理者对顾客的需要认知准确,但没有建立特定的服务标准。例如,银行的管理者要求柜台服务人员工作准确迅速,但没有具体标准,难以执行和监督。解决这种差距需要明确、细化服务规范。

(3)服务质量规范和服务提供之间的差距。这种差距是由服务人员所提供的服务达不到质量规范的要求所致。其产生的原因很多,可能是员工培训不足,能力不够,或过度疲劳,或不愿达到该规范,或规范本身有矛盾,缺乏可行性。克服这种差距,应加强内部营销、内部培训、内部沟通。

(4)服务提供与外部沟通之间的差距。实际服务与广告宣传中的承诺不符,即名不副实。例如,一家旅馆在宣传材料中展示的房间十分豪华舒适,而实际上已破旧不堪,顾客抵达后一定会不满意。产生这种差距的原因就在于传播失实,误导了顾客的期望。主要措施是改进营销传播,信守承诺。

(5)感知服务和预期服务的差距。这是最主要的差距,是上述各种差距的最终结果。

明确以上这些差距,是企业制定战略、策略,以及保证期望质量和感知质量一致的理论基础。差距管理模式,可使管理者发现质量问题的根源,从而采取改进措施。

营销思考 11－4

各类服务质量差距产生的主要原因是什么?

2.服务的需求与供给管理

服务提供能力和需求管理是服务业提高营销效率的重要内容。

(1)需求调节。需求调节的主要方法有:①用差别定价的办法转移需求。例如,电影院的早场和晚场电影,票价不同;餐厅的午餐和晚餐定价也不同,因为晚间业余时间需求量大,定价可较高些。②开发非高峰时间的需求。例如,麦当劳开办早餐服务。③开展需求高峰时的补充服务。例如,游乐场所为排队等待的游客提供座椅、饮料;理发店为等待者设休息室,摆放书报杂志。④广泛实施预约制度。如诊所看病可事先电话预约;旅行可预订机票、车票,旅馆可预订房间。

(2)供给调节。供给调节的主要方法有:①在需求高峰时段,雇用兼职服务人员。例如,游乐场所在节假日雇用临时服务人员。②在需求高峰时段,调整服务程序,提高服务效率。例如,医院在繁忙时可由医辅人员协助医生做些辅助工作。③鼓励顾客更多地参与自我服务。例如,餐厅服务员不足时,可请顾客自己写菜单。④联合购置共用的服务设备。有些大型昂贵的服务设备,利用率不高,可由几家服务组织共同使用,如大型医疗设备可由几家医院或诊所共同使用。

3.提高服务的生产效率

服务生产效率的高低,决定了服务企业效率的高低。改善和提高服务生产效率的方法有:

(1)服务企业可通过培训提高员工服务技术水准和服务生产效率,也可雇用服务技术更高、工作更积极而报酬相同的新人。

(2)某些服务组织可放弃一些质量来增加服务数量。例如,保健医生可适当减少用在每个病人身上的时间,以照顾更多的病人。

(3)增加服务设备,并使服务过程标准化,以节约服务时间。例如,商用洗碗机可减少服务人员,提高生产效率。

(4)服务企业可广泛利用新技术来提高服务效率。例如,利用电脑存储和提取顾客信息,以电子邮件定向促销,可提高服务效率,降低成本,提高消费者的满意度。

营销资料 11-2

改进服务质量的建议

(1)倾听——通过不断地了解顾客以及非顾客的期望来了解顾客的真正需求(例如:通过服务质量信息系统了解)。

(2)可靠——可靠是衡量服务质量最重要的标准,是优质服务的体现。

(3)基本服务——服务公司必须以此为基础并且做他们应该做的。例如:保持承诺,运用常识,倾听用户需求,让用户获得必要消息,并且保证让用户体验到价值。

(4)服务设计——在管理服务的众多细节的同时发展服务的整体观念。

(5)意见反馈——为了使那些遇到服务问题的顾客满意,服务公司应该鼓励顾客多提意见(并且要让顾客能够方便地提出意见),并且快速而且人性化地回应顾客的意见以及建立一套意见反馈系统。

(6)使顾客惊讶——尽管在顾客的服务期望中可靠是最重要的衡量标准,而要超越顾客需求(例如:服务承诺、响应性以及人性化)就需要分析顾客的满意标准。例如:通过迅速的反馈速度、额外的优惠、礼貌服务、承诺以及对于顾客的了解,来使顾客感到惊讶。

(7)公正——服务公司必须采取特殊的措施来保证顾客和员工之间的公平。

(8)团队合作——团队合作能够使得大集团通过改进员工工作动力和能力来提高服务。

(9)员工研究——对员工进行研究揭示了服务问题为什么发生以及公司为解决问题必须做什么。

(10)领导的作用——高品质的服务来自于组织中领导的激励,良好的服务系统的设计,信息和技术的有效运用,以及一个长期的、无形的、有力的、全面的力量即企业文化。

资料来源:菲利普·科特勒,凯文·莱恩·凯勒.营销管理[M].梅清豪,译.12版.上海:上海人民出版社,2006.

第三节 服务营销组合及组合策略

一、服务营销组合的含义

传统的营销组合，一般是指 4P 营销组合，即产品（product）、价格（price）、渠道（place）和促销（promotion），主要适合于制造业。在服务业从制造业导入市场营销的过程中，4P 营销组合也被服务业所采纳，并且对提高服务业的营销水平起到一定的作用。4P 营销组合确实在一定程度上反映了市场营销的普遍规律，因此，4P 营销组合在过去、现在乃至将来都是服务营销组合的基础。

营销资料 11 - 3

"7P"服务营销组合

传统的"4P"营销组合主要适用于有形产品的营销。布恩斯（Booms）和比特纳（Bitner）两位营销专家认为，对服务营销来说，在"4P"之外，还需要增加人（people）、有形实证（physical evidence）和过程（process）这三个 P。

1. 人

在服务企业担任生产或操作性角色的人，在顾客看来其实就是服务产品的一部分，其贡献也和其他销售人员相同。大多数服务企业的特点是操作人员可能担任服务表现和服务销售的双重任务。因此，市场营销管理者必须和作业管理者协调合作。企业工作人员的任务极为重要，尤其是那些经营"高接触度"的服务业务的企业。所以，市场营销管理者还必须重视雇用人员的甄选、训练、激励和控制。此外，对某些服务而言，顾客与顾客间的关系也应引起重视，因为，某顾客对一项服务产品质量的认知，很可能要受到其他顾客的影响。

2. 有形实证

有形实证会影响消费者和顾客对于一家服务企业的评价。有形实证包含的要素有：实体环境（装潢、颜色、陈设、声音），装备实物（比如汽车租赁公司所需要的汽车）以及其他实体性线索，如航空公司所使用的标识，干洗店将洗好衣物加上的"包装"等。

3. 过程

人的行为在服务企业很重要，而过程（即服务的递送过程）也同样重要。表情愉悦、专注和关切的工作人员，可以减轻必须排队等待服务的顾客的不耐烦感，还可以平息顾客在技术上出问题时的怨言或不满。整个系统的运作政策和程序方法的采用、服务供应中的机械化程度、员工决断权的适用范围、顾客参与服务操作过程的程度、咨询与服务的流动等，都是市场营销管理者需特别关注的事项。

资料来源：顾青，赵亚翔，姚长佳.市场营销[M].大连：大连理工大学出版社，2006.

二、服务营销组合策略

(一)服务的产品策略

1.发展多样化服务

如国内某些航空公司以航空为主,但也涉及旅游、广告、宾馆、餐饮、商业、外贸和房地产等,建立了"大航空"、"大旅游"的服务体系。

2.开发新的服务

如商业银行将原来的活期和定期存款的优点融合起来,推出"个人通知存款"等新的存款服务。

3.重视提高服务质量

重视提高服务质量即提升服务人员的服务观念和技能水平、提高服务工具的技术水平、实行服务的标准化、加强质量控制。

4.改善服务包装

改善服务包装即重视店堂或网点的装修,改善外观形象。近年来,北京王府井、西单,上海南京路、淮海路、四川北路、豫园商城等著名商业街,大规模地进行了更新、改造,使整条商业街的包装形象焕然一新。

5.重视调整服务时间,以适应服务市场的时间波动性

如延长营业时间、采取弹性的营业时间、提供预约服务、开展流动服务和上门服务、提高服务效率等。

6.对所提供的服务产品实行担保或承诺

上海长春食品商店有"买到一袋假冒伪劣食品赔一百元"的承诺;上海中国科技图书公司有"三天内可退书"的承诺;哈尔滨医药公司有"数错一粒药赔两万元"的承诺;广州白云机场有"对非正常航班旅客免费增加服务"的承诺;等等。

(二)服务的价格策略

1.差价策略

差价策略指利用顾客对价格的敏感度,运用定价来调节他们的服务需求。事实证明,差价策略可以在稳定需求以及使需求和供给同步发展上起到积极的作用。时间、地点、数量及诱因差异等,都被服务提供商在实践中有效地运用。例如,城市的甲级医院普遍推出了专家门诊和差别挂号,这是服务技术差价;航空公司每年寒暑假向学校师生提供优惠票价,这是顾客差价;酒楼公布菜单的成本,让不同的顾客自己定价,这也是顾客差价;许多网吧夜间(或双休日)的上网费低于白天(或非双休日),这是时间差价;清华大学 MBA 的学费高于其他大学,这是品牌差价或需求差价;我国足球超级联赛的套票平均每场的价格低于单场票,这是购买批量差价。

2.调价策略

调价策略即运用价格获利的技术,针对具体的交易而进行价格决策的技巧。一种产品价格确定以后,并非是固定不变的。随着市场环境的变化,企业常需要根据生产成本、市场供求和竞争状况对产品价格作出调整,通过降低价格或提高价格,使本企业的产品在市场上保持较

理想的销售状态。"肯德基"和"麦当劳"展开对峙性的竞争,双方都根据对方定价的变化来调整自己的定价,这是市场竞争调价;在家庭律师市场起步的阶段,许多律师事务所为了启动需求,都降低收费标准,这是市场需求调价。

营销思考 11 - 5

服务企业在什么情况下会采取"价格战"的策略?谈谈你对价格战的看法。

(三)服务的渠道策略

1. 服务网点的扩展

通过投资或合作在目标市场设立新的网点,并由此进入目标市场。北京全聚德烤鸭店在上海和德国等地投资办分店,北京王府井百货大楼到北京顺义、辽宁、山西、四川乃至东欧投资办分店。

2. 服务网点的竞争性布局

上海最大也是全国"领头"的两家百货商店即市百一店与华联商厦,在上海南京路、淮海路、浦东新区乃至江苏、浙江等地进行了对峙性的网点布局。

3. 服务网点的聚集性布局

上海的金融业正在向上海的 CBD(中心商务区),即黄浦区和浦东陆家嘴地区聚集;上海的外贸向虹桥开发区聚集;上海的中小餐饮业向云南路、黄河路、乍浦路等餐饮街聚集;等等。

4. 不同服务业渠道之间的相互渗透、相互依托和相互促进

如广州东方酒店的客房可在 32 个国家和地区的航空公司预订,这是旅游业对航空业渠道的渗透和依托。文汇新民联合报业集团和上海宝久广告公司推出的出租车"一车一报"工程的启动,是传媒业、广告业和出租车行业之间渠道的相互依托。

(四)服务的促销策略

1. 营业推广

如武汉东湖旅游区让游客观看磨山新茶的野外焙制,吸引游客品尝和购买;我国娱乐歌坛普遍地以"馈赠"伴舞来提高票房率;我国地方电视台普遍地推出"有奖收视";等等。

2. 人员推销

如保险、批发商业、外贸、房地产、租赁、银行、旅行社、广告等行业都非常重视推销员或业务员队伍的建设和管理。

3. 文化促销

如北京原西单菜市场,让水产柜台变成"渔民踏浪归来"的场景,让家禽柜台洋溢着"禽岛风光",让蔬菜柜台露出"田园春色",大大提高了菜市场的文化品位。再如曲阜孔庙旅游区声势浩大的祭孔仪式和表演,也是典型的文化促销。

4. 公关促销

如上海胜利艺术电影院和深圳大剧院通过办艺术家讲座推广高雅艺术和发展观众关系;南京新街口百货商店为了改善顾客关系,不仅赔偿投诉顾客的物质损失,而且赔偿精神损失;等等。一些服务业如媒体业、旅游业、娱乐业、餐饮业、房地产业、大型零售业等还普遍建立了专门的公关部。

营销思考 11－6

比较服务营销组合与传统营销组合的异同。

本章小结

服务营销是市场营销的特殊领域。鉴于服务业在市场经济中占据越来越重要的地位,这就决定了必须要对服务营销进行深入的研究。

1.服务营销概述

服务是一方向另一方提供的基本上是无形的任何活动或利益,并且不导致任何所有权的转移。其特点包括无形性、不可分离性、差异性和不可储存性。服务营销的指导原则有集中优势竞争资源原则、为潜在顾客提供服务原则、增加有效接触原则、调节供给与需求相平衡原则和建立服务信息系统原则。

2.服务运营管理

服务运营是指服务企业的存在、发展和日常运作,是整个一项服务的前台和后台运作过程。服务质量是指顾客对实际得到的服务的感知与顾客对服务的期望之间的差距,它是一个主观范畴,取决于顾客对服务的预期质量和实际感知质量之间的对比。服务质量的评价标准有可靠性、响应性、保证性、移情性和有形性。服务质量管理包括差距管理、需求与供给管理和提高服务的生产效率等。

3.服务营销组合策略

传统的"4P"营销组合主要适用于有形产品的营销,它是服务营销组合的基础。对服务营销来说,在"4P"之外,还需要考虑人、有形实证和过程等内容。

关键术语与概念

服务　服务营销　服务运营　服务质量　评价标准　服务营销组合　　7P
产品策略　价格策略　渠道策略　促销策略

复习与思考

1.什么是服务？服务同有形产品相比,有哪些特点？

2.试述服务与营销之间的本质联系。

3.举例说明服务的无形性。

4.服务营销的指导原则有哪些？

5.企业在制定整体价格策略时,应该考虑哪些因素？

6.服务营销组合 7P 理论的具体内容是什么？

7.为什么服务营销组合应当加入"人"、"有形实证"、"过程"三个 P 要素？

案例分析

案例一:海尔彩电超值服务的享受

在寻求服务与国际接轨的过程中,海尔彩电最先提出了独具个性的高标准服务举措:"快乐三全服务"。服务的主要内容有:①全天候 24 小时服务、24 小时电话咨询服务、365 天服务等。②售前详尽咨询服务、售中全部送货上门、售后全部建档回访。③保修期内所有维修费用、服务、材料全免费。

产品生日服务

2000年,海尔彩电又在同行业中率先推出"产品生日服务"。为此,海尔彩电专门为产品"过生日",并首先在北京地区开展。活动的主要内容有为购买海尔彩电的北京用户免费进行上门维护服务,赠送感谢信和纪念品,以感谢用户对海尔彩电的信任和支持。

零距离服务

海尔彩电不断升级服务方式,推出了随用户需求变化而变化的"零距离"服务,只要用户有需求,就主动提供与之相适应的服务,从而在时间、空间和心理上拉近用户。为了满足海尔彩电国内外用户对服务更快捷、更方便、更实惠的需求,海尔在国际互联网上设立了"海尔彩电快乐网站"和电子信箱。无论海尔彩电的用户身在世界的哪一个角落,只要在网上发一个电子邮件就能最快捷地反馈自己的服务需求。

全程管家365

2003年,海尔推出新举措——海尔"全程管家365"服务活动。具体内容包括:售前过程中的上门设计;销售过程中的咨询导购、送货到位;售后过程中进行安装调试、电话回访、指导使用、征询用户意见并及时反馈到生产开发部门,不断提高产品的设计水平。另外,根据用户的预约为用户提供上门维护、保养等服务。

感动服务

感动服务,就是"提供用户意料之外的服务,用真诚创造用户感动"。人性化的关怀,体贴用户的每个细节,设身处地地为用户解决每一个难题是感动服务的特点。

问题:

(1)海尔彩电如何开拓它的服务新领域?

(2)超值服务的实现将会带来什么样的经营效果?

资料来源:海尔彩电:超值服务的享受[EB/OL]. http://jphc. zjiet. edu. cn/sheng/2008/scyxych/kc/an_17. asp.

案例二:花旗银行服务营销

花旗银行被誉为"金融界的至尊"。其骄人业绩无不得益于其银行服务营销战略的成功实施。花旗银行可以说是银行服务营销的创始者,同时也是银行服务营销的领头羊。

花旗银行深刻理解并以自身行动完美地诠释了"以客户为中心,服务客户"的银行服务营销理念。在营销技术和手段上不断推陈出新,从而升华花旗服务,引领花旗辉煌。

花旗通过变无形服务为有形服务,提高服务的可感知性,将花旗服务派送到每一位客户手中。花旗银行在实施银行服务营销的过程中,以客户可感知的服务硬件为依托,向客户传输花旗的现代化服务理念。花旗以其幽雅的服务环境、和谐的服务氛围、便利的服务流程、人性化的设施、快捷的网络速度以及积极健康的员工形象等传达着它的服务特色,传递着它的服务信息。

花旗在银行服务营销策略中,鼓励员工充分与顾客接触,经常提供上门服务,以使顾客充分参与到服务生产系统中来。通过"关系"经理的服务方式,花旗银行建成了跨越多层次的职能、业务、地区和行业界限的人际关系,为客户提供并办理新的业务,促使潜在的客户变成现实的用户。

通过提升服务质量,赋予花旗服务以新的形象。花旗在引导客户预期方面决不允许作过高或过多的承诺,一旦传递给客户的允诺就必须保质保量地完成。同时,花旗还围绕着构建同顾客的长期稳定关系,提升针对性的银行服务质量。通过了解客户需求,针对此提供相应的产品或服务,缩短员工与客户、管理者与员工、管理者与客户之间的距离,在确保质量和安全的前提下,完善内部合作方式,改善银行的服务态度,提高银行的服务质量,进而提高客户的满意度,提高服务的效率并达到良好的效果。

问题:

(1)花旗银行是怎样提升自身服务质量的?

(2)花旗银行的服务营销给我国国有商业银行改革有哪些启示?

资料来源:贾凯君.花旗银行:银行服务营销的创始者[EB/OL].世界商业报道,2007-07-05.http://biz.icxo.com/htmlnews/2007/07/05/1155364_1.htm.

营销实训项目

1.培养服务创新思维

【目的】

该项练习帮助学生接触社会、了解社会、感知服务市场,提高对企业服务营销重要性的认识,培养服务创新思维。

【方案】

(1)将学生分成若干小组(5~8个人一组),分别考察不同行业企业的服务,如金融、电讯、餐饮企业等。

(2)实行组内分工,各项工作由专人负责。

(3)进行服务企业实际调查。

【要求】

(1)运用头脑风暴法,寻找服务创新的各种方法,并通过相关措施检验其可行性。

(2)针对公司的服务营销情况,写一份《某公司服务营销说明书》,分析公司服务对顾客产生的影响,针对存在的问题,提出改进的建议。

(3)制订一份服务技能提升计划。

2.营销服务礼仪的了解与训练

【目的】

树立正确的职业化服务意识与积极的服务心态,掌握工作中必备的客户服务沟通技巧及服务知识,培养忠实客户。

【内容】

(1)查阅相关资料,了解服务的特点以及随着消费时代变迁应树立的服务意识。

(2)了解客户沟通礼仪。包括谈吐的重要性;语音、语速、语调、音量的把握;谈吐的基本要求;谈吐的基本技巧;聆听的技巧;观察客户的技巧。

(3)服务仪态礼仪训练。包括表情、坐姿、站姿、常用手势、行姿、蹲姿、致意等。

【方案】

(1)老师讲解,学生领会。

(2)学生分为若干组,分组练习基本服务礼仪。

(3)参考教材:

金正昆.社交礼仪教程[M].2 版.北京:中国人民大学出版社,2005.

金正昆.服务礼仪教程[M].3 版.北京:中国人民大学出版社,2010.

金正昆.大学生礼仪[M].北京:中国人民大学出版社,2007.

营销实践练习

1.某消费者首次入住五星级宾馆以后对他的朋友说:"五星级也不过如此嘛!"这位消费者的话折射出哪些问题?

2.你去一家店铺买衣服,售货员的哪些行为会令你很不满意?怎样改进才能让顾客达到满意?

3.企业既要意识到对不满意顾客提供服务补救的重要性,又要采取及时有效的补救策略。实践中企业可采取哪些服务补救策略?

4.企业应认识到并非所有顾客关系都值得维系,实践中,有哪些行之有效的顾客关系维系策略?

5.选择高、中、低档餐馆各一家,简单分析其产品和服务的构成,描述其不同的市场定位。

6.某国家森林公园平常门可罗雀,而节假日却又人满为患,为改变这种消费需求的不均衡性,可以采取哪些措施?

营销模版

企业服务营销策划框架

根据一定的服务营销理念,结合所在地区实际,针对该企业情况,设计一套快速抢占市场份额的服务营销策划。

1.服务理念

服务理念包括具体的服务思想、理念、口号、方针、目标等。

2.服务措施

服务措施包括服务承诺、方法、策略等。

3.服务体系

服务体系包括组织结构、职责、程序、过程、资源等。

4.服务质量标准及控制方法

网站资料访问

1.公司服务理念

http://www.zldq.net/c7/i4/200606/25055.html

2.企业服务理念的提升与服务工作的改进

http://www.yewuyuan.com/article/200811/200811170090.shtml

3.服务营销七要素

http://wenku.baidu.com/view/41fc4fa6f524ccbff12184e1.html

4.奇瑞汽车服务站长培训手册——服务运营管理

http://doc.mbalib.com/view/fcdb0044530a04e8801c2541999c2a2f.html

5. 客户服务运营管理

http://www.doc88.com/p-6980211108.html

6. 服务质量差距模型

http://wiki.mbalib.com/wiki/％E6％9C％8D％E5％8A％A1％E8％B4％A8％E9％87％8F％E5％B7％AE％E8％B7％9D％E6％A8％A1％E5％9E％8B

7. 服务质量策略

http://www.cmic.zju.edu.cn/cmkj/web-scyx/j/j_2/j_2_2.htm

8. 基于汽车4S店的服务质量提升策略

http://wenku.baidu.com/view/8e02c52fb4daa58da0114a24.html

9. 如何实施服务营销策划

http://www.thldl.org.cn/news/1005/40330.html

10. 服务营销案例

http://wenku.baidu.com/view/aaaa4f2e453610661ed9f48c.html

第十二章
市场营销计划、组织与控制

学习要点

1. 熟悉市场营销计划的概念和内容，了解营销计划编制的过程，掌握营销计划执行中的问题及对策
2. 了解市场营销组织的目标、影响因素和基本要求，掌握不同营销组织结构形式的优缺点
3. 了解市场营销控制的主要方式

引导案例

摩托罗拉公司的组织机构

摩托罗拉公司的产品品种很多，包括半导体、计算机、无线电通讯设备、移动电话等；同时涉及的地区范围又很广，在50多个国家和地区都有分支机构。它的组织结构就是同时按照职能和产品来划分构成的一个矩阵。它的管理机构分为业务（产品）部门和职能部门两大部分。业务部门由六个产品分部构成，包括：半导体产品部、通用系统部、地面移动通讯产品部、传呼信息及传播部、政府及系统技术集团、自动化能源及控制集团；职能部门包括公司办公室、财务部、法律部、人力资源部、职工部、风险部、欧洲部、日本部、亚洲及美洲部、研究开发部、战略部等。业务部门是从事生产经营的主体，职能部门则主要是在业务部门之间从事协调、提供服务，如公司战略部的主要任务就是为各业务部门提供有关对外谈判、合作合资等事务的咨询。当某一业务部门要建立新公司、扩展业务时，战略部则介入有关工作。

问题：

1. 摩托罗拉公司的组织结构属于哪种类型？
2. 该种结构类型有什么优缺点？

资料来源：金润圭.国际市场营销[M].北京：高等教育出版社，上海：上海社会科学院出版社，2001.

市场营销计划是开展市场营销活动的先导，是企业计划工作中最重要的内容之一。市场营销的成功和市场营销计划的实现离不开有效的市场营销组织，因为市场营销组织结构会影响到营销人员的自主权限、积极性、沟通效果和合作程度。由于在市场营销计划的执行中会出现许多意外情况，所以必须对营销活动进行检测和检查，即进行有效的市场营销控制。

第一节　市场营销计划

一、市场营销计划的内容及编制

(一)市场营销计划的内容

计划,简单地说就是对未来所要从事的事业的打算、规划和谋划。计划工作则是准备在未来从事某项工作,实现预定的目标,预先确定行动的方法、步骤、手段、时间和所需资源的过程。市场营销计划,是将公司所营销的产品或服务的营销组合与所选定的目标市场有机地结合在一起的书面的管理文件。它是战略计划的延伸,受其推动,同时也受其影响和制约。

营销计划是以反映企业对于营销工作的合理安排为内容的,市场营销计划的内容就是市场营销计划的基本要素。一个完整的市场营销计划,一般包括八个部分,如图 12-1 所示。

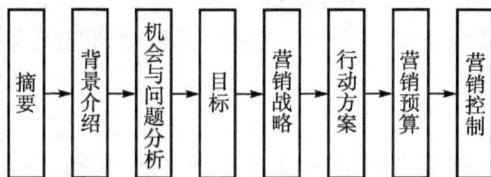

图 12-1　市场营销计划的内容

1.摘要

每一份营销计划的开头,应用高度概括和准确清晰的语句阐明计划要点,阐明本计划的主要目标和建立事项的缘由,以使相关人员能迅速掌握计划内容。另外,在提要之后,应附列整个计划目标,并在提要的有关内容中,注明详细内容的位置。

2.背景介绍

(1)市场状况。应说明目标市场的规模与增长,以过去几年的总销售量以及在地区细分市场的销售量来表示,目的是体现顾客需求、观念及购买行为方面的动态和趋势,以清楚表明市场的基本情况。

(2)产品情况。说明过去几年产品销售、价格、利润及差额方面的情况。

(3)竞争情况。说明主要竞争者有哪些,并分析其规模、目标、市场占有率、产品质量、营销战略战术,以及任何有助于了解其意图、行为的情况。

(4)分销情况。说明产品在各个营销渠道上的销售数量以及变化情况,同时分析各个经销商的经营能力强弱及变化,包括对其给予激励时所需的投入、费用和交易条件。

(5)宏观环境状况。阐述影响企业营销活动的各有关环境因素,并分析其现状及未来发展变动趋势。

3.机会与问题分析

这一部分内容主要是企业在掌握充分资料的基础上给出对计划期内所面对的市场机会与威胁的认识。首先应通过机会与威胁分析,阐明来自外部的能够左右企业未来的因素,以便考虑可以采取的行动。对机会与威胁应按时间顺序分出轻重缓急,使相对重要急迫的问题能引起足够重视。其次应通过优势与不足对比,说明企业资源、能力方面的基本特征。优势是企业利用市场机会、应对威胁的既有资源与能力,而不足则是企业必须进一步完善的内部条件。最后通过问题分析,将机会与威胁、优势与不足分析的结果,用于确定计划必须强调的主要内容,在这些方面的决策将帮助企业形成有关市场营销的目标、战略及战术。

4.目标

确定企业的目标,是市场营销计划的核心内容,一般包括财务目标和营销目标两部分内容。财务目标主要指成本、利润率、销售收入等指标,营销目标则主要指销售量增长目标、市场份额、竞争力强弱等内容。应该注意的是目标不能简单停留在概念阶段,而应尽量以量化形式加以展示。

5.营销战略

本部分内容反映的是企业所选择的实现目标的方法和途径,包括目标市场选择和市场定位战略、营销组合战略、营销费用战略等。由于企业可通过多种方法达到既定目标,因而必须通过深入分析、权衡利弊,来作出最合理的选择。计划中可用文字形式说明战略内容,也可用表格形式列明。在制定战略的过程中,营销部门的一项重要工作是与其他有关部门协调关系,交换意见,以取得相互的理解、支持与合作。否则,看似合理的计划,由于配合的问题,很可能无法发挥理想效果。

6.行动方案

行动方案即企业落实战略意图时需采取的具体举措,包括:应该做什么、何时开始、何时完成、由谁来做、成本是多少等。行动方案要明确实际行动需要满足的各项具体条件和应实现的目标,可以用图表或文字将细节作准确描述,并标明日期、费用和责任人,以便于日后的监督与控制。

7.营销预算

编制一份类似损益报告的辅助预算,列明预计的收入与支出,其差额即预计的赢利。此结果可作为安排和进行采购、生产、管理的重要依据。

8.营销控制

营销计划的最后一部分是检查和控制,检查和控制的目的是监督计划的进程,说明如何对计划的执行过程、进度进行管理。常用的做法是把目标、预算按一定时限分割开,以便了解各个阶段的销售业绩,明确尚未完成的任务且明确原因,并先期予以补救。有些计划中还应提出应急计划方案,以防患于未然。

营销思考 12 - 1

市场营销计划包括哪些要素?

(二)市场营销计划的编制

市场营销计划的编制程序一般如图12 - 2所示。

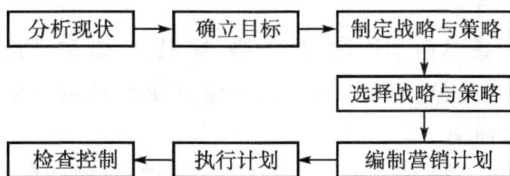

图 12－2　市场营销计划的编制程序

1.分析现状

分析现状即对当前市场现状、竞争对手及其产品、分销渠道和促销工具等,进行详细的调查、分析和预测,为科学地编制营销计划提供充分、准确的信息资料。

2.确立目标

确立目标即根据前一计划期的执行情况、对现状的分析和预测结果,提出下一计划期的切实可行的营销目标。

3.制定战略与策略

确立目标以后,企业各部门要制定出几个可供选择的战略策略方案,以便从中进行评价选择。

4.选择战略与策略

有关人员要对各部门提出的战略策略方案进行综合评价,权衡利弊,从中选择最佳方案。

5.编制营销计划

决策者(一般是负责营销的副总经理)将各部门编制的计划汇集在一起,经过统一协调,形成企业的市场营销计划。

6.执行计划

计划一经确定,各部门就必须认真执行,以求实现目标。

7.检查控制

在计划的执行过程中,企业要按照一定的评价和反馈制度,了解和检查计划的执行情况,评价执行的效率,也就是分析计划是否正在正常执行。计划不是也不可能是一成不变的,要具有一定的灵活性。

二、市场营销计划的执行

(一)市场营销计划的执行过程

1.决定关键任务的内容

要执行市场营销计划,就必须决定需要完成的任务,并确定不同任务的轻重缓急程度,然后排列出要完成任务的先后顺序,所有任务一定要明确具体。

2.规划与调整组织结构

组织结构是营销计划执行的载体,它把计划实施的任务分配给具体的部门和人员,明确职责界限和信息沟通途径。组织结构必须根据企业战略及市场营销计划的需要,适时改变、完善组织结构。

3.任务落实到具体人员

就人员而言,不同的任务要由不同魄力、性格、知识、胆略和品格的人去完成。指派任务一定要落实到具体部门和具体人员,需要协作时,一定要明确谁负主要责任,谁负协助责任。

4.规定完成任务的时间表

没有时间限制的计划等于没有计划,完成任务必须限定确切的时间。企业有许多任务,每项任务常常环环相扣,任何一项不按期完成都可能使计划完全落空。

5.明确完成任务的报酬标准

任何任务都由企业的人员来完成,任何人都需要激励。按时完成任务或提前圆满完成任务,如何给予奖励,否则如何处罚,都应一目了然,不能用重奖、重罚等抽象模糊的概念,而应该十分具体。

6.正确处理营销部与其他部门的关系

要完成市场营销计划显然不仅仅是营销部的事,通常需要企业各个部门的密切合作。企业各个部门之间有合作也有摩擦,这就出现了协调工作以处理部门间关系的问题。

7.建设市场导向型的企业文化

完成市场营销计划,企业必须大力宣扬市场营销理念,发挥市场营销专家的指导作用,让市场营销观念深入人心,一切工作都以市场营销为核心,使营销部成为企业的真正核心部门。

营销思考 12 - 2

结合企业营销实际,说明市场营销计划的执行过程。

(二)计划执行中的问题及对策

1.计划脱离实际

企业的市场营销计划通常由上层专业计划人员制订,而实施则主要依靠基层操作人员去做。由于计划制订者更加注重总体方案和原则性要求,容易忽视细节的处理,因而可能会使计划过于笼统和流于形式,再加上他们对实施中的具体问题缺乏了解,拟订的计划也就难免脱离实际;同时,计划制订者与实施者之间可能由于缺乏交流和沟通,而使实施者无法充分理解要求其落实的计划的内涵,计划对实施者的指导作用也就此落空。最终,由于计划脱离实际,使计划实施受阻。解决问题的办法是由专业计划人员协助有关市场营销人员共同制订计划。

2.计划目标系统内部矛盾重重

企业营销计划经常涉及企业的长期目标,企业对于具体实施计划的市场营销人员,通常又是根据他们的工作业绩,如销售量、利润率、市场占有率等指标进行评估奖励,因而市场营销人员又不得不常常选择短期行为,从而使得企业营销目标系统内部矛盾重重,进而影响到计划执行情况。通常这要求企业在计划制订时应充分考虑长期计划该如何分解为短期计划,并将短期执行计划与奖惩机制的建立结合起来分析。

3.不良习惯的存在

一般而言,新的战略、新的计划如果不符合传统和习惯,就容易遭受抵制。新旧计划之间差异越大,实施中可能遇到的阻力也就越大。要想实施与传统战略反差较大的新计划,就应该树立新观念,打破老传统,清除固有的组织结构和运行流程中不合理的部分,端正认识,确保新计划的实施效果。

4.行动方案不够具体明确

不少计划的失败,是因为行动方案不够具体明确,缺乏一个能使企业内部有关部门、环节协调一致、共同努力的依据。解决办法很简单,将计划中的内容用尽可能清楚准确的语言加以描述,对实践中要求落实的具体工作作出细节安排,对要求各部门配合执行的工作注意予以提示,基本可保证其执行效果。

营销资料 12-1

影响营销计划方案实施的因素

托马斯·波诺马认为影响有效实施营销计划方案的因素有四类:

1.诊断技能

当营销计划执行的结果未达到预期目标时,究竟是战略欠佳还是执行不当的结果? 如果是执行问题,问题是什么?

2.确定公司层次

营销执行问题,可能发生在三个层次上——营销职能、营销计划、营销政策水平。

3.执行技能

为使计划成功履行,营销者必须掌握其他技能——用分配技能来预算资源,用组织技能来开发一个有效的工作组织,相互配合技能则通过影响别人来完成自己的工作。

4.评价技能

营销者还需要监控技能来追踪和评价营销活动的结果。

资料来源:菲利普·科特勒,凯文·莱恩·凯勒.营销管理[M].梅清豪,译.12版.上海:上海人民出版社,2006.

第二节 市场营销组织设计

一、市场营销组织的建立

(一)市场营销组织的目标

1.快速反应

市场营销组织应该不断适应外部环境,并对市场变化作出积极反应。了解到市场变化后,企业的反应则涉及整个市场营销活动,从新产品开发到价格确定乃至包装等都可能需要作相应的调整。

2.效率最大化

企业内部存在着许多专业化部门,为避免这些部门间的矛盾和冲突,市场营销组织要充分发挥其协调和控制的职能,确定各自的权力和责任。

3.维护消费者利益

企业一旦奉行市场营销观念,就要把消费者利益放在第一位。企业必须在管理的最高层面上强化市场营销组织,以确保消费者的利益不致受到侵害。

(二)影响企业市场营销组织设置的因素

1.企业规模

企业规模越大,市场营销组织越复杂;企业规模越小,市场营销组织也就相对简单。

2.市场状况

市场的地理位置是决定市场营销人员分工和负责区域的依据。销量较大的市场一般需要较大的市场营销组织,而组织越大,需要的各种专职人员和部门也就越多,组织也越复杂。

3.产品特点

经营产品种类多、特点突出、技术服务要求高的企业,一般应建立以产品型模式为主的营销组织机构。

4.企业类型

从事不同行业的企业,其市场营销组织的构成也各不相同。如服务行业、银行、商业等的营销重点之一是顾客调查;而初级加工企业的营销重点之一则是产品的储存和运输。

❀营销思考 *12 - 3*

影响中小企业市场营销组织设置的因素有哪些?

(三)市场营销组织的基本要求

1. 形成良性运行机制

运用科学管理的方法,协调部门与部门之间、人员与人员之间的关系,将企业全部人员和工作统一到企业总体目标上来,使整个企业处于良性运行状态。只有这样,市场营销部门的作用才能真正发挥。

2.目标明确

市场营销组织依据市场营销的决策、计划确定营销组织结构。组织人员要明确目标,按计划完成销售任务。制定目标需要有较高的透明度,才能使各部门员工明确工作方向和任务,通过组织协调使员工个人目标同组织目标一致,同心协力做好营销工作。

3.根据自身需要设立岗位

一切要从实际出发,根据营销的具体需要设立岗位,做到机构简单,办事效率高,避免发生扯皮现象。相互合作的部门由专人负责协调,统一管理,减少不必要的劳动。

4.责、权、利明确

组织机构设立力求层次清晰,人员精干,能胜任者就赋予相应的权力、责任和利益。明确个人在组织中的角色,在工作中相互配合与协作,把整体营销工作做好。

5. 减少组织层次

组织层增多,目的是为了实施严格的管理。但这种管理会使每个人所承担的工作范围狭小,工作量不饱满,人浮于事。管理人员应实行多功能化,发挥多种能力,提高效率,加大报酬。

6.权衡集权与分权

集权容易产生独裁,但对小型企业和企业建立初期是必要的,集权可使机构精简,信息直接反映到决策者,便于抓住机会。大型企业较多采用分权,公司迅速发展壮大,非少数人的智能所能担负起的,需要一个机构的组织运转,这就要求进行分层管理。

7.信息意识

要重视信息的价值,市场营销部门对广告宣传、信息收集处理要有一套完整体系,及时准确处理好信息,提供企业经理决策参考,以利于调整营销策略,满足市场需要。

营销资料 12－2

成为警觉型组织

1.回顾过去

(1)我们过去的盲点是什么?

(2)其他行业提供了怎样的类比和启发?

(3)在行业内谁善于抓住微弱的信号,并对症下药?

2.审视现在

(1)有哪些重要的信号被我们忽视了?

(2)反对者、局外人、抱怨者和跳槽者给了我们什么启示?

(3)我们周围的顾客和竞争对手真正在想什么?

3.展望未来

(1)未来会有何惊人之事可能会真的伤害或帮助我们?

(2)会出现什么可能改变竞争规则的新技术?

(3)是否会发生无法想象的局面,可能毁灭我们的公司?

资料来源:菲利普·科特勒,凯文·莱恩·凯勒.营销管理[M].卢泰宏,等,译.13版.北京:中国人民大学出版社,2009.

二、市场营销组织结构形式

(一)职能型营销组织

职能型营销组织是最常见的市场营销组织形式。它在市场营销副总经理的领导下,集合各种市场营销专业人员,如广告和促销人员、推销人员、市场营销调研人员、新产品开发人员,以及顾客服务人员、市场营销策划人员、储运管理人员。市场营销副总经理负责协调各个市场营销职能科室、人员之间的关系,如图 12－3 所示。

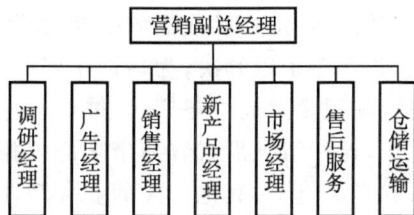

图 12－3　职能型营销组织

(1)**优点**:结构简单、易于管理,可以充分重视不同营销职能的作用。

(2)**缺点**:随着企业产品品种增加及市场扩大,由于各职能部门间协调更加困难,市场营销经理可能经常处于调解纠纷的"漩涡"之中;由于没有人对任何产品或市场担负完全的责任,且缺乏对产品与市场的关注,这种组织形式的效率将越来越低。

(3)适用范围:产品比较单一、市场相对集中且规模不太大的企业。

(二)地区型营销组织

地区型营销组织是按照不同的地区设立机构或部门,以负责企业在不同地域范围内的营销工作,如图 12-4 所示。

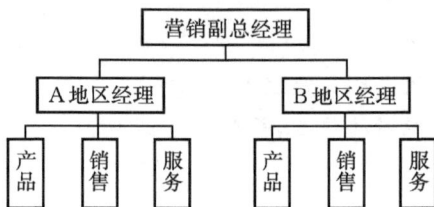

图 12-4　地区型营销组织

(1)优点:接近市场,使企业可以更好地了解本地市场需求;可以快捷、方便地为本地市场提供服务。

(2)缺点:企业的集中管理会受限制,从而容易造成各地区营销工作不统一、不协调;由于各地区重复设置营销职能,而造成资源浪费。

(3)适用范围:市场范围大且分散,运输成本突出,以及客户服务需要迅速反应的企业。

(三)产品或品牌管理型营销组织

产品或品牌管理型营销组织是按照不同的产品或品牌设立机构或部门,由不同的产品或品牌经理负责企业不同产品或品牌的营销企划、实施及控制工作,如图 12-5 所示。

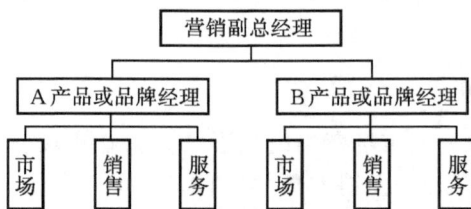

图 12-5　产品或品牌管理型营销组织

(1)优点:便于企业统一协调管理特定产品或品牌的整体营销工作;及时发现产品或品牌在市场营销过程中发生的问题,并迅速予以解决;为培训年轻的管理人员提供了最佳的机会。

(2)缺点:因为产品或品牌经理通常要通过与广告、推广、生产等其他职能部门的合作才能完成产品或品牌的整体营销工作,这种组织形式容易带来部门相互之间的矛盾;产品经理虽然能成为自己所负责的产品方面的专家,但对其他方面的业务却往往不够熟悉;这种组织所需要的费用通常较高;品牌经理任期通常很短,这使公司的营销计划呈现出短期性,从而影响了产品长期优势的建立。

(3)适用范围:生产多种产品或拥有多个品牌的企业。

（四）市场或客户型营销组织

市场或客户型营销组织由市场或客户经理负责某一类客户的营销管理组织。市场或客户经理为所负责的市场或客户制订长期和年度的营销计划,并负责实施,如图 12-6 所示。

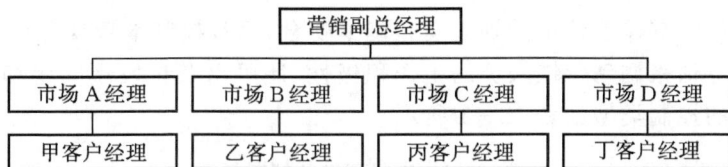

图 12-6　市场或客户型营销组织

（1）优点:奉行客户导向或以市场为中心的营销哲学,而非以公司或产品为中心的导向。

（2）缺点:各部门相对独立、割据,彼此资源很难共享,工作不易协调;同时,容易造成资源浪费。

（3）适用范围:顾客需求变化大、产品周期短的企业。在日益强调顾客利益的今天,越来越多的企业采用这种组织架构。

（五）产品—客户管理型营销组织（矩阵型组织）

产品—客户管理型营销组织是由产品管理型与客户管理型组织组合而成的矩阵型组织,分别由产品经理负责不同产品的营销企划、实施与控制,客户经理负责顾客需求的把握,如图 12-7 所示。

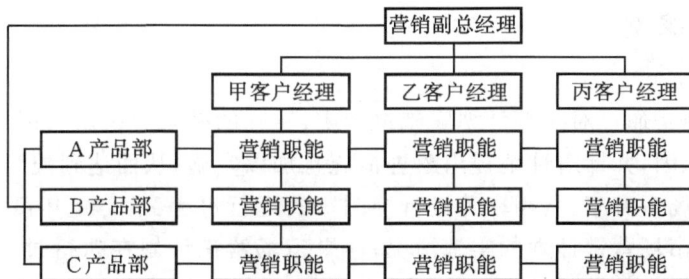

图 12-7　产品—客户管理型营销组织（矩阵型组织）

（1）优点:同时具有产品管理型与客户管理型组织的优点,可以通过协调满足顾客需求,并进行复杂的决策。

（2）缺点:管理费用高,容易产生内部冲突。

（3）适用范围:经营范围广、顾客分散、规模大的企业。

营销思考 12-4

试对各种营销组织结构形式的适用范围进行分析。

第三节　市场营销控制

营销控制不但能够保证营销计划与实施基本吻合,而且控制本身具有激励作用,即可通过营销人员的业绩评估来调动营销人员的工作积极性,还可以及早发现问题和避免可能事故的发生。市场营销的控制类型如表 12-1 所示。

表 12-1　市场营销的控制类型

控制类型	主要负责人	控制目的	方法
年度计划控制	高层管理人员、中层管理人员	检查计划目标是否实现	销售分析、市场份额分析、费用—销售额比率、财务分析
盈利控制	营销审计人员	检查公司在哪些地方赚钱,哪些地方亏损	盈利情况:产品、地区、顾客群、细分市场、销售渠道、订单大小
效率控制	直线和职能管理层、营销审计人员	评价和提高经费开支效率以及营销开支的效果	效率:销售队伍、广告、促销和分销
战略控制	高层管理者、营销审计人员	检查公司是否在市场、产品和渠道等方面,正在寻求最佳机会	营销效益等级考评,营销审计,公司道德与社会责任评价

一、年度计划控制

年度计划控制是通过对年度计划实施过程中,实际的结果与预定目标的对照检查,寻找差距及形成差距的原因,并针对性地提出改进措施且加以实施,从而达到控制目的的活动。其内容是对销售额、市场占有率、费用率等进行控制。其运行过程为:确定年度计划中的月度目标或季度目标;监督市场营销计划的实施情况;如果市场营销计划在执行过程中有较大偏差,则要找出原因,采取必要的补救措施或进行适当调整,缩小计划与实际之间的差距。

(一)销售分析

销售分析即衡量并评估实际销售额与计划销售额之间的差距。它主要包括三个方面的内容:一是对实际销售业绩与计划进行对比分析,以确定总体执行情况;二是销售差异分析,即分析不同影响因素对销售的影响程度,包括产品销售量、销售价格等;三是销售深度分析,即将销售总体情况分解为各产品或各地区具体销售指标并加以分析,以便最终确定造成实际与计划差异的原因。

(二)市场占有率分析

企业销售业绩并不能充分反映出企业相对于竞争者的经营优劣,因此,进一步分析市场占有率十分必要,这样才能揭示企业同竞争者之间的相对关系。市场占有率分析主要包括全部市场占有率、可达市场占有率、相对市场占有率等。在正常情况下,市场占有率上升表示市场营销业绩提高,在市场竞争当中处于优势;反之,说明在市场竞争中失利。由于造成市场占有率波动的原因很多,因此应从实际出发具体分析。如市场占有率的下降,既可能是企业所作的战略决策所致,也可能是由于新竞争对手进入市场所致;又如外界环境因素对参与竞争的各个企业的影响方式和程度往往不同,各个企业的市场占有率必然也会因此发生变化。另外,分析市场占有率,还应结合市场机会考虑,市场机会大的企业,除非其效率有问题,否则其市场占有率一般应高于市场机会小的竞争对手。

(三)营销费用分析

营销费用分析即检查与销售有关的市场营销费用,以确定企业在达到营销目标时的费用支出与预算要求基本一致。营销费用检查通常利用营销费用率分析来进行。根据营销组合的不同,需要计算分析的具体指标也不尽相同。常用指标包括:销售费用率、广告费用率、促销费用率、市场调研费用率、销售管理费用率等。对各项费用不仅应进行分析,还应将其控制在一定限度。如果费用变化不大,在安全范围内,可以不采取任何措施,但如果变化幅度过大,上升速度过快,接近或超出上限,就必须采取措施。

通过上述分析,企业一旦发现营销实践结果与年度计划目标有显著差异,就应采取措施;或是调整计划指标,使之更切合实际;或是调整市场营销战略、战术,以利于计划目标的实现。如果上述方面没有问题,则应在计划实施过程中寻找原因。

二、盈利控制

获取利润是企业不懈追求的目标,盈利能力的大小,对市场营销组合决策有着重要和直接的影响。为实现利润目标,企业还需要衡量其不同产品、地区、顾客群、销售渠道和定货量的盈利率。这些工作将帮助企业管理层决定哪些产品或营销活动应该扩大,哪些应收缩甚至取消,以便最大限度地提高企业盈利能力。

(一)营销成本控制

企业市场营销成本是指与市场营销活动有关的各项费用支出,一般包括直接推销费用、促销费用、仓储费用、运输费用以及其他与营销相关的支出等。这些费用支出直接影响企业利润,因此,企业不仅要控制销售额和市场占有率,同时要控制营销成本。营销成本的控制可以按销售地区、产品系列类型分别加以落实。

(二)盈利性分析

盈利性分析是按市场营销业务的各个方面计算纯利润额,通过对财务报表和数据的处理,把所获利润分摊到诸如产品、地区、渠道、顾客等上面,衡量每个因素对企业最终赢利的贡献大小、获利水平如何。盈利性指标一般包括销售利润率、资产收益率、净资产收益率、资产管理效率等。对于那些低于预计目标的项目进行分析,要提出改进措施。应用盈利性分析对营销进行控制,能更有效地行使市场营销各种职能,通过分析每一项营销措施能为企业带来的利润情况,经过改进,使企业取得更大的经济利益。

(三)最佳调整措施的选择

盈利能力分析的目的,在于找出妨碍获利的因素,以便采取相应措施,排除或者削弱这些不利因素的影响。由于可供选择的调整措施很多,企业必须在全面考虑之后,作出定夺。为了更好地完成对营销活动的评估与控制,企业可尝试设置营销控制员岗位,组织人员进行专业性的财务管理和营销训练,使其担负起较为复杂的财务分析以及制定市场营销预算的工作。

三、效率控制

效率是营销投入与营销产出之间的比率。假如盈利率分析显示企业在若干产品、地区或者市场方面的盈利情况不乐观,那么就应进一步研究是否存在更有效的方法来管理销售队伍、广告、促销和分销等活动,针对性地开展效率控制工作。效率控制主要从以下方面着手:

(一)销售队伍效率控制

销售队伍效率一般包括每次推销访问平均所需时间,平均收入,平均成本、费用及订货单数量;每次推销发展的新客户数量,丧失的老客户数量;销售队伍成本占总成本的百分比等。各级销售经理一般都熟悉其所在地区销售队伍的这些关键指标,这些指标的统计分析将会产生有意义的结论,如推销员每天访问量是否过低,每次访问所花费的时间是否太多,是否支出了不合理或不必要的费用,是否没有能够留住老顾客。通过调查销售队伍的效率,容易对其加以有效控制并发现需要改进的地方。

(二)广告效率控制

由于广告涉及的影响因素众多,难以充分把握,因此广告效率控制难度较大。企业应尽量设法掌握以下信息:每种媒体和工具接触一定数量受众花费的广告成本;受众对于广告内容及其效果的看法;受众在广告前后对品牌、产品的态度变化;广告引发受众关注的程度;等等。在此基础上,企业可设法采取进一步措施来强化广告效果。

(三)促销效率控制

促销的目的在于沟通信息,激发消费者购买的兴趣和动力。为了提高促销效果,加强促销效率控制十分必要。促销效率包括各种激发顾客兴趣和试用的方式、方法及其效果,每次促销活动的成本,对整个市场营销活动的影响。有关人员应记录每次促销活动及其成本对销售的影响,分析不足,不断改进和完善,提升促销效率。

(四)营销渠道效率控制

营销渠道效率控制主要要求企业能够对营销渠道的选择效果进行合理评估,并确定改进办法。具体应注意的问题包括:销售网点的市场覆盖面,营销渠道中的各级各类成员的作用与发展潜力,营销渠道的结构、布局以及改进方案,存货控制、仓库位置和不同运输方式的效果等。

营销思考 12-5

提高营销效率从哪些方面入手?

四、战略控制

营销战略控制是企业高层管理者最重要的控制工作,目的在于检查企业的营销目标和战略是否与营销环境相适应。一般通过企业审计负责人对企业的营销环境、营销目标、营销战略等进行定期的、全面的检查和评价,并提出报告。在进行战略控制时,企业主要运用营销审计这一重要工具。

市场营销审计实际上是在一定时期对企业全部市场营销工作运行的总体效果评价。其任务是对企业或战略经营单位的市场营销环境、目标、战略和市场营销活动独立、系统、综合地进行的定期核查,以发现市场机会,找出问题所在,并据以提出改进工作和计划的建议,供企业决策参考。其主要工作内容包括营销环境审计、营销战略审计、营销组织审计、营销系统审计、营销功能及能力审计等。

本章小结

在市场营销活动过程中,企业必须制订营销计划,而营销计划的执行必须依托于一定的营销组织才能开展和进行。市场营销组织在执行营销计划中,必须要对其进行评估和控制,以保证营销活动的顺利开展。本章内容主要包括:

1.**市场营销计划**

市场营销计划,是将公司所营销的产品或服务的营销组合与所选定的目标市场有机地结合在一起的书面的管理文件。它是战略计划的延伸,受其推动,同时也受其影响和制约。市场营销计划包括市场营销计划的内容、编制程序以及营销计划执行等内容。

2.**市场营销组织设计**

市场营销组织是指企业内部负责市场营销工作及相关的职能部门,它将根据企业的发展战略制订市场营销计划,贯彻执行及控制市场营销计划。市场营销组织的目标有快速反应、效率最大化和维护消费者利益;基本要求是形成良性运行机制、目标明确、根据自身需要设立岗位、责权利明确、减少组织层次、权衡集权与分权、信息意识等。市场营销组织结构形式包括职能型营销组织、地区型营销组织、产品或品牌管理型营销组织、市场或客户型营销组织、产品—客户管理型营销组织(矩阵型组织)等类型。

3.**市场营销控制**

市场营销控制过程是要实现对环境变化的战略性适应和对效率要求的经营性适应的机制。营销控制主要包括年度计划控制、盈利控制、效率控制和战略控制四个方面。通过营销控制,努力实现企业预期的战略目标。

关键术语与概念

营销计划　营销组织　职能型营销组织　地区型营销组织　产品或品牌管理型营销组织
市场或客户型营销组织　产品—客户管理型营销组织(矩阵型组织)　年度计划控制
盈利控制　效率控制　战略控制

复习与思考

1.如何理解营销计划在市场营销活动中的地位?
2.计划执行中会遇到什么问题,应如何应对?
3.试比较各种市场营销组织结构形式的优缺点。
4.试述市场营销控制的基本内容。

案例分析

案例一:"小天鹅"的市场营销管理

1. 建立以市场为核心的管理体系

(1)公司主要机构是紧紧围绕市场建立的。技术部根据市场调查反馈的需求信息,研究开发新产品;制造部根据营销计划制订自己的制造计划;行政部根据经营计划,确定人力资源计划;计财部根据经营计划安排财务计划;而证券部不断通过资本运营为公司筹集资金;等等。这样,企业在市场竞争中可以保持灵活的应变能力、快速的反应能力和旺盛的战斗力。

(2)质量管理上实行国际通用的 ISO9001 质量管理体系。从产品设计开始到售后服务,都以文件形式对全过程实行动态化严格控制,从而保证了产品的质量。

(3)营销管理实行定期报告制度和严格的考核制度。营销人员必须每周、每月把市场情况反馈到总部,由总部通过计算机网络进行归纳、整理、分析,使总部了解全国各地销售、库存、回笼等情况。总部通过严格的考核制度对市场营销人员进行控制,使营销组织始终处于有序的运行状态中。

2. 依靠市场信息,制定营销策略

建立广泛的市场信息反馈体系,在比较中不断发现企业的危机。公司营销部门专门成立市场调查部,有一批固定的高素质的人员活跃于全国各地,不时走访不同地区的用户和客户,了解、分析消费趋势,收集竞争对手的新产品开发和产品销售情况,研究市场发展走势,并把这些信息每天反馈到总部。总部每天派高层领导轮流值班,及时分析处理反馈回来的信息,利用公司固定的早晚例会的时间将信息传达给全体管理人员,让人人心中有市场,人人知道公司所面临的竞争环境。除此之外,公司每月挑选一些管理人员到市场上短期调查,调查了解市场和消费需求情况。根据市场反馈的信息,公司加快新产品的开发速度,提高产品质量和售后服务质量。

3. 灵活有效的营销手段

(1)控制市场的制高点,坚持"名品进名店"。"小天鹅"在全国各地有信誉的商场销售自己的产品,不管商场如何变化,他们都始终向大商场供货。也正是这样,使"小天鹅"始终保持着40%的全自动洗衣机的市场占有率,一直处于领先地位。

(2)针对市场消费情况始终领先市场一步。科学地平衡产品的销售,既要超前开发一些产品,也要努力延长老产品的生命周期。

(3)率先推出"1·2·3·4·5"规范服务举措。即上门服务自带一双鞋,离去说两句礼貌的话,带好三块用作垫机、擦机、擦手的布,做到四不准(不准让用户招待吃喝、不准乱收用户礼品、不准乱收费、不准顶撞用户),五年免费维修。

问题:

(1)"小天鹅"采取了哪些控制措施?

(2)请为"小天鹅"的营销控制提合理化建议。

资料来源:王德章.市场营销学[M].北京:高等教育出版社,2005.

案例二:星巴克王国的管理控制

2004 年,星巴克在全球的咖啡厅数量接近 8000 家,达到 1992 年的 48 倍,在很多年的时

间里,星巴克的收入年增长在 20％以上。面对如此快的扩张和增长,星巴克是如何管理监督各子公司运作的呢?而美国总公司与子公司的运作又是如何的呢?

由于全球分店数众多,因此美国星巴克在各地区设立总部来当总公司与子公司之间沟通的中介,若遇到子公司有疑问或是需要总公司同意的时候,各地区的总部将能第一优先处理,除非遇到比较特殊事件才会上达美国总公司,此设置除了能节省沟通成本外,对于紧急事件的处理也能达到最大效益。总的来说,星巴克的国际营销是本国中心主义导向,对星巴克子公司的许多方面都有非常严格的控制。

1. 星巴克的产品控制

星巴克的咖啡豆都是由美国总公司里的专属部门向中南美洲、非洲、亚洲全球各地采购,所以在主要的咖啡产地都有星巴克的踪影。而咖啡豆的烘焙都集中在美国本土(东西岸各有一个烘焙厂,但是仍以西雅图的 Kent 烘焙厂为主)。

星巴克认为他们的产品不单是咖啡,而且是咖啡店的体验。星巴克一个主要的竞争战略就是在咖啡店中同客户进行交流,特别重视同客户之间的沟通。每一个服务员都要接受一系列培训,如基本销售技巧、咖啡基本知识、咖啡的制作技巧等。要求每一位服务员都能够预感客户的需求。星巴克还极力强调美国式的消费文化,顾客可以随意谈笑,甚至挪动桌椅,随意组合。这样的体验也是星巴克营销风格的一部分。

因为星巴克要在品质上作最好的控制,星巴克一直走直营路线,而不开放加盟。如果开放加盟权,很难说每个加盟店的老板都会舍得一直增加成本,只为了提供客人一杯好咖啡。因此为了让品牌不受到不必要的干扰,星巴克决定不开放加盟权。

在研发产品方面,在美国总公司里有专属研究室负责此工作,而各地子公司可视当地情况自行研发,但仍需总公司同意(现可由各区总部处理审核)。在美国总部的紧密控制下,小幅调整每个国家的商品内容,可以吸引更多的消费者,达到"本土化",例如我国台湾研发出的"抹茶奶霜星冰乐",不过调整的程度仍然有限。

2. 星巴克的店堂设计控制

星巴克在上海的每一家店面的设计都是由美国方面完成的。在星巴克的美国总部,有一个专门的设计室,拥有一批专业的设计师和艺术家,专门设计全世界所开的星巴克店铺。他们在设计每个门市的时候,都会依据当地商圈的特色,去思考如何把星巴克融入其中。所以,星巴克的每一家店,在品牌统一的基础上,又尽量发挥个性特色。这与麦当劳等连锁品牌强调所有门店的装潢高度统一截然不同。

在设计上,星巴克强调每栋建筑物都有自己的风格,让星巴克融合到原来的建筑物中去,而不去破坏建筑物原来的设计。每次增加一家新店,它们就用数码相机把店址内景和周围环境拍下来,照片传到美国总部,请它们帮助设计,再发回去找施工队。这样下来,星巴克才能做到原汁原味。例如,上海星巴克设定以年轻消费者为主,因此在拓展新店时,它们费尽心思去找寻具有特色的店址,并结合当地景观进行设计。例如,位于城隍庙商场的星巴克,外观就像座现代化的庙;而濒临黄浦江的滨江分店,则表现花园玻璃帷幕和宫殿般的华丽,夜晚时分,可以悠闲地坐在江边,边欣赏外滩夜景,边品尝香浓的咖啡。

3. 对供应商的控制

星巴克副总裁约翰·亚敏(John Yamin)说:"失去一个供应商,就像失去我们的员工一样,因为我们花了许多时间和资金培训它们。那么,如何才能保证供应商的忠诚?星巴克的逻辑是:你愈信任谁,你就愈检查谁,你愈检查谁,你就愈信任谁。"

所以,星巴克每年都要对供应商作几次战略业务评估,评估的内容包括供应商的产量、供货时间、需要改进之处等。通过这种频繁的检查,星巴克希望供应商懂得这样一个理念:与星巴克合作不可能获得短期的暴利,但供应商可以通过星巴克极其严格的质量标准获得巨大回报。当星巴克成为顾客首选而获得大发展时,供应商就会得到更多的订单与更好的声誉。

问题:

(1)星巴克是如何进行产品控制的?

(2)影响星巴克在中国营销控制的因素有哪些?

资料来源:汤定娜.国际市场营销学[M].北京:高等教育出版社,2006.

营销实训项目

市场营销的综合训练

【目的】

实地参与和把握企业的市场营销策划。

【内容】

选择当地的一家中小型企业、商场、酒店,或是选择当地的某一种特色产品,为其制定营销策划方案。

【方案】

(1)按照市场调研的要求和实际进行分组,每组5~8人,以小组为单位进行市场调研。

(2)每个小组自己确定策划的对象,积极与相关企业进行沟通,了解信息。

(3)根据所学的营销理论,撰写有针对性的营销策划方案。

(4)将策划方案制作成PPT。

(5)每个小组在课堂上分别陈述PPT方案,时间为5分钟。

(6)教师针对PPT演示进行提问,每个小组进行答辩。其他学生也可提问。

(7)选出最佳策划方案。

营销实践练习

1.结合实际,谈一谈制订书面营销计划对营销经理的重要性。

2.为一家你所熟悉的小企业制订营销计划。

3.利用互联网查询营销组织变革的动因,并写一份简要的书面报告。

4.通过互联网,重点了解营销组织的结构,分析其优缺点和适用范围。

5.营销经理如何对销售业务进行控制?

营销模版

市场营销计划及行动方案的制订

一、市场营销计划要点

(一)提要

(二)背景

（三）机会与威胁分析

（四）目标

（五）战略

1.目标市场

2.品牌定位

3.差异化市场营销

4.产品

5.价格

6.分销渠道

7.促销

8.服务

（六）战术

（七）损益预测

（八）控制

二、具体行动方案要点

（一）制定确实可行的行动方案

（1）组建与市场营销计划相配套的市场营销组织。

（2）依托市场营销组织，在详细研究确定分销渠道、定价策略与实施方案的基础上，具体细化各目标市场的人员、广告、公关、营业推广促销方案。方案必须明确市场营销计划中的关键性环境、措施和任务，并将任务和责任分配到小组或个人，实行责、权、利挂钩。

（二）根据具体行动过程中发现的问题及时调整组织结构

（三）设计与市场营销计划相匹配的规章制度，通过规章制度来保证计划和方案能够落到实处

（四）协调各种关系

网站资料访问

1.市场营销计划书

　　http://www.thldl.org.cn/news/1002/32294_2.html

2.快餐店的营销计划书

　　http://www.795.com.cn/wz/86449.html

3.浅谈营销的执行和控制

　　http://management.mainone.com/ceo/2008-05/138925.htm

4.制订市场营销战略计划的方法

　　http://www.hbtelecom.com.cn/khfu/yxxx/200803/t20080328_2575.html

5.成长型企业如何变革管理

　　http://www.ev123.com/servers/managerdoc/2/2690.shtml

6.营销组织架构重组策略

　　http://www.fx120.net/man/200512/man_117313.html

7. 市场营销组织的变革与发展

　　http://www.mie168.com/marketing/2006 - 05/158995.htm

8. 如何做好新年度的营销策略规划

　　http://www.bjrcb.com/enterprises/show.jsp? cid＝809&id＝56960

9. 企业如何改善营销效率

　　http://www.su - liao.com/news/wangshang/38127.html

10. 中国市场十种盈利模式

　　http://bbs.vsharing.com/Article.aspx? aid＝540508

参考文献

[1] （美）菲利普·科特勒,凯文·莱恩·凯勒.营销管理[M].卢泰宏,等,译.13 版.北京:中国人民大学出版社,2009.

[2] （美）菲利普·科特勒,凯文·莱恩·凯勒.营销管理[M].梅清豪,译.12 版.上海:上海人民出版社,2006.

[3] （美）菲利普·科特勒,加里·阿姆斯特朗.市场营销原理[M].郭国庆,等,译.11 版.北京:清华大学出版社,2007.

[4] （美）詹姆斯·L·伯罗.市场营销[M].中国市场营销课程标准开发中心组编.3 版.北京:电子工业出版社,2009.

[5] （美）杰斯汀·隆内克,卡斯罗·莫尔,威廉·彼迪.小企业营销[M].郭武文,等,译.北京:华夏出版社,2002.

[6] （美）A·佩恩.服务营销[M].北京:中信出版社,1998.

[7] （美）道格拉斯·霍夫曼等.服务营销精要[M].大连:东北财经大学出版社,2004.

[8] 雷蒙德·P·菲斯克,史蒂芬J·格罗夫,乔比·约翰.互动服务营销[M].北京:机械工业出版社,2001.

[9] （美）迈克尔·希特.战略管理——竞争与全球化[M].6 版.北京:机械工业出版社,2006.

[10] 郭国庆.市场营销学通论[M].3 版.北京:中国人民大学出版社,2007.

[11] 吴健安.市场营销学[M].3 版.北京:高等教育出版社,2007.

[12] 纪宝成.市场营销学教程[M].4 版.北京:中国人民大学出版社,2008.

[13] 吴涛.市场营销管理[M].修订版.北京:中国发展出版社,2006.

[14] 兰苓.市场营销学[M].2 版.北京:中央广播电视大学出版社,2006.

[15] 杨勇.市场营销:理论、案例与实训[M].北京:中国人民大学出版社,2006.

[16] 张晓堂.市场营销学[M].北京:中国人民大学出版社,2005.

[17] 张庚淼.市场营销[M].西安:陕西人民出版社,2002.

[18] 江林.顾客关系管理[M].北京:首都经济贸易大学出版社,2009.

[19] 陈启杰.市场调研与预测[M].上海:上海财经大学出版社,2003.

[20] 吴志军.市场调查与预测[M].西安:西安交通大学出版社,2005.

[21] 王军旗.市场营销[M].2 版.北京:中国人民大学出版社,2009.

[22] 吴泗宗.市场营销学[M].北京:清华大学出版社,2003.

[23] 高秀丽.市场营销[M].上海:上海财经大学出版社,2007.

[24] 赵传波.市场营销学[M].北京:北京理工大学出版社,2007.

[25] 吴勇,邵国良.市场营销[M].北京:高等教育出版社,2005.

[26] 赵亚翔.市场营销[M].2 版.大连:大连理工大学出版社,2009.

[27] 黄彪虎.市场营销原理与操作[M].北京:北京交通大学出版社,2008.

[28] 王德章.市场营销学[M].北京:高等教育出版社,2005.

[29] 余爱云,等. 现代市场营销实务[M]. 北京:北京理工大学出版社,2009.

[30] 韩德昌. 市场营销基础[M]. 2 版. 北京:中国财政经济出版社,2005.

[31] 杨益新. 市场营销学[M]. 北京:北京大学出版社,2006.

[32] 谢声. 现代市场营销教程[M]. 广州:暨南大学出版社,2005.

[33] 万后芬,等. 市场营销教程[M]. 北京:高等教育出版社,2007.

[34] 金润圭. 国际市场营销[M]. 北京:高等教育出版社,上海:上海社会科学院出版社,2001.

[35] 汤定娜. 国际市场营销学[M]. 北京:高等教育出版社,2006.

[36] 毕思勇. 市场营销学[M]. 北京:高等教育出版社,2007.

[37] 郑宽明,谢立仁. 市场营销学[M]. 西安:西北大学出版社,2007.

[38] 符国群. 消费者行为学[M]. 北京:高等教育出版社,2006.

[39] 周建波. 营销管理:理论与实务[M]. 济南:山东人民出版社,2002.

[40] 张唐槟. 市场营销学[M]. 成都:西南财经大学出版社,2009.

[41] 李留法. 市场营销实务[M]. 北京:中国计量出版社,2009.

[42] 屈冠银. 市场营销理论与实训教程[M]. 北京:机械工业出版社,2008.

[43] 孙秋菊. 现代物流概论[M]. 北京:高等教育出版社,2005.

[44] 张晋光,黄国辉. 市场营销[M]. 2 版. 北京:机械工业出版社,2010.

[45] 黄福华. 现代物流基础[M]. 北京:电子工业出版社,2007.

[46] 冯英建. 网络营销基础与实践[M]. 北京:清华大学出版社,2004.

[47] 郑继兴,金振兴. 市场营销理论与实践教程[M]. 北京:清华大学出版社,2008.

[48] 方光罗. 市场营销学[M]. 3 版. 大连:东北财经大学出版社,2008.

[49] 周玉泉,张继肖. 市场营销学[M]. 北京:清华大学出版社,2009.

[50] 高目,文洁. 谁能把梳子卖给和尚[M]. 深圳:海天出版社,2002.

[51] 雅瑟. 小故事大道理[M]. 北京:海潮出版社,2005.

[52] 王一心. 读故事学营销[M]. 北京:海潮出版社,2005.

[53] 陈祝平,陆定光. 服务营销管理[M]. 北京:电子工业出版社,2002.

[54] 王永贵. 服务营销[M]. 北京:北京师范大学出版社,2007.

[55] 汪纯孝,蔡浩然. 服务营销与服务质量管理[M]. 广州:中山大学出版社,2003.

[56] 杨米沙. 服务营销:环境、理念与策略[M]. 广州:广东经济出版社,2005.

[57] 叶生洪. 市场营销经典案例与解读[M]. 广州:暨南大学出版社,2006.

[58] 封展旗. 市场营销案例分析[M]. 北京:中国电力出版社,2005.

[59] 盛敏,等. 市场营销学案例[M]. 北京:清华大学出版社,2005.

[60] 曾晓洋,胡维平. 市场营销学案例集(第二辑).[M]. 上海:上海财经大学出版社,2005.

[61] 朱立. 市场营销经典案例[M]. 北京:高等教育出版社,2004.